Paolo Golinelli
Mathilde und der Gang nach Canossa

Paolo Golinelli

MATHILDE
und der Gang nach
CANOSSA

Im Herzen des Mittelalters

Aus dem Italienischen von
Antonio Avella

Artemis & Winkler

Titel der italienischen Originalausgabe: Matilde e i Canossa nel cuore del Medioevo

Veröffentlicht mit Unterstützung des Ministero degli Affari Esteri, Rom

Die Deutsche Bibliothek – CIP-Einheitsaufnahme

Golinelli, Paolo:
Mathilde und der Gang nach Canossa: im Herzen des Mittelalters / Paolo Golinelli. Aus dem Ital. von Antonio Avella. – Düsseldorf; Zürich: Artemis und Winkler, 1998
Einheitssacht.: Matilde e i Canossa nel cuore del medioevo <dt>.
ISBN 3-538-07065-2

Satz: Josefine Urban – KompetenzCenter, Düsseldorf
Druck und Bindung: Clausen & Bosse, Leck
Printed in Germany
ISBN 3-538-07065-2

Inhalt

Für Giovanni Benedetto, der sich mit zehn Jahren zum
ersten Mal der Geschichte nähert, dem Rettungsanker in der
Vergänglichkeit, die uns umgibt, dem Lebensquell,
der unserem Dasein in der Welt Sinn verleiht,
der Schule, in der wir lernen, uns selbst und die
Mitmenschen zu verstehen.

Prolog: Donizo

»Der Mensch plant und denkt, aber Gott zum Geziemenden lenkt.
Vor kurzem habe ich ein Gedicht in zwei Büchern verfaßt,
das ich an die Gräfin Mathilde senden wollte,
da das erste Buch von ihren Vorfahren handelt
und das zweite ihrem Ruhme gewidmet ist.
Von Nichtigkeiten vermied ich zu sprechen, was ich schrieb, habe ich als wahr überprüft.
Eben wollte ich freudigen Herzens die Bücher an ihre Holzdeckel binden,
da kam ein Bote mit der erschütternden Nachricht:
Er sagte mir, die Gräfin sei verschieden.
Mich verließen urplötzlich die Kräfte,
schwer wie vom süßen Schlaf wurden meine Lider,
ein kalter Schauer überlief mich, Gebeine und Fleisch dahinzuschmelzen,
die Handschrift, an der ich arbeitete, fiel mir aus der Hand.«[1]

So beschreibt Donizo von Canossa in dem Epos *Das Leben Mathildes von Canossa* – oder besser gesagt »Die Herren von Canossa«, wie sein eigentlicher Titel lautet, da es die ganze Geschichte der Familie erzählt –, was er empfand, als er die Nachricht vom Tod der Markgräfin Mathilde erhielt.

Er war Mönch im Kloster Sant' Apollonio in Canossa und hatte in seinen letzten Lebensjahren viel Zeit darauf verwendet, die Taten Mathildes und ihrer Vorfahren zu schildern. Wie gerne hätte er doch Vergils Kunstfertigkeit und Ciceros Beredsamkeit besessen, schreibt er mit der typisch rhetorischen, vorgeblichen Bescheidenheit. An Bildung mangelte es ihm jedoch keineswegs. Er hatte an der Domschule in Parma studiert und kannte die Autoren der klassischen Antike und die Bibel. Vor allem aber liebte er den Gegenstand seiner Dichtung. Für ihn war Canossa groß, weil in seiner Burg der Papst und der Kaiser geweilt hatten und ein abgelegenes Felsennest damit zu einem neuen Rom geworden war.

Mathildes Tod kam nicht unerwartet. Man hatte den Gedanken an ihn verdrängt in der Hoffnung, sie könne die Krankheit noch einmal besiegen, wie im Vorjahr in Montebaranzone im Modeneser Apennin.

Der Mönch hatte seine Dichtung für sie geschrieben. Er wollte sie damit auch überzeugen, sich in Canossa beisetzen zu lassen, wo ihre Vorfahren ruhten, deren Grabmäler erst vor kurzem instandgesetzt worden waren.[2]

Ihr plötzlicher Tod machte alle seine Pläne zunichte. Mathilde hatte außerdem schon bestimmt, wo man sie bestatten sollte: in der Abtei San Benedetto, die einer ihrer Vorfahren auf einem Streifen Land zwischen dem Po und dem Lirone gegründet hatte.

Mathilde litt an Gicht, wie ein Historiker, der auch Arzt ist, festgestellt hat.[3] Bereits den ganzen Sommer 1114 über war sie in Montebaranzone ans Bett gefesselt gewesen, und es hatte sich das Gerücht verbreitet, sie sei gestorben. Daraufhin erhob sich die Stadt Mantua und beanspruchte die Freiheit, die sie mehr als zwanzig Jahre lang genossen hatte, nachdem sie zu Kaiser Heinrich IV. übergewechselt war. Als sich die Markgräfin erholt hatte, zog sie deshalb wieder in die Ebene hinunter und zwang die Stadt, in der sie wahrscheinlich geboren worden war und ihre Kindheit verbracht hatte, noch einmal unter ihre Botmäßigkeit zurück. Um die Situation besser unter Kontrolle halten zu können, beschloß sie, einen Fronhof in Bondeno zu ihrem Standquartier zu machen. Als der Winter hereinbrach, erkrankte sie dort von neuem; dort empfing sie auch die Huldi-

Die Burg von Canossa (Archivi Alinari, Florenz).

gung des Abtes Pontius von Cluny und dort, in Bondeno, starb sie. Es war in der Nacht vor dem Jakobstag, Ende Juli. Bischof Bonsenior von Reggio Emilia leistete ihr geistlichen Beistand.

Mathilde starb nicht in einer Burg mit Türmen, Mauern und Wassergräben, auch nicht in einem Kloster, umgeben von betenden Nonnen; nicht einmal in einem prachtvollen Palast in einer der so häufig abtrünnigen Städte ihres Herrschaftsgebiets. Sie starb in einem Hof auf dem Land, inmitten von Gerste- und Kornfeldern, am Rand eines Waldes, von dem man einen Teil gerodet und in Ackerland verwandelt hatte: *Ronco*, Rodungsland, so nannte man damals die Felder, die man dem Wald abgerungen hatte, der sich in vielen einzelnen Flecken über den unteren, wasserreicheren Teil des Pobeckens erstreckte. Aus den Wildbächen, die vom Apennin herunterflossen, und den Quellen, die in der Ebene entsprangen, entstanden an den Stellen, in denen das Gefälle geringer war, unzählige ruhig dahinfließende Wasserläufe, die natürliche Grenzen bildeten und den kleinen Siedlungen an ihren Ufern den Namen gaben.

In der Nähe des Fronhofs, in dem Mathilde starb, floß einer dieser Bäche, der Bondeno, und nach ihm hatte man den Hof benannt: Bondeno mit dem Beinamen di Roncore, da er sich in einer Gegend befand, die man erst vor kurzer Zeit gerodet hatte, und um ihn von anderen gleichnamigen Orten zu unterscheiden, die es schon damals gab: Bondeno degli Arduini, das die Historiker als einen Ort namens Bondanello in der Gemeinde Moglia identifiziert haben, Bondeno, einen Ortsteil von Gonzaga und eine Gemeinde gleichen Namens im Gebiet von Ferrara.

Bondeno di Roncore, wo Mathilde ihren letzten Atemzug tat, heißt heute Bondonazzo und gehört zur Gemeinde Reggiolo in der Provinz Reggio Emilia. Das Suffix »-azzo« (lateinisch *-acium*) ist für wüstgefallene alte Siedlungen typisch. Daß es sich dabei wirklich um Mathildes Bondeno handelt, wurde von einem Forscher aus dieser Gegend, Aldo Zagni, bei der Untersuchung von Archivmaterial entdeckt. Er hat damit die Lokaltradition bestätigt, die fast tausend Jahre lang vom Vater auf den Sohn weitergegeben wurde, und sogar das Haus, in dem die Markgräfin Mathilde starb, genau bezeichnet.[4] In Bondonazzo gibt es noch einen Hof, der im Lauf der Jahrhunderte umgebaut und erweitert wurde. Dort soll Mathilde gestorben sein. Kein prunkvoller Hof reicher Herren also, sondern ein Wirtschaftshof: ein größeres Stück Land, in der Mitte das Steinhaus des Grundherrn, daneben das bescheidenere Haus des hörigen Bauern und seiner Familie, weiter abseits die strohgedeckten, aus Holz und getrocknetem Lehm gefertigten Hütten des unfreien Hofgesindes, die Ställe für die Tiere und Geräteschuppen; rundherum ein Stück Gartenland mit Obstbäumen und Gemüsebeeten, eingefriedet von einem Flechtzaun, der die Ernte vor den Wildschweinen, den absoluten Herrschern in diesen Waldgebieten, schützen sollte, aber auch vor den Füchsen, die nur darauf lauerten, in die Hühnerställe einzudringen, vor den Hirschen und Rehen, die es damals dort gab, und nicht zuletzt vor den Wölfen, die im Mittelalter auch in der Ebene heimisch waren.[5]

Ein Palisadenzaun umschloß den ganzen Hof. Er öffnete sich nur zu den Feldern hin und auf eine ungepflasterte Straße, die über einen Hügel hinweg nach Gonzaga führte. Ein Pfad, den die Markgräfin Mathilde hatte anlegen lassen, führte zum Kloster San Benedetto, das sie von allen Klöstern, die in ihrem Herrschaftsgebiet lagen, am meisten schätzte und dem sie durch ihre Schenkungen zu großer Bedeutung verholfen hatte. Es war ihr jedoch nicht mehr beschieden, in San Benedetto zu beten, als die Kapelle fertig war, die sie in einem Raum neben ihrem Krankenlager einrichten ließ. Diese Kapelle war dem heiligen Jakob geweiht, dem Schutzpatron der Pilger. Durch einen jener Zufälle, die im Mittelalter nie als solche angesehen, sondern als symbolhaft empfunden wurden, verschied Mathilde genau in der Nacht vor dem Fest des heiligen Jakob.

San Benedetto hatte sie zu ihrer Grablege bestimmt, um immer des Gebetes der Mönche teilhaftig zu sein, die ihren Namen ebenso wie die Namen all ihrer Familienangehöriger und der Wohltäter des Klosters in das Evangeliar auf dem Altar eingetragen hatten. Dort in San Benedetto wollte Mathilde die Posaunen des Jüngsten Gerichts erwarten. Aber das Schicksal wollte es anders: Papst Urban VIII., der die Markgräfin bewunderte, kaufte 1632, in einer Zeit, als das Kloster und das ganze Gebiet von Mantua durch den Montferrat-Krieg und durch die Pest schwer gelitten hatten, ihre Gebeine Abt Andreasi ab.

Mit Donizo – aber nicht nur mit ihm – wollen wir uns nun der Geschichte dieser großen Herrscherfamilie zuwenden, die aus dem Raum um Lucca nach Canossa, in den Reggianer Apennin kam. Zugleich möchten wir aber unsere Aufmerksamkeit auf einen wichtigen Moment des europäischen Mittelalters richten, auf die vielleicht lebendigsten und interessantesten Jahrhunderte dieser historischen Epoche, vom Ende der sogenannten »Anarchie féodale«, der Zeit des schrankenlosen Partikularismus infolge der Schwäche der Zentralgewalt, bis zum Aufkommen der ersten Stadtkommunen.

In diesen etwa hundertfünfzig Jahren fand in der mittelalterlichen Gesellschaft eine außergewöhnliche Entwicklung statt: Bevölkerungswachstum, wirtschaftlicher Aufschwung, Binnenkolonisation, Reorganisation der öffentlichen Gewalt, Verbreitung religiöser Reformideale, Revitalisierung der Städte. Es zeichnet sich dabei ein tiefgreifender Mentalitätswandel auf verschiedensten Ebenen ab: Der einzelne wird sich zunehmend seiner Fähigkeit bewußt und erprobt seine eigenen Möglichkeiten auch im Bereich des Religiösen und in seinem Verhältnis zur öffentlichen Gewalt.

In diese Zeit, die zentralen Jahrhunderte des Mittelalters, möchten wir den Leser führen. Aber zuvor noch einige Hinweise: In diesem Buch wollen wir möglichst die Quellen sprechen lassen; jedes Kapitel stützt sich auf sie. Der Leser soll die Möglichkeit haben, alles, was wir sagen, anhand der Belegstellen zu überprüfen. Er soll aber auch die Möglichkeit haben, sie selbst zu lesen und auf seine eigene Weise zu interpretieren, bisweilen vielleicht anders als wir. Kurzum, wir möchten, daß er sich *sein* eigenes Bild macht, sich *sein* Mittelalter vorstellt.

Um dieses Vorhaben durchzuführen, brauchen wir Ruhe und Stille um uns und in uns selbst; die Gegenwart muß uns so fernrücken wie eine andere Epoche. Wir wollen die Vergangenheit in uns aufnehmen, ihr in uns Raum geben. Wir müssen – und das ist am schwierigsten – sogar unsere Vorstellungen von der Vergangenheit zum Schweigen bringen, die gegensätzlichen Bilder, die wir uns von ihr machen als einem früheren – und im Vergleich zur Gegenwart rückständigeren – Stadium der Menschheit oder als einer Gegenwelt zu unserer Gegenwart, einem verlorenen Paradies, das alles besaß, was uns heute mangelt: eine noch intakte Natur, Einfachheit und Schlichtheit, Solidarität, religiöse Innerlichkeit. Das sind Denkstrukturen, die zwar den Vorteil haben, unser Interesse für Geschichte zu wecken, die uns aber dann das tiefere Verständnis verwehren. Wenn es uns gelingt, diese Denkstrukturen (die zu Vorurteilen werden können) aufzugeben und uns in eine andere Welt zu versenken, im vollen Bewußtsein ihrer Andersartigkeit, und uns an ihr erfreuen, so wie sie war und so wie wir sie in uns aufgenommen haben, dann werden wir über den reinen Erwerb von Faktenwissen hinausgehen und wirklich unsere Kenntnis vertiefen.

Bei der Niederschrift dieses Buches habe ich versucht, mich so klar wie möglich auszudrücken. Ich habe die Fachbegriffe erklärt und bin auf die Aspekte, die mir für den behandelten Zeitraum besonders charakteristisch erschienen, ausführlich eingegangen. Deshalb wird der Fachkollege hier vieles finden, was ihm bekannt ist und was über unser eigentliches Thema hinausgeht, das aber unumgänglich ist, um für ein interessiertes Publikum das Bühnenbild zu bauen, vor dem die Hauptdarsteller agieren. Im Interesse der besseren Lesbarkeit des Textes habe ich auch auf häufige Verweise und langatmige Forschungsdiskussionen verzichtet und die Anmerkungen auf die notwendigen Quellenzitate und auf die wichtigsten neueren Untersuchungen zu verschiedenen Aspekten des Themas beschränkt. Für den, der mehr wissen will, ist der Weg gebahnt, und wer bereits mit der Materie vertraut ist, wird keine Schwierigkeiten haben, die Überlegungen des Verfassers und seine Auswertung der Quellen nachzuvollziehen.

VON ADALBERT ATTO
BIS BONIFAZ

Adelheid

Manchmal hüllt sich die Geschichte in das bunte Kleid der Sage; so steht am Anfang der großen Macht der Canossa ein Ereignis, das man fast einen Zufall nennen könnte, eine Begebenheit, die wie eine Liebesgeschichte aussieht, in der es aber nicht nur um Gefühle, sondern auch um politische und militärische Auseinandersetzungen geht: Ihr Mittelpunkt ist Königin Adelheid von Italien, die Witwe König Lothars.

Ihre Geschichte erregte damals in ganz Europa Rührung und Interesse, und verschiedene Autoren haben sie uns überliefert: Abt Odilo von Cluny verfaßte darüber ein *Epitaphium*; sie wurde von dem anonymen Mönch niedergeschrieben, der das *Chronicon Novalicense* verfaßte, die Klosterchronik von Novalesa, der Abtei, die hoch auf einem Felsen im Susa-Tal den Paß beherrscht, über den ein Pilgerweg führte, der Frankreich mit Italien verband; auch die Nonne Hrotsvit von Gandersheim schildert Adelheids Geschichte in ihrem Preislied auf die Taten Ottos I.; später behandeln sie Bonizo, der Bischof von Sutri in der römischen Campagna, der der Markgräfin Mathilde nahestand, und Leo von Ostia in seinem *Chronicon* von Montecassino, das er 1099 begonnen hatte. Mit dem Schicksal Adelheids befaßten sich auch die hagiographischen Schriften der Cluniazenser, mit denen die Königin sehr verbunden war – so die *Vita* des heiligen Maiolus –, davon sprachen auch die Annalisten und die Chronisten, und Adelheids Name erschien in den Nekrologien der wichtigsten Klöster ihrer Zeit, also auf jenen Verzeichnissen bedeutender Persönlichkeiten, deren die Mönche am Jahrestag ihres Todes im Gebet gedachten. Natürlich ging auf Adelheids Geschichte auch Donizo ein, der die Rolle hervorhebt, die Adalbert Atto, der Herr von Canossa, darin spielte.[6]

Genaue Zeitangaben sind im Nekrologium der Merseburger Kirche enthalten: »20. April. Kaiserin Adelheid wurde in Como von König Berengar gefangengenommen«; »20. August. Der Herr befreite Kaiserin Adelheid aus dem Gefängnis.«[7] Man schrieb das Jahr 951.

Königin Adelheid war noch sehr jung, als Lothar nach langer Krankheit am 22. November 950 starb. Lothar war der Sohn König Hugos von der Provence, der lange Zeit mit Markgraf Berengar II. von Ivrea im Streit lag. Dieser machte nämlich als Enkel Berengars I., der von 915 bis zu seiner Ermordung 924 den Kaisertitel geführt hatte, Ansprüche auf dessen Thron geltend.

Das Schicksal hatte Adelheid von Burgund nach Italien geführt, wo sie, erst sechsjährig, König Lothar zur Ehe versprochen worden war. Die Eheschließung fand zehn Jahre danach statt, 947, als sie sechzehn und ihr Mann vierzig Jahre alt war. Etwas mehr als drei Jahre später wurde sie Witwe und mußte die Macht übernehmen, die ihr als »consors regni« (Mitregentin) zustand.

Die italienischen Lehnsherren zögerten nicht, Berengar II. als König anzuerkennen. Aber da es bereits eine Königin gab, würde ihm nur die Eheschließung mit ihr das volle Recht auf den Thron geben. Adelheid wollte jedoch von ihm nichts wissen, so nahm er sie gefangen und schloß sie in einer Burg auf einem Hochplateau oberhalb des Gardasees ein. Man hat diese Burg als das Kastell von Garda auf dem Berg hinter der Pfarrkirche identifiziert, von dem nur spärliche Mauerreste erhalten sind. An sie erinnern auch die Gänge, die durch den Berg führen, auf dem sie erbaut worden war.

»Sie wollte nie, daß er König werde,
daher wurde sie als Gefangene in eine Burg geführt,
über dem Gardasee, mit der einzigen Dienerin
und nur einem guten Priester namens Martinus.

Lange Zeit schmachteten sie tief unten in einem Turm,
dann gelang es dem Alten heimlich, an einer Stelle
die Mauer zu durchbrechen,
wo die Frauen sich hindurchzwängen konnten;
daraufhin gab er den beiden Männerkleider,
damit sie nicht erkannt und wieder gefangen würden.«[3]

Die Details stammen wie immer von Donizo und sind daher nicht frei von literarischen Topoi. Viele als Männer verkleidete Frauen bevölkern die Epen. Hier ist aber die Flucht eine Tatsache, auch wenn sie bei Hrotsvit von Gandersheim und dem Mönch von Novalesa mit Hilfe eines unterirdischen Ganges, den die Gefangenen unter der Tür gegraben hatten, bewerkstelligt wurde. Ebenso real waren auch gewiß die Gefahren, die jene Flucht mit sich brachte. Bei Hrotsvit verbergen sich die Entflohenen in einem Kornfeld. Berengar versucht, sie aufzuspüren, indem er mit seinem Schwert die Getreidehalme auseinanderschiebt.

Der Mönch von Novalesa führt ein neues Element ein: »Nun geschah es, daß ein Kleriker namens Varinus, der sich auf der Jagd befand, dorthin seine Schritte lenkte. Als er der Königin ansichtig wurde, tat er, als wäre er von den Banden der Liebe gefesselt, und begehrte von ihr den verwerflichen Akt. Aber die edle Königin fügt sich nicht seinem schändlichen Drängen. Da droht er, sie dem König auszuliefern. Von allen Seiten bedrängt, versucht sie ihn zu überreden, sich an ihrer Dienerin zu vergehen, damit er ihre königliche Ehre nicht beflecke. So gab jener sittsame Kleriker seine Fiktion des Liebesrausches auf und verzichtete auf leere Worte. Kurze Zeit danach wurde er von der Königin zum Bischof von Modena ernannt.«[4]

Warum diese überflüssige Anspielung auf die Sünde der Unkeuschheit, die ein Mann beging, der später, von 1003 bis 1020, den Bischofssitz von Modena innehatte? Ist es wahr, was der Chronist von Novalesa erzählt? Die chronologischen Daten lassen diesbezüglich Zweifel aufkommen: Wenn Varinus im Jahr 951 dem Klerikerstand angehörte, wie alt war er, als er Bischof wurde? Seine Erhebung fand sicherlich geraume Zeit nach jenen Begebenheiten statt, und nicht, wie der Chronist schreibt, »post non multum tempus (nicht lange Zeit danach)«; außerdem wurde er gewiß nicht von Königin Adelheid zum Bischof ernannt, die schon 999 gestorben war. Aber die Menschen des Mittelalters stellten sich beim Lesen dieser Chronik solche Fragen wohl nicht, ihnen mußte glaubhaft erscheinen, was der Chronist berichtete; glaubhaft nämlich, daß ein Kleriker den »verwerflichen Akt« vollziehen wollte, in einer Epoche, in der nicht nur Ehen im Klerus nicht unüblich waren, sondern sogar das Konkubinat unter den Priestern verbreitet war und der Hang, jedem Kittel hinterherzulaufen, jene »mulierositas«, wie sie damals Rather, der streitbare Bischof von Verona, nannte. Glaubhaft war wohl auch, daß andere Machthaber die Königin in ihre Gewalt bringen wollten, und glaubhaft, daß eine Frau auf der Flucht, die von niemandem beschützt wurde, vielerlei Gefahren ausgesetzt war. Um so mehr war derjenige zu bewundern, der ihr anscheinend ohne alle Hinterabsichten half und beistand. Das will das *Chronicon* von Novalesa, das niedergeschrieben wurde, als jenes Ereignis schon länger zurücklag, mit dieser Episode zu verstehen geben, und dies wird auch von Donizo emphatisch betont:

> »Sie erreichen den See, den Mantua zu seinem
> Schutz bewahrt,
> finden ein Boot und einen freundlichen Fischer;
> der Priester bittet den Mann, ihn und seine
> Begleiterinnen überzusetzen.
> Jener fragt ihn, was er dafür zu zahlen bereit wäre.
> Der Priester darauf: ›Wenn du nur wüßtest, wer wir sind,
> würdest du voller Freude ohne Lohn uns drei nach
> drüben bringen.‹
> ›Sagt also, wer ihr seid, wenn ihr hinüber wollt!‹
> ›Schwörst du, das Geheimnis zu wahren, werden wir es
> dir völlig enthüllen, höchstwillkommen wird es dir sein.‹

Es gab dort kein Evangelium, so legte in Form eines
Kreuzes
zwei Holzstücke der einfache Mann auf den Boden
und darauf schwor er mit sicherer Stimme wie vor
einem echten, herrlichen Kreuz.
Dann sagte der Priester Martinus zu ihm:
›Ruhigen Herzens kann ich dir nun, mein Lieber, enthüllen,
daß dies hier die Königin ist, die Berengar voll Ingrimm
lange im Gefängnis hielt: jetzt sind wir auf der
Flucht, sei uns ein treuer Freund.‹
Jener pries Gott, setzte sie schnell über
und schenkte ihnen einen Fisch, der nicht klein war.«[5]

Wie symbolträchtig ist dieser große Fisch, den der arme Fischer der Königin schenkt! Vielleicht kommt deshalb dieses Detail in mehreren Fassungen vor: In Odilos *Epitaphium* handelt es sich um einen großen Stör, eine Fischart, die in jenen »dunklen« Zeiten im Po stark verbreitet war. Die Einwohner von Sermide waren verpflichtet, jedes Jahr dem Bischof von Mantua, dem sie unterstanden, eine gewisse Menge davon abzuliefern.

Sieben Tage lang – wiederum eine Zahl mit Symbolcharakter – hielten sich Adelheid, ihre Dienerin und der alte Priester Martinus im Wald südlich von Mantua versteckt, wahrscheinlich in jenem Wald, der in anderen Urkunden »Wald der Arimannen« (*Arimannorum sylva*, wovon wohl der Name der Ortschaft Romanore abgeleitet ist) genannt wird. Die Arimannen waren Freie, die Ländereien des Kaisers in Besitz hatten, jedoch von schweren militärischen Pflichten belastet waren. Sie hießen daher auch *exercitales* (Heermänner). Dann beschlossen die Flüchtlinge, sich an Bischof Adelhard von Reggio zu wenden. So begab sich der Priester Martinus im Auftrag der Königin zu ihm.

Reggio trug noch die Narben der Ungarneinfälle, die fünfzig Jahre zuvor die Stadt heimgesucht hatten. Damals war auch der unbefestigte Bischofspalast im Norden der heutigen Stadt zerstört worden, wo sich das Grab des heiligen Prosperus befand. Zu Zeiten Königin Adelheids hatte man auf den Ruinen eine neue Kirche erbaut, in der, wie man weiterhin glaubte, der Schutzheilige bestattet war. Weiter im Süden, entlang der alten Via Aemilia, ragten die Mauern auf, die kurz nach dem Ungarneinfall errichtet worden waren, um das Herzstück der Stadt zu schützen, das heißt, die neue Kathedrale, daneben das Baptisterium, das *palacium* des Grafen und den bischöflichen Palast.[6]

> »Kaum hörte der Bischof von der Königin, fragte er:
> Was ist geschehen? Erzähl mir, ich möchte es wissen.
> Der Priester gab ihm zu verstehen, daß sie in einem
> finsteren Verlies gestorben sei.
> Da weinte der Bischof und wehklagte laut:
> Was für ein Unglück und welch ein Verbrechen! –
> Da erkannte der Priester des Bischofs Entsetzen
> über der Königin Tod
> und daß er sich freuen würde,
> wenn er erführe, daß sie am Leben war; so eröffnete er ihm
> heimlich, daß sie noch lebte und um seinen Schutz bat.«[7]

Adelhard überlegte eine Weile, bevor er zu einem Entschluß kam: Die Königin, das stand fest, mußte gerettet werden, aber es hätte gefährlich sein können, sich persönlich dafür zu engagieren. Berengar hätte es ihm nie verziehen; außerdem würde er dadurch nicht nur die Stadt, sondern die ganze Diözese Berengars Gewalttätigkeit aussetzen. Es mußte also jemand anderer in Erscheinung treten. Am geeignetsten wäre jemand, der nicht zu sehr im Vordergrund stand, jemand, der bei Berengar eine weniger heftige Reaktion hervorrufen würde und der gegebenenfalls imstande wäre, sich zu verteidigen. Dies konnte nur einer seiner Vasallen sein. Und da kam dem Bischof der Herr der Felsenburg Canossa, Adalbert Atto, in den Sinn.

Adelhard

Adelhard war kein gewöhnlicher Bischof, er war einer der mächtigsten Männer des Regnum Italiae. Er verwaltete die Diözese Reggio Emilia mindestens seit Januar 945, in der Regierungszeit König Lothars, mit dem er, wie die erhaltenen Urkunden zeigen, in Verbindung stand.[1] Das war im übrigen nichts Außergewöhnliches. Schon zur Zeit Karls des Großen umgaben sich die Herrscher mit Vertretern des hohen Klerus und setzten kirchliche Würdenträger in der Verwaltung des Reiches ein. Seit damals war die Macht der Bischöfe infolge der zunehmenden Schwäche der Zentralgewalt ständig gewachsen. In vielen Städten Italiens waren die Bischöfe seit der Spätantike die einzige sichere Instanz gewesen, an die sich die Bevölkerung wenden konnte, und hatten zuerst de facto und später de iure ihren Schutz übernommen.

Die Langobarden, die ursprünglich arianische Christen waren, hatten versucht, ohne die Bischöfe auszukommen, ebenso wie sie die Städte, die sie für unsicher hielten, vermieden und eigene autonome Machtzentren errichtet hatten.

Nach der Eroberung des Königreichs Italien durch die Karolinger hatte sich die Situation wieder geändert, und die Bischöfe mit ihrem Apparat an Funktionsträgern, Schreibern und Notaren waren zu Stützen dieses neuen christlichen Imperiums geworden.[2]

Die sogenannte »Anarchie féodale«, während der verschiedene Prätendenten um die Königskrone kämpften, und die Wirren der Ungarneinfälle, bei denen die Städte der Poebene Zerstörungen und Plünderungen erlitten, führten zu einer Institutionalisierung der bischöflichen Gewalt. Die Ungarn waren als eines der letzten Nomadenvölker der Steppe durch einen Migrationsschub, der wahrscheinlich von Zentralasien ausging, in das Abendland gekommen. Mehrere Jahre lang bedrohten sie die Grenzen, bis sie am 24. September 899 die Truppen Berengars I. am Brenta aufrieben und sich wie eine Sturzflut über die Poebene ergossen.

Sie kamen nicht in einer einzigen Invasionswelle, sondern fielen mehr als drei Jahrzehnte lang fast jedes Jahr in das Land ein. Brüllende Reiterhorden plünderten die Feldfrüchte, brannten die Dörfer nieder, raubten die Bevölkerung aus, töteten, schändeten und ließen verbrannte Erde hinter sich zurück. Die Furcht vor diesen Banden erinnerte an den Schrecken, den einst Attila verbreitet hatte. Da Legenden erzählten, daß die Heiligen die Städte vor dem Hunnen, der Geißel Gottes, errettet hatten, rief man nun wieder die Heiligen an, sie sollten vor den neuen Hunnen Rettung bringen, den Ungarn, deren Name an die Hunnen erinnerte und die den gleichen Schrecken erregten. So flehte man in Modena den Stadtpatron, den heiligen Bischof Geminianus, um seinen Schutz an, wie es im Lied der Wachen auf den kurz zuvor von Bischof Leodoinus erbauten Mauern überliefert ist. Und eben diesen Mauern verdankt die Stadt ihre Rettung, eher ihnen, als einem Wunder des heiligen Stadtpatrons; denn vor einem Graben, einem Erdwall, einer Mauer oder sogar einem einfachen Palisadenzaun kam der Ansturm dieser Reiterbanden zum Erliegen. An einem Hindernis ritten sie lieber vorbei und machten dort Beute, wo es mühelos ging. Modena konnte sich retten, nicht aber Nonantola, die große Abtei, die 752 von Anselm, dem Schwager des Langobardenkönigs Aistulf, gegründet worden war, auch nicht Piacenza und Reggio Emilia, dessen Kathedrale, eine Meile nördlich der Via Aemilia, im heutigen Ort San Prospero Strinati gelegen, geplündert und ihr Bischof, Azzo II., getötet wurde. Eine lakonische Eintragung in der Bischofsliste berichtet: »Azzo interfectus a Paganis (Azzo von den Heiden getötet).« Wir schreiben das Jahr 900, die Einfälle sollten noch einige Jahrzehnte lang andauern. Nicht nur die Mächtigen hatten Angst, auch im

Volk hinterließ der Anblick dieser fremdartigen, furchteinflößenden Gestalten einen geradezu traumatischen Eindruck. So entstand in den Märchen die Figur des »Orco«, der »kleine Kinder frißt«, wie man zu sagen pflegte. Er ist niemand anderer als »der Ungar«, wie die Analyse der Wortentwicklung zeigt: »orco« vom französischen »hogre«, das seinerseits aus dem lateinischen »ungarus« abgeleitet ist.[3]

Zum Schutz vor diesen Einfällen und vor den Streifzügen anderer Bewaffneter – Gefolgsleuten von streitenden Mächtigen oder von Usurpatoren, Banden von Freischärlern, von den Quellen »mali christiani« (schlechte Christen) genannt, die aus der allgemeinen Unsicherheit durch die Schwäche oder Absenz der Zentralgewalt ihren Vorteil ziehen wollen –, aber auch zur wirksameren Kontrolle des umliegenden Gebiets wurden in dieser Zeit in großem Umfang Burgen und Befestigungen errichtet: im Umland von den Grundherren und den Ortskirchen, in den Städten zumeist von den Bischöfen. Sie boten im Bedarfsfall der Bevölkerung Schutz und Zuflucht für sich und die Ernte.[4] Das Reich, das seit der Zeit Karls des Großen diesen sogenannten »Befestigungsprozeß« *(incastellamento)* immer zu verhindern versucht hatte, da er unweigerlich zur Zersplitterung der Zentralgewalt und zur Stärkung der lokalen Herrschaften führen mußte, förderte ihn nun selbst durch umfassende Privilegien für den Bau von Burgen und für die Ausdehnung der Kontrolle der Städte über ihr Umland. Diese Maßnahmen sollten dazu beitragen, der Bevölkerung zu helfen, die durch die ständigen räuberischen Einfälle schwer geprüft war – in jenen Jahren wurde das westliche Abendland im Norden von den Normannen und im Süden von den Arabern angegriffen –, zugleich aber auch dazu dienen, diese Einfälle zumindest einzudämmen, da man noch nicht imstande war, diesen Völkerschaften in offenem Kampf entgegenzutreten.

Der neue Bischof von Reggio, Petrus, war einer der ersten, die ein derartiges Privileg erwirkten: Am 31. Oktober 900 wurde ihm gestattet, eine Mauer um die wichtigsten Gebäude der Stadt zu ziehen, 911, ein »castrum« um die Kirche Santo Stefano in Vicolongo, in der heutigen Gemeinde Novi di Modena, zu erbauen. Zusammen mit dem Privileg zur Befestigung der Stadt wurden dem Bischof auch zahlreiche öffentliche Rechte und Gewalten übertragen: die Erhebung von Tor-, Brücken- und Uferzöllen; die Gerichtsbarkeit, die Gewalt über die Stadt in urbanistischer Hinsicht (so gewährt zum Beispiel ein Diplom Ludwigs III. dem Bischof von Reggio die Möglichkeit, Straßen und Plätze zu »verändern«, natürlich innerhalb bestimmter Grenzen, das heißt in einem Radius von drei bis sieben Meilen um die Kathedrale).

Ohne eine offizielle, schriftlich überlieferte Investitur – aber nicht einmal von den Lehnsherren sind Investiturkunden erhalten, wahrscheinlich handelte es sich um feierliche Zeremonien, für die im 10. und 11. Jahrhundert keine besonderen Schriftstücke nötig waren – übte der Bischof sehr häufig die Stadtherrschaft mit der Grafenwürde aus. Ihm unterstand dabei eine Schar von Vasallen.

Adalbert Atto, der Herr von Canossa, war ein Vasall Bischof Adelhards von Reggio. Zu ihm sandte nun der Kirchenfürst die flüchtende Königin Adelheid. Er war dem verstorbenen König Lothar, der die Kirche von Reggio gefördert hatte, zu sehr ergeben, um zuzulassen, daß die Königin in die Hände ihres Feindes fiel. Sie hatte sich nicht ohne Grund gerade an ihn gewandt.

Die Legende der Reliquientranslation der heiligen Chrysantus und Daria nach Reggio Emilia in einer aus der Kathedrale von Reggio stammenden Handschrift des 14. Jahrhunderts (heute in der Biblioteca Panizzi[5]) möchte Adelhard zu einem Verbündeten Berengars II. machen. Der Bischof habe von diesem für seine Unterstützung den Leichnam der beiden Märtyrer erhalten. Es handelt sich dabei um eine späte Überlieferung, die aus dem realen Faktum der Förderung und Verbreitung des Kultes der beiden Heiligen durch Adelhard und wahrscheinlich im Hinblick auf seine späteren Aktionen erwachsen ist. Wir begegnen nämlich Adelhard 952 in Augsburg bei der Versöhnung zwischen Otto I. und dem nun besiegten Berengar II., zu der der Bischof aufgrund seiner Position wahrscheinlich beigetragen hatte.

Um sein Werk der Vermittlung, zu dem er durch innere Berufung und sein Amt prädestiniert war, besser vorantreiben zu können, hielt es Bischof Adelhard also für vorteilhafter, sich nicht selbst zu exponieren, sondern Adalbert Atto einzuschalten, der zu diesem Zeitpunkt offenbar schon sehr mächtig war.

Adalbert

»Atto war der Erste Fürst, klug wie eine Schlange,
er stammte aus dem edlen Geschlecht Siegfrieds,
des vornehmen Herrn aus der Grafschaft Lucca,
der zwei andere bedeutende Söhne zeugte:
Siegfried hieß der erste, Atto der zweite,
der jüngste Gerhard wurde genannt.
Da Siegfried seine Macht ausweiten wollte,
kam er in dieses bereits langobardische Gebiet.«[1]

Es ist wieder Donizo, der uns die Angaben über den Ursprung der canossanischen Familie liefert, Angaben, die auch durch die erhaltenen Urkunden und die Forschung bestätigt werden, die sich in den letzten Jahren besonders intensiv mit diesem Thema beschäftigt hat.

Von Siegfried (Sigefredus), dem Spitzenahn der Familie, ist wenig bekannt. Daß er aus der Grafschaft Lucca kam, muß nicht bedeuten, daß er deren Graf gewesen war. Adalbert Atto führte diesen Titel zu der Zeit, als er mit dem Problem konfrontiert wurde, das ihm 951 Königin Adelheids Flucht stellte, nicht. Jedenfalls mußte Adalbert Atto bereits Macht besessen haben, vor allem in militärischer Hinsicht. Seine Familie hatte wohl durch die Hugo von der Provence gewährte Unterstützung an Einfluß gewonnen, als dieser nach Italien gekommen war, um sich 926 zum König krönen zu lassen. Durch ihre Parteinahme für Hugo und Lothar war sie auch mit dem Bischof von Reggio Emilia verbündet. Siegfried war offenbar in dieser Zeit nach Canossa gekommen und hatte dort die Burg erbaut.[2]

Adelhards Entscheidung wurde daher durch jenes nunmehr gefestigte Bündnis und durch eine gemeinsame Strategie motiviert, die Adalbert Atto mit Sicherheit nicht aufgeben würde. Für Adalbert war dies ein historischer Augenblick, ein Wendepunkt, der für den Aufstieg seiner Familie maßgebend sein sollte.

Adalbert hatte das künftige Geschick Königin Adelheids in seiner Hand und konnte damit bestimmen, wem das Regnum Italiae und womöglich sogar die Kaiserkrone zufallen sollte. Bevor er eine Entscheidung traf, die ihm sicherlich so manchen zum Feind machen würde, suchte er deshalb im Papst einen Verbündeten zu gewinnen. Donizo spricht von einem Papst namens Johannes, den der Canossa zu Rate gezogen habe. In Wirklichkeit regierte damals Agapetus II. die Römische Kirche, was einige Zweifel an Donizos Zeugnis aufkommen läßt. Vielleicht dachte er dabei an Johannes XII., Agapetus' Nachfolger, der 962 Otto I. krönte, und ließ sich durch die engen Beziehungen beeinflussen, die zu seiner Zeit zwischen Rom und den Canossa bestanden. Es ist aber sehr wahrscheinlich, daß Adalbert Atto bei Papst Agapetus II. Unterstützung für seinen Plan gesucht hat.

Offenbar im Einvernehmen mit dem Papst entschloß sich Adalbert Atto von Canossa nämlich, dem deutschen König Otto die Eheschließung mit Königin Adelheid vorzuschlagen. Der König hielt sich damals in Verona, der südlichsten Stadt des Reichs, auf. Adalbert sandte Boten zu ihm, und Otto zog daraufhin nach Canossa, gegen das inzwischen auch Berengar II. vorgerückt war. Die Burg Canossa mußte nun die erste Belagerung in ihrer Geschichte bestehen. Donizo gestaltete die Überlieferung von dieser Belagerung zu einem Stück Heldendichtung aus, um seine Herren zu verherrlichen, wobei er die Tatsachen um die epischen Topoi bereicherte, die ihm seine klassische Bildung lieferte. So zog sich eine Belagerung, die – wie Vito Fumagalli bewiesen hat[3] – kaum länger als eine Woche dauerte, bei Donizo über dreieinhalb Jahre hin; sie wurde wahrscheinlich durch den Verrat eines der Belagerer, des Grafen Arduin Glabrio von Turin, beendet, als Otto I. eintraf.

Die Hochzeit Königin Adelheids und Ottos wurde im Herbst desselben Jahres in Pavia gefeiert. Danach reiste das königliche Paar sogleich nach Augsburg, wohin sich im darauffolgenden Jahr auch Berengar II. begab, um Verzeihung für die der Königin zugefügten Gewalttaten zu erlangen.

Adelheid war eine lange Regierungszeit beschieden: zuerst an der Seite ihres Gemahls, dann mit ihrem Sohn Otto II., und schließlich, nach dessen Tod am 7. Dezember 983, als Regentin für den jungen Otto III. Der Tod ereilte sie an der Jahrtausendwende, zwischen dem 16. und 17. Dezember 999, im Kloster Selz im Elsaß. Sie galt schon sehr bald als das Musterbild einer katholischen Königin, vor allem in Cluniazenserkreisen. Abt Odilo von Cluny selbst verfaßte ihr *Epitaphium*, und ein Cluniazenserpapst, Urban II., sprach sie im Jahr 1097 heilig.

Nach diesen Ereignissen wuchs die Macht der Canossa rasch: Adalbert Atto wird in Urkunden aus den Jahren 958 und 961 als Graf bezeichnet, ohne daß jedoch darin vermerkt ist, um welche Grafschaft es sich dabei handelt: In einem Diplom Ottos I. zugunsten der Kirche von Reggio Emilia wird er erstmals ausdrücklich »comes Regiensis sive Mutinensis ... fidelis noster« genannt, das heißt, Vasall (fidelis) des Kaisers, der ihm die Jurisdiktion über die Grafschaften Reggio und Modena übertragen hatte. In einer Urkunde des Jahres 977 wird er auch als Graf von Mantua bezeichnet; gleichzeitig dehnte er seinen Einfluß auf Brescia aus.[4] Manche Quellen nennen ihn Markgraf, nicht weil er die Jurisdiktion über eine Mark innehatte (d. h. ein sehr ausgedehntes Territorium an den Reichsgrenzen oder in anderen strategisch wichtigen Landesteilen), sondern um auf den gewaltigen Umfang seines Herrschaftsgebiets hinzuweisen, der durch den Grafentitel allein nicht hinreichend definiert gewesen wäre. Diese Machtfülle war jedoch nicht nur die Folge eines einzigen, wenn auch wichtigen und günstigen Ereignisses, von dem wir bereits berichtet haben, sondern sie war auch durch eine Vielzahl von Situationen, Unternehmungen und Bündnissen gefestigt und vergrößert worden, die der Historiker nur zum Teil zu rekonstruieren vermag. Adalbert war der erste eines Geschlechts, das mit Klugheit und Geschicklichkeit an seinem Aufstieg arbeitete und Gunstbeweise, Freundschaften, Verwandtschaftsbeziehungen, Würden, Jurisdiktionen und eigenen Grundbesitz Früchte tragen ließ.

Adalbert Atto hatte – man weiß nicht, wann – Hildegard geheiratet, die einem früher sehr mächtigen Geschlecht, den Supponiden, angehörte, das jedoch zu dieser Zeit bereits im Niedergang begriffen war. Vielleicht hatte er seine um 960 stattfindende Ernennung zum Grafen von Modena, wo ein Supponide bis 942 das Grafenamt innegehabt hatte, dieser Eheschließung zu verdanken.

Eine Tochter Adalbert Attos, Prangarda, war mit dem Sohn Graf Arduin Glabrios von Turin vermählt worden. Dadurch war der Grundstein für ein dauerhaftes Bündnis mit einem mächtigen oberitalienischen Geschlecht gelegt.

Von seinen drei Söhnen starb Rudolf noch in jungen Jahren vor seinem Vater; Gottfried wurde Bischof von Brescia und später – anscheinend – von Luni; Tedald trat Adalberts Nachfolge im Grafenamt an, als dieser am 13. Februar 988 starb.

Durch seine Tochter gliederte sich Adalbert Atto von Canossa stärker in den hohen Lehnsadel Norditaliens ein; durch seinen Sohn Gottfried knüpfte er engere Beziehungen zur Römischen Kirche, die mit ihren Institutionen, Riten und Kulten seiner Herrschaft weitere Entfaltungsmöglichkeiten bot.

Apollonius

Apollonius – so berichtet eine *Vita* aus der zweiten Hälfte des 11. Jahrhunderts – war der fünfte Bischof von Brescia, der zur Zeit Kaiser Hadrians – diese Datierung ist sehr zweifelhaft – den Märtyrertod erlitt und in einem Steinsarkophag in der Nähe der Stadtmauern bestattet wurde.

»Der selige Apollonius wurde unweit der Mauern der Stadt begraben«, schreibt der mittelalterliche Hagiograph; »viele Jahre später bestieg Gottfried seiner Verdienste wegen, da er unter seinen Zeitgenossen an Adel, Reichtum, Sitte, Anstand und Frömmigkeit hervorragte, den Bischofsthron von Brescia. Er hatte die Gewohnheit, jeden Tag den seligen Apollonius zu verehren, und dessen hochheiliger Leib wirkte unaufhörlich Wunder: Dämonen wurden ausgetrieben, Blinde gewannen ihr Augenlicht wieder, taube Ohren konnten wieder hören. Deswegen verbreitete sich der Ruhm dieses heiligen Leibes über die ganze Welt. So erwachte in dem reichen Markgrafen Adalbert Atto das glühende Verlangen, eine Reliquie von jenem segenspendenden Leib in seinen Besitz zu bringen. Nach vielen fruchtlosen Bitten schritt er eines Tages mit einer Schar von Bewaffneten zur Gewalt, obwohl er der Vater des Bischofs Gottfried war, und schnitt das Haupt und den linken Arm des ehrwürdigen Apollonius ab [oder war es der rechte Arm? Die Handschrift weist hier eine Korrektur auf: Verliert eine Stadt den Arm eines Heiligen, so mag man sich noch damit abfinden, aber den rechten Arm zu verlieren, denjenigen, der den Segen erteilt, das ginge denn doch zu weit!] und brachte diese Reliquien auf seine Burg Canossa.«[1]

Dies berichtet die Quelle aus Brescia. Was schlicht und einfach ein Diebstahl war, ein »furtum sacrum«, ein Reliquienraub, wie er in jenen Zeiten durchaus nicht selten war, verwandelt sich in Donizos Darstellung in eine überaus verdienstvolle Tat:

> »Andere Reliquien gab ihm Brescia, die große.
> Das Haupt und den rechten [!!!] Arm mit der Schulter
> des heiligen Apollonius, zur Verehrung mit Inbrunst,
> bot sie ihm zum Geschenk; dies tat Gaufredus,
> Bischof der Stadt, aus Attos Same geboren.
> Das Grab des Heiligen öffnete dieser,
> und als er die Glieder zerteilte, schoß ihm das Blut entgegen.
> Da gelobte der gute Herzog, der Kirche für dieses Wunder
> den zehnten Teil seines Landes zu schenken
> und seines Vermögens, und führte voll Freude diese
> heiligen Pfänder mit sich nach Canossa.«[2]

Zwei gegensätzliche Aussagen, wie immer, wenn kontrastierende Interessen im Spiel sind: Für die Brescianer war es ein Gewaltakt, für die Canossaner hingegen eine großherzige Geste des Bischofs Gottfried, die von einem Blutwunder besiegelt und von Adalbert Atto durch die Schenkung des zehnten Teils seines Vermögens erwidert wurde: nicht an Brescia jedoch, wie man es sich als Entschädigung hätte vorstellen können, sondern an den Heiligen, dessen verehrungswürdigste Körperteile, sein Haupt und sein rechter Arm, nun in Canossa ruhten.

Wäre der Heilige nicht mit der Translation seiner Reliquien einverstanden gewesen, hätte er ein Wunder gewirkt, wie es die Heiligen in solchen Fällen stets zu tun pflegten: Nebel senkt sich plötzlich herab und verbirgt die geraubte Bahre, die Hand des Leichenschänders wird gelähmt oder sie erleidet schreckliche Verbrennungen, wenn sie den heiligen Leib berührt. Apollonius tat nichts dergleichen; im Gegenteil, er gab einen neuen Beweis seiner Heiligkeit durch das Blutwunder.

Aber weshalb ließ Adalbert nicht den ganzen Heiligenleib rauben, fragt man sich. Und weshalb ließen es die Brescianer zu, daß eine so kostbare Reliquie aus ihrer Stadt entfernt wurde?

Die beiden Quellen bieten zwei gegensätzliche Wahrheiten, die sich aber vielleicht ergänzen: Donizo sagt nicht, daß Gewalt im Spiel war, andererseits sagt die Quelle aus Brescia nicht, daß der Bischof einverstanden war. Fügt man zusammen, was beide Quellen berichten, so kommt man zu folgendem Schluß: Wäre der gesamte Heiligenleib geraubt worden, hätte dies zu viel Aufsehen erregt. Bischof Gottfried war offenbar einverstanden, wollte aber seine Leute wahrscheinlich lieber glauben machen, er habe sich der Gewalt fügen müssen.

In Canossa gab es bereits eine Kirche, aber Adalbert Atto ließ nach der Translation der Reliquien des heiligen Apollonius, um 971, ein neues Gotteshaus errichten. Bald danach, im Dezember 975, pilgerte sein Sohn Tedald zu den Gräbern der Apostelfürsten Petrus und Paulus (»ad limina apostolorum«) nach Rom. Bei dieser Gelegenheit erwirkte er von Benedikt VII. eine Bulle, in der der Papst die Weihe der Kirche zu Ehren der heiligen Bekenner Apollonius, Ursicinus und Rusticianus und der Märtyrer Mauritius, Alexander und Victor approbierte. Außerdem billigte der Papst die Gründung einer Kommunität von zwölf Kanonikern an dieser Kirche, die direkt von den Herren von Canossa ausgewählt werden sollten.

So entstand die Eigenkirche des Hauses Canossa, an der Priester und Diakone den Gottesdienst versahen, die nach der Regel des heiligen Chrodegang von Metz lebten. Dieser sah auch für den Weltklerus ein reguliertes Leben vor, fast wie bei den Mönchen, mit gemeinsamen Mahlzeiten, einem gemeinsamen Dormitorium und einer besonderen Liturgie. Diese Reform ging auf die Zeit Ludwigs des Frommen zurück (Aachener Synode 817), wurde jedoch vom Weltklerus nicht durchgängig befolgt. In den meisten Fällen beschränkte sich ihre Anwendung auf das gemeinsame Gebet – und auch dies nur zu bestimmten Zeiten –, wohingegen sich im Klerus die Praxis des

Konkubinats und die Simonie verbreitet hatten. In dramatischer Weise führte Bischof Rather von Verona gegen diese Mißstände Anklage und kämpfte einen harten, aber aussichtslosen Kampf gegen die Sittenverderbnis seiner Kleriker. Diese Entwicklungen lösten die Reformbewegung des 11. Jahrhunderts aus, und die Reform der Kanoniker war später einer der Schwerpunkte der Aktionen Papst Gregors VII.

Zur Zeit Gregors VII. ließ wahrscheinlich auch das Gemeinschaftsleben des Kanonikerstifts von Canossa zu wünschen übrig, denn Markgräfin Beatrix wandelte es 1075 in ein Benediktinerkloster um. Mathilde vermehrte seinen Reliquienschatz um die Gebeine der Märtyrers Quirinus – vielleicht des Heiligen aus Siscia, der später besonders in Correggio (Provinz Reggio Emilia) verehrt wurde, wo man jedes Jahr am 4. Juni sein Fest feiert – und um die Gebeine der Heiligen Victor und Corona, deren Kult man Ende des 11. Jahrhunderts in Feltre antrifft.

Donizo war Mönch, Cantor und später Abt des Klosters Sant' Apollonio in Canossa, wie eine Urkunde des Jahres 1137 bezeugt.[3]

Die Kirche Sant' Apollonio befand sich auf der höchsten Erhebung des Felsmassivs von Canossa, an dessen Südseite. Das Kirchenschiff war geostet und der Hauptaltar nach Jerusalem gerichtet. Die Wechselfälle der Geschichte und Naturkatastrophen – vor allem ein riesiger Erdrutsch im Südwesten, der die Fassade zum Einsturz brachte – haben von der Kirche nur wenige Reste übriggelassen. Es erregte ein gewisses Aufsehen, als am 31. Mai 1877 die »Alpinisti reggiani« anläßlich einer ersten archäologischen Grabung das Terrain erkundeten und die Spuren des alten Gotteshauses entdeckten. Im Folgejahr wurden »ein großer Teil der alten Grundmauern der Kirche freigelegt sowie der Anfang einer Treppe, die zum Presbyterium hinaufführte, zwei kleine Seitentreppen zur Krypta hinunter und die Krypta selbst, in der sich zwei Säulen aus Veroneser Marmor fanden«, schreibt Ferretti, der Protagonist und Berichterstatter dieser Entdeckungen.[4]

Und das ist auch alles, was der heutige Besucher sehen kann. Dazu kommen noch einige Funde von Bauplastik im Burgmuseum. Recht wenig im Vergleich zu dem, was Donizo beschreibt. Sant' Apollonio war ja die Memorialkirche der Canossa, der Ort, der, »in einem Tempel aufbewahrt«, den Ruhm der Familie barg, zumindest bis Bonifaz den Hof nach Mantua verlegte, was Donizo ihm nicht verzieh.

Zur Zeit Adalbert Attos und auch Tedalds war Canossa mit seiner festen Burg, mit der einem wichtigen Heiligen geweihten Kirche und dem Kanonikerstift ein würdiger Wohnsitz für den Herrn und zugleich der wehrhafte Mittelpunkt einer Macht, die immer stärker auf die unermeßlich weite Poebene ausgriff.

Genesius

Um 981 war Adalbert Atto durch einen Tauschvertrag mit dem Kloster San Paolo in Mezzano, das in der Ebene von Piacenza lag, in den Besitz der wenigen erhaltenen Reste der antiken Stadt Brixellum / Brescello gekommen.

Das am Ufer des Po gelegene Brixellum hatte in der Römerzeit keine geringe Bedeutung besessen. Sein Name ist mit dem Schicksal des römischen Kaisers Otho verknüpft, der im berühmten Dreikaiserjahr 69 n. Chr. dort Selbstmord beging. (Die anderen beiden Kaiser waren bekanntlich Galba und Vitellius.) Anlegeplatz für die Schiffe, die von Ravenna nach Cremona fuhren – wie Sidonius Apollinaris schreibt –, war Brixellum / Brescello ein nicht unbedeutender Bischofssitz geworden, wenn auch bereits am Ende des 4. Jahrhunderts der heilige Ambrosius, der auf einer Reise hier vorbeikam, die Stadt zu den »Leichnamen halbzerstörter Städte« zählte, ebenso wie Bologna, Modena, Reggio, Piacenza:

> »Von der Stadt Bologna kommend, ließ ich Claterna hinter mir, Bologna, Modena und Reggio. Rechts lag Brescello, mir gegenüber Piacenza … links der Apennin. Ich hatte Mitleid mit jenen verfallenen Orten; ich betrachtete diese Städte, die früher blühenden Bevölkerungen gehört hatten, und mein Herz schmerzte bei ihrem Anblick: überall nur Leichname halbzerstörter Städte.«[1]

Die Beschreibung der Landschaft gibt wahrscheinlich die Wirklichkeit wieder, auch wenn sie der Heilige auf seine Weise schilderte, eine Landschaft, die in den folgenden Jahrhunderten durch den häufigen Durchzug von Heeresverbänden und durch die grausamen Kriege, die am Übergang von der Spätantike zum Frühmittelalter dort stattfanden, noch stärker verwilderte. Mit besonderer Erbitterung wurde in den Jahren 535 bis 553 der Krieg zwischen den Byzantinern und den Goten geführt. Zwar gelang es den Byzantinern, die in Italien herrschenden Goten zu besiegen, aber um den hohen Preis von Tod, Zerstörung und Seuchen. Noch waren die Wunden dieses Krieges nicht verheilt, als die Langobarden in Italien einfielen und als erstes die Poebene besetzten, die die Byzantiner – so stark gegenüber den Schwachen, wenn es darum ging, ihnen Steuerlasten aufzubürden – nicht halten konnten und sich daher an die Küsten zurückzogen. Dann war es die Natur selbst, die gegen die Poebene wütete: Von 589 bis zum Anfang des folgenden Jahrhunderts wurde sie immer wieder von Überschwemmungen heimgesucht. Die Folgen waren schwer: Die Bevölkerungszahl ging drastisch zurück, man floh aus den Städten und Ortschaften in die abgelegeneren und besseren Schutz bietenden Landesteile; bis dahin bedeutende Zentren wie Tannetum / Tanneto in der Ebene zwischen Parma und Reggio, Claterna(e) im Osten von Bologna oder das mythische Otesia in der Ebene von Modena verschwanden völlig von der Landkarte. Das ganze Gebiet wurde zum Spielball der Naturgewalten. Der Wald nahm die antiken Konsularstraßen in Besitz, für deren Instandhaltung niemand mehr sorgte; die großen marmornen Gebäude versanken langsam in dem feuchten, fast sumpfigen Erdreich. Auf der Oberfläche sah man dann nur noch kleinere Erdhügel – die sogenannten »motte« oder »bugni« –, die die antiken Ruinen bedeckten und nun zum Unterschlupf für Schlangen und Nachttiere geworden waren.

In einem solchen Zustand dürfte sich Brescello befunden haben, als Adalbert Atto es erwarb, von dessen günstiger strategischer Lage dazu bewogen. Es war ihm klar, daß ihm der Besitz dieses Ortes nicht nur die Möglichkeit bieten würde, über einen Anlegeplatz zu verfügen, sondern auch den Handelsverkehr über eine wichtige Verbindungsader an einer zentralen Stelle zu kontrollieren, wo unter anderem auch eine Straße durchzog, die auf die Höhe der Apenninenpässe und von dort hinunter nach Rom führte. Aus diesen Gründen befestigte er seine Neuerwerbung durch den Bau eines ummauerten *castrum*. Außerdem wollte er den Ort noch auf eine andere Weise schützen: durch die Gründung eines Benediktinerklosters und die Einführung eines Heiligenkultes, der Verehrung des heiligen Genesius, eines frühchristlichen Ortsbischofs, der in Vergessenheit geraten war.

Noch einmal begegnet uns eine Quelle, situiert in der Mitte zwischen Geschichtsschreibung und Legende: Die *Chronik* der Wiederauffindung des Heiligenleibes wurde um die Mitte des 11. Jahrhunderts im Umkreis von Canossa verfaßt.

»Eines Tages spielten einige Hirtenknaben, wie es Kinder gern tun, zwischen den Gebüschen jenes verlassenen Ortes und liefen dort herum. Da geschah es, daß einer, der Petrus hieß, zu einem Loch kam, das wie ein kleiner Brunnen aussah (...). Er beugte sich neugierig darüber und steckte unvorsichtig – wie Hirten oft sind – seinen Arm bis zur Achselhöhle hinein. Da geschah etwas Erstaunliches, sein Arm wurde sofort gelähmt und kraftlos. Der Knabe wollte sich aufrichten, aber es gelang ihm nicht. Mehrmals versuchte er, den Arm herauszuziehen, jedoch vergebens, er haftete so fest im Boden, als habe er Wurzeln geschlagen. Von Schrecken gepackt, versuchte der Knabe, sich mit Gewalt loszureißen und schrie sich die Seele aus dem Leib. Seine Freunde rannten ins Dorf zurück und holten seine Eltern herbei. Diese liefen mit Schrekkensrufen zu ihrem Sohn. Aus den Nachbarhäusern traten Frauen heraus, um zu sehen, was geschah. Da vielen der heilige Genesius schon vorher im Traum erschienen war und da man wußte, daß sein ehrwürdiger Leib in der Umgebung an einer unbekannten Stelle ruhte, legten die Eltern ein Gelübde für die Befreiung ihres Sohnes ab, das sie sogleich einlösten: Sie eilten nach Hause zurück und organisierten eine Prozession von Gläubigen, die sich in der Nacht mit brennenden Fackeln barfuß zu jenem Ort begaben, wobei sie unter Tränen den Heiligen mit flehentlichen Bitten anriefen. Auf diese Weise konnten sie dank Gottes Barmherzigkeit und mit der Hilfe des heiligen Genesius ihr Kind voll Freude unversehrt nach Hause tragen.«

Andere Leute wurden in jenen Tagen – fährt die *Chronik* fort – Zeugen wundersamer Erscheinungen: Der Vater und die Mutter des unvorsichtigen kleinen Hirten sahen nachts einen Zug geheimnisvoller, weißgekleideter Gestalten, die brennende Kerzen in den Händen trugen; unter ihnen stach ein Bischof hervor, der Gebete anstimmte, auf die die anderen respondierten. Einem Mailänder Aussätzigen erschien im Traum der Heilige und befahl ihm, er solle nach Brescello gehen und den Leuten offenbaren, wo sein Grab sei. Der Mann machte sich auf die Reise und erreichte Brescello, wo er im Hause des Knaben, an dem das Wunder geschehen war, gastlich aufgenommen wurde. Nachdem alle zu Abend gegessen hatten, begannen sie, von dem Heiligen zu sprechen und sich gegenseitig ihre Visionen zu erzählen. In tiefster Nacht erschien Genesius dem Aussätzigen von neuem und heilte ihn. Aber der Leib des Heiligen war noch nicht aufgefunden worden, es bedurfte noch einer weiteren Vision. Ein Bauer – so heißt es weiter in der *Chronik* – setzte sich müde von der Arbeit unter einen Baum, um sich ein wenig auszuruhen. In der darauffolgenden Nacht erschien ihm der Heilige, von strahlendem Licht umflossen, und befahl ihm, am nächsten Tag zu jenem Baum zurückzukehren, denn er würde dort seinen Leib finden. Also folgten alle gemeinsam dem Mann, dem der Heilige erschienen war, zu dem Feld hin, das im Süden, nahe beim Kastell, lag. Schon früher hatten sich die Arbeiter, die an der Befestigungsanlage bauten, auf Befehl des Markgrafen Adalbert auf dem Feld zu schaffen gemacht (wahrscheinlich um Baumaterial herauszuholen), natürlich ohne zu wissen, daß der Leib des Heiligen dort ruhte. Sie erreichten also die Stelle, die der Mann Gottes ihnen gezeigt hatte. Mit Spaten, Schaufeln, Hämmern und Spitzhacken gruben sie eifrig und brachen Steine und Felsbrocken. Nachdem sie ein Gemisch aus zertrümmerten Steinen und Erdreich herausgeschaufelt hatten, fanden sie den Sarkophag, der den Leib des Heiligen barg. Der Sarkophag war so fest in den Resten der Wand einer alten zerstörten Kirche eingemauert, daß es ihnen nicht gelang, ihn von der Stelle zu bewegen, weder durch Verwendung von Balken als Hebel, noch durch Ausmeißeln des Marmors.[2]

Sie beschlossen nun, sich an Adalbert Attos Gemahlin Hildegard zu wenden, die sich ohne Zögern mit ihrem Gefolge nach Brescello begab. Sie sah die zerbrochenen Schaufeln und Spaten, die Männer, die von den vergeblichen Versuchen, den Sarkophag zu öffnen, völlig erschöpft waren und schickte rasch nach ihrem Mann.

Der Heilige ließ sich nicht so einfach von schlichten Leuten aus dem Volk, so fromm sie auch sein mochten, auffinden, er bevorzugte Edelleute, seine, des Bischofs, Standesgenossen und wollte, daß diese sich ihm unterwürfig zeigten. Und so unterzogen sich der Herr und seine Gemahlin, barfuß und mit einem Bußgürtel, den rituellen Bußübungen – dem Fasten, dem nächtlichen Wachen –, um dadurch den Heiligen zu bewegen, sich für die *inventio*, die Auffindung zu zeigen. So beschreibt der Hagiograph das Tun des Grafenpaares. Aber die schwierige Situation konnte nur durch ein Mittel ihr glückliches Ende finden, durch das Gelübde, das die beiden ablegten, zu Ehren des Heiligen eine Kirche und ein Kloster zu errichten. Als sie dies versprochen hatten, geschah sogleich das ersehnte Wunder: Die Grabplatte, die so viele Menschen nicht von der Stelle zu bewegen vermocht hatten, wurde nun mit Leichtigkeit von nur vier Männern gehoben. So konnten alle Anwesenden die Reliquien des verehrungswürdigen Mannes erblicken, die noch in das bischöfliche Pallium gehüllt waren.

Eine Legende, gewiß, die eine Generation nach diesen Ereignissen niedergeschrieben wurde, die aber in vielerlei Hinsicht historisch glaubwürdig ist, weil sie uns eine Vorstellung von jener fernen Welt vermittelt. Jene Landschaft mit den Ruinen antiker Gebäude, von Gestrüpp und Brennesseln überwachsen, ist durchaus real. Ihre Schilderung wird auch in einer anderen Quelle bestätigt, in der etwas später entstandenen *Inventio* des heiligen Geminianus von Modena. Jener Erdhügel im Süden des heutigen Brescello, wahrscheinlich das Zentrum der römischen Stadt, ist heute noch im Flurnamen erhalten geblieben. Die Praxis, behauene Steine aus der Römerzeit als Baumaterial (sogenannte Spolien) wiederzuverwenden, war damals sehr verbreitet; wie wir gesehen haben, waren an dem in der Legende geschilderten Ort Werkleute tätig, die am Bau des Kastells mitarbeiteten. In dieser Erzählung wird das Leben der einfachen Leute sichtbar: Hirten, die ihre Kinder die Herden hüten lassen, wie es heute noch üblich ist; Frauen, die für das Wohl der Familie und des Hauses sorgen; die Fähigkeit, die Träume zu deuten; das Zusammengehörigkeitsgefühl, mit dem die Menschen in dieser festgefügten Gemeinschaft ihr »Abenteuer« erleben – all dies ist durchaus wahrheitsgetreu. Auch das nahe Verhältnis zwischen den einfachen Leuten und der Herrschaft, den großen Canossa, die bei einem lokalen Vorfall eingreifen und ihm durch ihre Macht besondere Feierlichkeit verleihen und nur dadurch den Bann lösen können, aber auf eine fast familiäre Weise, ist glaubwürdig. Oder zumindest war dies die Absicht des anonymen Hagiographen des heiligen Genesius von Brescello, eines Mönchs des von den Canossa dort begründeten Benediktinerklosters. Gewiß bietet er uns in gewisser Hinsicht ein verklärtes Bild einer Welt, in der alles von tiefer Religiosität erfüllt ist und in der es zwischen Herrschern und Beherrschten nur die vollkommene Harmonie gibt, aber die Mehrzahl der Menschen glaubte daran. Es läßt sich jedoch nicht leugnen, daß bestimmte geschilderte Fakten objektiv richtig sind: Die Burg, das Kloster, der Kult des heiligen Genesius, all dies ist mit Adalbert und seiner Gemahlin Hildegard verbunden, die ihren Untertanen nicht nur als Vorbilder irdischer Macht, sondern auch großer Frömmigkeit erschienen, die Gott, wie die Wunder zeigten, offenbar anerkannte.[3]

Tedald

»... nach Attos Tod hegte er dessen Ruhm,
vermehrte den Besitz und Reichtum.
Den Herrschern war er teuer und stand ihnen nahe,
der Papst in Rom, der ihn sehr schätzte,
gab zur Herrschaft ihm Ferrara.«[1]

Mit diesen Versen und einigen wenigen anderen tut Donizo Tedald ab, den Canossa, der am wenigsten bekannt und kaum erforscht ist, wegen seiner Bedeutung aber kein geringeres Interesse verdient als die anderen Mitglieder der Familie. Tedald lebte nicht in einer historisch so bedeutsamen Phase wie die »Großgräfin« Mathilde, er herrschte jedoch mehr als zwanzig Jahre lang über die Grafschaften der Canossa und erweiterte und festigte die Macht, die er ererbt hatte.

Erstmals begegnet sein Name 973 in einer in Bergamo ausgestellten Urkunde, zusammen mit seinem Vater Adalbert und seinem Bruder Rudolf, in der er einem Verkauf von Gütern zustimmt, den seine Kusine Adelchinda im Gebiet von Bergamo tätigte.

Adelchinda war der von Margherita Giuliana Bertolini[2] erstellen Genealogie zufolge die Tochter eines Bruders von Adalbert, Siegfried (Sigefredus), des Stammvaters der Baratti in Parma. Andere Nachkommen des ersten Siegfried »de comitatu Lucensi« verbanden sich mit bedeutenden oberitalienischen Dynastien: den Arduinen, die die Grafschaft Parma innehatten, den Wibertinern und den da Besate.

Die Attonen von Canossa, oder einfach die Canossa, wie sie nun von den Historikern genannt werden, bildeten die Hauptlinie der Nachkommen Siegfrieds. Das erklärt ihre Erwähnung in Urkunden über Rechtshandlungen, die – scheinbar – mit ihren Interessen nichts zu tun hatten. Ihre Macht gründete sich auf die gräfliche Jurisdiktionsgewalt, mit der die Ausübung öffentlicher Rechte verbunden war (Gerichtsgewalt, Erhebung von Grundzins und Sonderabgaben, Brücken-, Ufer- und Wegezölle, Bannrechte auf Wald und Weide, Befestigungsrechte usw.); sie besaßen aber auch eine große Zahl von Eigengütern (im Mittelalter Allodialgüter genannt) in verschiedenen Teilen Nord- und Mittelitaliens. Die Anwesenheit Adalbert Attos und seiner Söhne Rudolf und Tedald bei dem Verkauf, den Adelchinda tätigte, ist daher durch ihr direktes Interesse an jenen Ländereien motiviert, die wahrscheinlich zu einer noch nicht aufgeteilten Erbschaft gehörten. Sie wurden wohl herbeigerufen, um die Verkaufsurkunde zu unterschreiben. Daraus läßt sich auch erschließen, wie ausgedehnt das Gebiet war, in dem diese Familie in so kurzer Zeit Güter und Rechte erworben hatte.

Ein zweites Mal begegnet uns Tedald – diesmal mit dem Grafentitel – in der Bulle Papst Benedikts VII., in der die Verehrung des heiligen Apollonius in Canossa und die Gründung einer Kanonikerkommunität bestätigt wird. Von seinem Bruder ist nicht mehr die Rede. Tedald bekommt hingegen den Grafentitel noch zu Lebzeiten seines Vaters, in dessen Auftrag er die Pilgerfahrt nach Rom zu den Gräbern der Apostelfürsten unternommen haben soll. Daraus kann man folgern, daß Adalbert Atto seinen Sohn an der Verwaltung seiner Grafschaften beteiligen wollte, wie es später auch Tedald mit seinem Sohn Bonifaz und Mathilde mit ihrem Adoptivsohn Guido Guerra versuchen wird – ein bewährtes Mittel, um für die Nachfolge zu sorgen.

»Tedalds Gemahlin war Guillia, die Herzogin genannt, durch ihre Frömmigkeit gefiel sie den Armen und den Mächtigen.«[3]

Über die Herkunft von Tedalds Gemahlin Guillia (oder Willa) war man sich in der Forschung nicht einig. Am interessantesten ist die Hypothese, die Willa als Schwester Markgraf Hugos von Tuszien identifiziert. Diese Annahme wurde kürzlich von

Margherita Giuliana Bertolini wieder aufgenommen und durch drei Indizien gestützt: 1. die verführerische Namensgleichheit (Willa hieß auch die Mutter des Markgrafen Hugo, und der gleiche Name erscheint noch zweimal bei ihren Verwandten; der Vater und ein Enkel besagter Willa hießen überdies Bonifaz, ein Name, der in der Dynastie der Canossa bislang nicht vertreten war und der dann einem Sohn von Tedald und Guillia gegeben wurde); 2. die Burg Zola Predosa in der Gegend von Bologna, die zum Teil dem Bruder von Hugos Mutter Willa gehört hatte, ist zur Zeit des Markgrafen Bonifaz als Besitz der Canossa belegt; 3. den Bischofssitz von Arezzo hatte von etwa 960 bis 986 ein Bruder jener Willa inne, Everard, später jedoch ein Sohn Guillias und Tedalds von Canossa, der ebenfalls Tedald hieß.

Wie kam die Macht der Canossa zustande? Die Heiratspolitik der Familie war einer der Angelpunkte. Ein einschneidendes Ereignis war die Übertragung der Markgrafschaft Tuszien an die Canossa, die sicher auf den Konflikt zwischen dem Reich und dem oberitalienischen Lehnsadel zurückzuführen war, aber wahrscheinlich auch mit der Tatsache zusammenhing, daß die Canossa bereits in der Toskana präsent waren und dort einen gewissen Einfluß hatten. Dies wäre leicht erklärlich, nimmt man an, daß Tedalds Frau Guillia die Schwester des großen Markgrafen Hugo von Tuszien war.

Das gleiche vollzieht sich, auf niedrigerer Ebene, bei der Grafschaft Brescia, zu deren Inhaber Tedald erhoben wird: Zuerst gewinnen die Canossa mit dem Bischof Gottfried, der aus ihrer Familie stammt, und durch den Erwerb zahlreicher Allodialgüter eine gewisse Präsenz in der Stadt, dann erwirken sie – spätestens um 1001 – die Jurisdiktionsrechte über sie, wie Donizo berichtet und wie aus den Urkunden hervorgeht.

Tedald ist eine weitere Erwerbung für seine Dynastie zu verdanken: Ferrara. Auch dazu gibt es viele strittige Fragen, die sich aus den Quellen nicht hinreichend beantworten lassen. Der einzige, der diese Nachricht überliefert hat, ist wiederum Donizo, und zwar in ziemlich kryptischer Form: »Der Papst in

Rom, der ihn sehr schätzte, /gab zur Herrschaft ihm Ferrara«, eine Version, die im Widerspruch zu den Rechten steht, die die Erzbischöfe von Ravenna, gestützt auf besondere kaiserliche Privilegien wie das Diplom Ottos III. aus dem Jahr 999, auf die Stadt und ihr Territorium geltend machten. Aber sowohl aus dem Urkundenmaterial als auch aus einschlägigen Untersuchungen geht hervor, daß die Canossa in der Tat im 11. Jahrhundert die Grafenherrschaft über Ferrara und über einen großen Teil seines Umlands ausübten, vor allem in dessen nordwestlichem Abschnitt, in dem auch ihre Vasallen anzutreffen sind, während die Erzbischöfe von Ravenna ihre Rechte und Herrschaft im östlichen Teil wahrnahmen. Die Residenz der Canossa, ein Symbol für ihre Macht, hinterließ in Ferrara deutliche toponomastische Spuren im »Quartiere di Castel Tedaldo«.

War der Aufstieg der Canossa der Gunst Ottos I., die Adalbert Atto genoß, und ihrer engen Bindung zum Reich zu verdanken, so war es nur natürlich, daß sich diese Bindung nicht allzu schnell lockern würde. Die Canossa gehörten deshalb lange Zeit zu den treuesten Anhängern des Reichs, auch in Krisenzeiten, wie beispielsweise als der erst zweiundzwanzigjährige Otto III. 1002 während seines dritten Italienzugs bei Civita Castellana starb. Wer sollte sein Nachfolger werden? Wie hundert Jahre zuvor zerfiel der hohe Lehnsadel Reichsitaliens in zwei Parteien: Markgraf Arduin von Ivrea ließ sich von den »langobardischen« Herren am 15. Februar 1002 in Pavia zum König von Italien wählen; andere Lehnsträger unterstützten dagegen den legitimen Thronerben Heinrich II., einen Vetter des verstorbenen Kaisers. Tedald war einer der ersten, der auf Heinrichs Seite trat, zusammen mit Erzbischof Arnulf von Mailand. Zu ihnen gesellten sich andere große oberitalienische Herren wie der Erzbischof von Ravenna und Otto, Herzog von Kärnten und Markgraf von Verona, der Ende des Jahres 1002 gegen Arduin zog. In dem Zusammenstoß bei Campo di Fabbrica im Gebiet von Verona siegte der König von Italien, und der Herzog von Kärnten mußte nach Norden zurückweichen.

Die zweite Generation der Canossa: Tedald und Guillia (oben) mit ihren Söhnen Tedald (Bischof), Bonifaz und Konrad
(Biblioteca Apostolica, MS. Vat. Lat. 4922, f. 21v)

Im Frühjahr 1004 zog jedoch Heinrich II., der bereits in Deutschland als Kaiser anerkannt war, mit einem starken Heer nach Italien und zerstreute Arduins Truppen. Von Verona zog er nach Brescia und von dort nach Bergamo, wo ihm die großen Vasallen und die mächtigen Bischöfe huldigten. Unter ihnen befand sich auch Tedald. Es ist bezeichnend, daß der Biograph Heinrichs II., Adalbold von Utrecht, dies eigens erwähnt.[4]

In Pavia wurde Heinrich II. zum König von Italien akklamiert und gekrönt. Bald darauf rebellierte die Stadt jedoch gegen ihn. Der Herrscher unterdrückte diesen Aufstand mit äußerster Härte und wurde dabei anscheinend auch von canossanischen Bewaffneten unterstützt. Nach all diesen Ereignissen war Heinrich II. fest als Herrscher etabliert; Tedald setzte die kaiserfreundliche Politik seines Vaters fort und zog aus dem Sieg des Kaisers dementsprechende Vorteile. Unter ihm vergrößerte sich das Herrschaftsgebiet der Canossa nach verschiedenen Richtungen hin: Im Nordwesten gewann er die Grafschaft Brescia, die sich bis in das heutige Gebiet von Cremona erstreckte; im Osten erhielt er Ferrara und einen Teil von dessen Territorium und griff dann in Richtung auf die Salinen von Comacchio und die Adria aus. Er versuchte auch im Norden Expansionspolitik zu betreiben und eignete sich den Fronhof (Curtis) Riva del Garda an, wurde aber von dem Herzog von Kärnten gezwungen, ihn an den Bischof von Verona zurückzugeben. Diese Gebiete waren zu stark geschützt, als daß die Canossa dort hätten eindringen können. Auch in der Folgezeit ging ihr Herrschaftsgebiet nicht über das Veroneser Becken hinaus.

Im Süden genügte es – wenn M. G. Bertolinis Hypothese zutrifft –, sich mit dem mächtigen Hugo von Tuszien zu verschwägern, um die Allodialgüter zu halten, die die Canossa in der Garfagnana und in der Versilia besaßen.

Die geographische Mitte des Herrschaftsgebiets der Canossa bildete nun nicht mehr der Apennin, sondern der Po. Nicht von ungefähr gründete Tedald im Jahre 1007 am Po das Kloster San Benedetto Polirone.

Polirone

Adalbert Atto hatte in den Jahren 961–962 eine zwischen dem Po und dem Lirone, einem seiner Seitenarme, gelegene Insel erworben. Diese Insel hatte vorher zur Hälfte den Kanonikern der Kathedrale von Reggio Emilia und zur Hälfte dem Bischof von Mantua gehört. Sie befand sich nämlich in dem Grenzgebiet der Diözesen und Grafschaften Reggio und Mantua, deren Grenzlinien sich berührten, ineinander übergingen und Veränderungen unterworfen waren, da die Wasserläufe, die sie bildeten, häufig ihre Richtung änderten. Die vielen Gewässer gaben diesem Stück Land seine Prägung. Infolge des schwachen Gefälles flossen sie nur träge dahin, kreuzten sich in den Wäldern und Sümpfen, traten bei Hochwasser über die Ufer und ergossen sich in verlassene Flußbetten, bildeten durch Ablagerung von Schwemmaterial Terrassen und verdoppelten sich durch aus der Wasserfläche auftauchende Schuttkegel – schmale Landstreifen, die die Phantasie des Volkes mit Dornen (»spine«) oder Riemen (»corregge«) assoziierte: San Martino in Spino im Gebiet um Mirandola, Correggioverde, Correggio Micheli bei San Benedetto Po. In Trockenperioden versumpften diese Wasserläufe und bildeten Auen und Tümpel, die die Anwohner nutzten, um sie in Teiche für die Fischzucht umzuwandeln.

Der Po verlief anders als heute. An mehreren Stellen lag das Flußbett weiter südlich. Eine fortschreitende Steigerung der Niederschläge an den Hängen des Apennin hatte zur Folge, daß die Wassermenge der rechten Nebenflüsse des Po kräftig anstieg. Dazu kam eine lokale Verschiebung der Erdkruste, die dazu führte, daß sich die Romagna im Vergleich zur übrigen

Poebene hob. Beide Phänomene verursachten Überschwemmungen und Flußbettverlagerungen – die bekannteste fand bei Ficarolo in den Jahren 1150–52 statt –, die den Lauf des Po nach Norden verschoben. Seine rechten Nebenflüsse, insbesondere Secchia und Panaro, verließen ihre alten Flußbetten, in denen sie früher viel weiter östlich in den Po gemündet waren und gruben sich neue Flußbetten weiter im Westen, die ihrem heutigen Lauf entsprechen. Dieser frühere Lauf des Po, der an den Ortschaften Suzzara, Gonzaga, Pegognaga, Quistello vorbeiführte, erhielt in der Toponomastik die Bezeichnung »Po vecchio« (alter Po); zwischen dem Lirone im Norden und dem »Po vecchio« im Süden floß der Zara, der die Grenze zwischen den Grafschaften Reggio und Mantua bildete.

Im Norden mündete der Mincio an einer Stelle in den Po ein, an der Papst Leo der Große der Legende nach Attila Einhalt geboten hatte. Im Süden vermischten sich die Gewässer von Bächen und Flüßchen, die entweder aus dem Apennin kamen oder sich aus Quellen in der Ebene gebildet hatten: der Crostolo, der durch Reggio hindurch zum Po floß (von ihm leitet sich der Name der Ortschaft Quistello ab), der Gonzaga, nach dem eine Kleinstadt im Mantuaner Gebiet jenseits des Po heißt, der Bondeno, der Burana, der Gavello und ihre vielen kleinen Nebenflüsse, die in abgewandelter Form nach ihnen genannt werden wie Bondeniolo, Gavelozzo usw.

Die komplexe hydro-geologische Situation prägte natürlich die dortige Landschaft, – wie Vito Fumagalli geschrieben hat – ein »Reich der Wälder und Sümpfe«,[1] in dem das verfügbare Land zum Großteil unbebaut war und nur ein kleiner Prozentsatz aus Anbauflächen bestand, zum Beispiel etwa ein Viertel des Teils der Flußinsel, den Adalbert Atto dem Bischof von Mantua abgekauft hatte, wo von 82 Joch Boden nur 22, vielleicht noch weniger, Ackerland waren.

Das unbebaute Land war aber keinesfalls wüst, im Gegenteil, den jüngsten Forschungen in der Ernährungsgeschichte zufolge bezog der Mensch gerade aus dem unbebauten Land zahlreiche und wichtige Mittel für seinen Lebensunterhalt, angefangen von der Eichelmast der in den Wäldern frei herumlaufenden Schweine – man bemaß sogar die Wälder nicht nach ihrer Größe oder nach der aus ihnen gewonnenen Holzmenge, sondern nach der Anzahl der Schweine, die sie jährlich ernähren konnten – bis zum Fischfang, es handelte sich ja um Auwälder, die in Sumpfgebieten ohne menschliches Zutun entstanden waren und dank dem Wasserreichtum üppig gediehen; dazu kam das Sammeln der zahlreichen Wildfrüchte aus dem Unterholz, die Jagd usw.[2]

Unbebautes Land war also überall vorhanden, für bestimmte Produkte waren jedoch Anbauflächen notwendig, vor allem für Brot und Wein, den Nahrungsmitteln, die im Christentum Symbolwert erhalten hatten. Daher heben die Urkunden die als Ackerland und für den Weinbau (»vidate«) geeigneten Flächen eigens hervor. Sie waren immer wichtiger als das unbebaute Land und wertvoller, weil sie seltener waren.

Die Insel San Benedetto war überwiegend von Wäldern bedeckt und wahrscheinlich nur dünn besiedelt, als Adalbert Atto dort Eigentumsrechte erwarb. Die einzigen Zeichen von »Zivilisation« waren eine dem heiligen Benedikt geweihte Kapelle und ein *castrum*. Kapelle und Kastell – in der hochmittelalterlichen Bedeutung des Terminus – sind bezeichnende Indizien für die Gründe, weshalb sich Adalbert Atto für die Insel interessiert hatte: Der Ort besaß strategische Bedeutung und mußte auch in alten Zeiten eine wichtige Rolle durch seine den Lauf des Po beherrschende Position gehabt haben. Jüngste archäologische Entdeckungen bezeugen in der Tat römische Siedlungsspuren. Diese Rolle konnte die Insel ohne weiteres auch künftig wieder übernehmen, vorausgesetzt, daß sie nicht isoliert blieb, sondern in ein mehrere Orte umfassendes strategisches System eingebunden wurde. Denkt man an die andere am Po gelegene Erwerbung Adalbert Attos, Brescello, die ebenfalls ein *castrum* aufwies und wo ein Kloster entstand, wird es verständlich, daß auch die Insel San Benedetto zu einem Stützpunkt für die Kontrolle über den Po und die mit ihm verbundenen Verkehrswege ausgestaltet werden sollte. Polirone konnte jedoch, im Unterschied zu Brescello, mit keinem Kloster aufwarten, ein Mangel, dem Tedald großzügig abhalf:

»Canossa, Juni 1007. Im Namen Gottes, des Herrn, und unseres Heilands Jesu Christi, in der Regierungszeit Heinrichs II. Ich, im Namen Gottes Markgraf Tedald, Sohn des verstorbenen Markgrafen Adalbert, der ich, meiner Herkunft entsprechend, nach langobardischem Recht lebe, sagte zu den Anwesenden: Während das Leben fortschreitet und der Geist noch seine volle Kraft besitzt, soll der Mensch nachdenken und Verfügungen treffen über die Dinge, die auf die Zukunft hin zielen und die Zeiten überdauern, damit der Herr, wenn er ihn aus dieser Welt zu sich ruft, ihn nicht nach seinen Unterlassungen beurteilt, sondern ihn als gottesfürchtig befindet und ihn für das Gute, was er getan hat, belohnt. [...] Darum will, verfüge und bestimme ich, Tedald, für das Heil meiner Seele und der meiner verstorbenen Gemahlin Guillia und meiner Kinder, daß die Basilika, die ich auf der in meinem Besitz befindlichen, San Benedetto genannten Insel errichten ließ und die der heiligen Maria, dem heiligen Benedikt, dem heiligen Erzengel Michael und dem heiligen Apostel Petrus geweiht ist, nach Gottes Willen und nach unserer Bestimmung in Ewigkeit ein Kloster werden soll.«[3]

Die Gründungsurkunde des Klosters San Benedetto Polirone zeigt deutlich die frommen Absichten des Stifters, der sich einen Platz im Himmel verdienen will und daher Gutes tut, solange er sich noch der Gesundheit erfreut. Es handelt sich dabei weitgehend um übliche Formeln, die die Notare ohne Unterschied in den verschiedensten Urkunden wiederholten. Im Mittelalter nahmen die meisten Menschen – und zweifellos auch Tedald – den Glauben ernst, der eine wichtige Triebfeder für ihr Handeln war. Deshalb war die Gründung eines Klosters – die in Anbetracht der historischen Situation als politischer Akt angesehen werden kann, der zur Kontrolle über ein Territorium führte – seitens des Stifters eine Geste aufrichtiger Frömmigkeit, die mit besonderen Lebensumständen verbunden war wie etwa dem Tod geliebter Menschen (in diesem Fall Tedalds

Frau Guillia), die ihn veranlaßten, die Vergänglichkeit alles Irdischen stärker zu empfinden und über das Unvergängliche oder zumindest, was er dafür hielt, nachzudenken. Der Stifter war daher bestrebt, Schätze zu sammeln, die niemand ihm rauben und denen der Zahn der Zeit nichts anhaben konnte, hundertfachen Lohn im Jenseits zu verdienen und das ewige Leben zu erlangen, wie eine sehr verbreitete Formel in mittelalterlichen Schenkungen an religiöse Einrichtungen lautete.

Weiter heißt es in der Urkunde:

> »Ich übertrage diesem Kloster die Hälfte jener Insel am Po, mit der Hälfte des Fronhofs, der Hälfte der Häuser der Hufenbauern und aller Sachen, Felder, Weingärten, Wiesen, Weiden, Wälder, Gehölze, Röhrichte, Fischteiche, Sümpfe, kleiner Inseln und aller Pertinenzen dieser Hälfte der Insel. Außerdem einen Wirtschaftshof mit dem Kastell und der Kapelle, die sich in der Ortschaft namens Quistello befinden. [...] Das sind die Grenzen des Fronhofs: im Osten der Bondeniolo, im Süden der Sumpf von Saliceto, im Westen der Po, unten [das heißt, im Norden] der Crostolo [...] Außerdem vier Hufen und vier erst kürzlich gerodete Felder, mit drei Mühlen in der Ortschaft Villole. [...] Ferner mehrere Besitzungen in Casalbarbato [...] und fünf Hörige, die da heißen: Rozo und seine Frau und sein Sohn Martinus, Biado, Johannes, Sigetius, alle italischer Nation.«[4]

Der letzte dem Kloster übertragene Besitz, die Hörigen, gibt Aufschluß über die damaligen sozialen Verhältnisse. An das Kloster wurden eine ganze Familie und zusätzlich drei weitere Männer geschenkt, alle italischer Nation, Mitglieder »jenes zerstreuten, namenlosen Volkes«, Nachkommen der ursprünglichen Grundherren, die durch die zahlreichen aufeinanderfolgenden Invasionen ihr Land und ihre persönliche Freiheit verloren hatten. Es ist nicht ohne tiefere historische Bedeutung, daß der Grundherr, obgleich er von einem ebenfalls besiegten Volk, den Langobarden, abstammt, immer noch zu den Machthabern gehört und – wie verschiedene andere Familien langobardischen Ursprungs in jener Zeit – seine Macht ausbaut, während die Kernbevölkerung, die »Italici«, fast immer unter den Unterjochten, den Hörigen, anzutreffen ist. Bezeichnend ist auch, daß man an ihren Personennamen wie Rozo, Biado, nicht nur ihre niedrige Stellung, sondern auch die Verachtung ablesen kann, mit der üblicherweise derjenige angesehen wird, der zum Sklavenleben gezwungen ist. Es ist gewiß keine Seltenheit, wenn ein Bauer aus Lucca im 9. Jahrhundert Rospulo hieß, was eine Verkleidungsform von Rospertulus gewesen sein mag, der man aber einen verächtlichen Beiklang nicht absprechen kann (Anklang an »rospo«, Kröte), und es ist auch nicht verwunderlich, daß in adligen und bürgerlichen Kreisen die Satire über den »Bauerntölpel«, die vor allem im Spätmittelalter blühte, so viel Erfolg hatte.

Bei der Gründung des neuen Klosters behielt Tedald sich und seinen Nachfolgern das Recht der Abtwahl vor – ein Zug, der deutlich macht, daß er nicht aus völlig uneigennützigen Motiven handelte. Das widersprach zwar der Regel des heiligen Benedikt, war aber eine damals durchaus geläufige Praxis. Darüber hinaus untersagte er dem Abt, ohne seine Zustimmung oder die seiner Erben einen Grundstückstausch durchzuführen oder irgendeinen Vertrag zu unterschreiben.

Dem Kloster San Benedetto Polirone wurde also nur eine ziemlich eingeschränkte Souveränität eingeräumt. Es handelte sich um ein typisches Eigenkloster, das eng mit dem Gründer und dessen Familie verbunden war. Die Gemeinschaft, die sich im Sommer 1007 in San Benedetto Polirone niedergelassen hatte, war klein, der Überlieferung nach bestand sie nur aus dem Abt Rozo und sieben Mönchen. Aber bald sollte auch dieses kleine Kloster die Aufmerksamkeit auf sich ziehen, weil sich ein Heiliger – diesmal ein lebender Heiliger – in ihm aufhielt, der sich mit den Problemen seiner Zeit beschäftigte und in regem Kontakt mit Tedalds Sohn Bonifaz stand: Simeon, auf den wir noch eingehen werden.

Bonifaz

Tedald starb zwischen 1007 und 1012. In einer Schenkung seines Sohnes Bonifaz an das Kloster San Benedetto Polirone aus dem Jahr 1012 wird er als bereits verstorben bezeichnet. Seiner Ehe mit Guillia entstammten drei Söhne: Tedald, der die kirchliche Laufbahn einschlug und von 1023 bis vor 1036 Bischof von Arezzo war; Bonifaz, der seinem Vater nachfolgte, und Konrad, den Donizo einen »Kriegsmann, stark wie ein Löwe« nennt, der aber in jungen Jahren starb.

Einer von Tedalds Söhnen wurde Kleriker, einer starb in jungen Jahren, einer war zum Nachfolger bestimmt. Tedald traf genaue Verfügungen für seine Nachfolge; in seinen letzten Lebensjahren beteiligte er Bonifaz an der Herrschaft. Schenkt man Donizo Glauben, so soll er auf dem Sterbebett seine Vasallen gezwungen haben, seinem Sohn Treue zu schwören.

So nimmt der junge Bonifaz (er ist um 985 geboren) zusammen mit seinem Vater am 30. September 1001 in Carpi an einem Placitum teil, einem Gerichtstag, an dem über den Besitz eines Viniolo genannten Feldes zwischen dem *Castrum* Carpi und dem unweit davon gelegenen Fronhof Migliarina, einem alten Besitztum des Klosters Santa Giulia in Brescia, entschieden werden sollte. Die Äbtissin dieses Klosters, die Anspruch auf das strittige Stück Land erhob, war anwesend, ferner waren zugegen ein Königsbote Ottos III., fünf Hofrichter sowie Vertreter der angesehensten Familien der Poebene, die aus Parma, Bergamo und Cremona, aus dem Gebiet von Modena und Bologna gekommen waren (Carpi gehörte damals zur Grafschaft Reggio Emilia).[1]

Die Anwesenheit Bonifaz', des »Sohnes des Markgrafen

Tedald«, scheint darauf hinzudeuten, daß er der Öffentlichkeit als der künftige Erbe und Nachfolger vorgestellt und bei den Großen der Zeit eingeführt werden sollte. Es war fast eine offizielle Einsetzung in die Nachfolge – eine Nachfolge freilich, die viele Probleme in sich barg.

> »Bitteren Neid empfand deswegen der Großteil der
> langobardischen Grafen,
> wie es die Art ist der schlechten Menschen.
> Alles setzten sie nun daran mit eifrigem Streben,
> Eintracht und Frieden zwischen den Brüdern zu stören.«[2]

Donizo zufolge versprachen die Vasallen Konrad eine ihrer Töchter als Braut, um ihn für sich zu gewinnen. Im ersten Augenblick sei er in jugendlichem Leichtsinn darauf eingegangen, habe aber dann das Komplott durchschaut und zu seiner früheren Loyalität gegenüber dem Bruder zurückgefunden.

Es kam sogar zu einem bewaffneten Zusammenstoß zwischen den Brüdern in Coviolo, etwa 3 km südwestlich von Reggio Emilia. Diesen Kampf datiert eine andere Quelle, die Abtliste von Nonantola (»Nomina abbatum Nonantulensium«) auf das Jahr 1021.[3] Es war ein »magnum bellum«, ein großer Krieg, sagt Donizo, eine Feldschlacht, in der nicht nur die beiden Brüder ihre Kräfte maßen, sondern auch Bonifaz' Fähigkeit, mit der ihm übertragenen Herrschaft umzugehen, auf die Probe gestellt wurde. Vor einigen Jahren versuchte Lino Lionello Ghirardini die Phasen dieser Schlacht zu rekonstruieren,[4] ein schwieriges Unterfangen, da es nur ein einziges Zeugnis darüber gibt, und zwar ausgerechnet von einem Dichter, der schreibt, um seine Herren zu verherrlichen, und dessen poetisches Ideal darin besteht, seine Erzählung möglichst auszuschmücken. Wichtiger als der Ablauf dieser Schlacht wäre die genaue Kenntnis, wer daran teilgenommen hat, wer diese Grafen waren – »maior Langobardorum comitum pars«, der Großteil der langobardischen Grafen, wie Donizo sagt – diese Vasallen, die gegen Bonifaz rebellierten und sich mit dessen Bruder verbündeten. Aber das wird nicht berichtet, wahrscheinlich, weil sie sich später wieder mit dem Markgrafen aussöhnten und von neuem seine getreuen Anhänger wurden und ihre Familien noch mächtig waren, als Donizo sein Epos dichtete. Jedenfalls dauerte der Widerstand des hohen Vasallenadels gegenüber den Canossa an und trat in Krisensituationen dieses Herrschergeschlechts wieder offen zutage. Darüber berichtet auch Donizo, ohne jedoch die betreffenden Familien namentlich zu erwähnen.

Aus der Schlacht von Coviolo ging Bonifaz als Sieger hervor. Sein Bruder Konrad starb hingegen einige Zeit danach an den Spätfolgen einer schweren Verwundung:

»... die Stadt Reggio gab Konrad ärztliche Hilfe.
Hier weilte der edle Krieger, bis er beinahe gesund war,
stand wieder auf, gab sich dem Spiel und übermäßigem Essen hin,
deshalb riß die Wunde durch einen heftigen Stoß wieder auf...
... in dieser Stadt ließ dieser schöne Jüngling sein Leben.«[5]

So vollendet Donizo Konrads Porträt, das dem Klischee des tapferen, großmütigen, aber ausschweifenden und seinen Leidenschaften frönenden jungen Mannes entspricht.

Anders Bonifaz, von dem widersprüchliche Charakterzüge überliefert, vor allem aber seine Stärke und Macht hervorgehoben werden. In Coviolo zeigte sich diese Stärke zum ersten Mal.

Das gesamte Herrschaftsgebiet der Canossa war nun fest in der Hand eines einzigen Herrn, der bereits durch seine Eheschließung gezeigt hatte, daß er dem Vorbild seiner Ahnen folgte: Um 1010 vermählte er sich mit Richilde, der Tochter des Grafen von Bergamo und Pfalzgrafen Giselbert II. und der Anselda, Tochter des Markgrafen von Turin, Arduin Glabrio (der dem in Canossa von Berengar II. belagerten Adalbert Atto zum Sieg verholfen hatte).

Diese Eheschließung verstärkte Bonifaz' Verbindung zu dem hohen Lehnsadel im Nordwesten, der den Versuch Arduins von

Ivrea, sich gegen Heinrich II. durchzusetzen, vereitelt hatte, und insbesondere zum Markgrafen von Turin, Olderich Manfred, seinem Vetter, dem Sohn Prangardas, einer Schwester Tedalds. Gleichzeitig brachte diese Heirat den Canossa beträchtliche wirtschaftliche Vorteile, vor allem neuen Grundbesitz am Po, wie Casteldidone und Correggioverde am linken Poufer, Ländereien im Gebiet von Revere am rechten Ufer sowie Castrumsiedlungen und Burgen bei Verona: in Nogara einen Fronhof »cum castro«, in Angiari am Etsch ebenfalls einen Fronhof mit einem befestigten Dorf.[6]

Unter Bonifaz und Richilde wurde das Zentrum des Canossahofes endgültig vom Apennin nach Mantua verlegt, das sie zur »Hauptstadt« des neuen Canossa-»Staats« machten, dessen Güter und Jurisdiktionen größtenteils in der Poebene lagen, sofern man in einer Zeit, in der man die Residenzen häufig verlegte und dabei die Archive, Bücher und Familienschätze mit sich führte, von einer Hauptstadt sprechen kann.

Mantua wurde ausgewählt, weil es in der Mitte des canossanischen Herrschaftsgebiets lag und weil es eine Stadt war, in der kein Bischof die Grafenwürde innehatte, so daß der Stadtherr nicht nur Graf des Contado war, wie in Modena oder Reggio, sondern auch der Stadt selbst. Hier ließ Bonifaz sein *palatium* errichten, vor dem Löwen als Zeichen für seine Stärke und Macht angebunden waren.

Simeon

»Kurze Zeit danach kam der selige Simeon auf die Bitte der obgenannten Richilde, Bonifaz' Gemahlin, nach Mantua. Rasch hatte sich dort eine große Menschenmenge eingefunden, um ihn zu sehen. Er ging in die Kirche, verweilte dort lange Zeit im Gebet und heilte mehrere Kranke. Als er hinaustrat, erblickte er hinter der Menge, die ihn umgab, den Löwen, der vor Bonifaz' Palast angebunden war. Der Heilige ging auf ihn zu, streichelte ihn mehrmals am Kopf und am ganzen Körper und steckte ihm schließlich, auf Christus vertrauend, furchtlos seine heilige Rechte ins Maul. Der Löwe legte seine Wildheit ab und begann die Hand des heiligen Mannes zu lecken und an ihr zu saugen, als wäre sie die Mutterbrust. Dann legte er sich dicht vor ihn hin und erschien allen nicht wie ein wilder Löwe, sondern wie ein sanftes Lamm.«[1]

So lautet die Originalversion dieser Episode aus dem um 1020 verfaßten *Leben des heiligen Mönchs Simeon*. Die Stelle wurde im Lauf der Jahrhunderte mehrmals interpoliert, so daß aus dem zahmen ein entlaufener Löwe wurde, der die Stadt in Angst und Schrecken versetzte. Einzig und allein der heilige Simeon soll es vermocht haben, ihn zu beruhigen und sanft wie ein Lamm werden zu lassen. Diese Version ist dramatischer als die eben angeführte, die zum Vorbild für die Ikonographie des Heiligen wurde. Sie entspricht aber nicht dem Originaltext, zumal sie nur in späteren Handschriften und nur im Mantuaner Bereich anzutreffen ist. Sicherlich hätte sie zum größeren Ruhm des Heiligen gereichen können, denn was in der Originalversion als ein nicht erforderliches Wunder, eine sozusagen banale Geste, erscheint, nahm sich in der apokryphen Version wie ein notwendiges Eingreifen des Heiligen aus, der dadurch zum Retter der Stadt wurde. Dem Mönch, der die *Vita* abschrieb, war die Begebenheit offenbar nicht besonders spektakulär erschienen, und er entschloß sich daher, sie dramatischer zu gestalten.

Kurz nach der Jahrtausendwende bildeten die Seen in Mantua eine Insel, von der die Stadt nur den nördlichen Teil einnahm, ein etwa 12 Hektar umfassendes Areal, das dem jetzigen Herzogspalast, der Piazza Sordello, den bei der Kathedrale gelegenen Gebäuden, dem Seminar und einigen anderen nahe gelegenen Bauwerken entspricht. Damals gab es aber nur die Kathedrale San Pietro mit einem Kanonikerkapitel – wahrscheinlich eine Doppelkirche, die auch die Kirche San Paolo einschloß –, den Bischofspalast und den Palast des Markgrafen Bonifaz mit dem besagten Löwen. Die heutige weiträumige Piazza Sordello war Anfang des 11. Jahrhunderts von einem Netz kleiner Gäßchen durchzogen, die von ärmlichen Holzhäusern gesäumt waren. Ein Mauerzug, der dort verlief, wo jetzt der Voltone di San Pietro (Bogen des heiligen Petrus) steht, umschloß im Süden das städtische *castrum*, das an den anderen Seiten von den Seen geschützt war, die der Fluß Mincio bildete. Für heutige Verhältnisse eine kleine Ortschaft also, mit wenigen Tausenden Einwohnern, aber im Mittelalter durchaus eine Stadt, da sie Bischofssitz war und unter Bonifaz auch Residenz eines Feudalherrn wurde, der ein ausgedehntes Territorium beherrschte – eines Feudalherrn, der es nicht mehr nötig hatte, sich aus Verteidigungsgründen in der Burg Canossa zu verschanzen, sondern sich frei und ungebunden auf den Wasserstraßen bewegte, um seine Herrschaftsgebiete zu kontrollieren, die sich nun vor allem in der Poebene befanden. Ein Feudalherr, der mit den Großen im Norden wetteiferte – mit den Grafen der Nachbarstadt Verona und der Lombardei, mit seinen mächtigen Verwandten in Turin, mit dem schon damals starken Venedig – und der jede Gelegenheit nutzte, um mit seiner Macht zu protzen, der es aber andererseits nicht als erniedrigend ansah, sich an einen kleinen fremden Eremiten, den Armenier Simeon, zu wenden, um sich bei ihm Rat zu holen.

Simeon hatte sich entschlossen, sein Leben als Einsiedler zu verbringen, und sich deshalb auf einen Berg zurückgezogen. Der Legende zufolge soll tagelanger Schneefall ihn und seine Gefährten beinahe verhungern haben lassen, als Gott plötzlich einen Hirsch geschickt habe, der sich töten ließ, um den Hunger der Einsiedler zu stillen. Davon leitet sich die ikonographische Darstellung des Heiligen mit einem Hirsch ab, die im Gebiet von Mantua, in dem im Mittelalter das Rotwild heimisch war, rasche Verbreitung fand. Simeon begab sich später auf Pilgerfahrt nach Jerusalem, dann nach Rom, wo er der Anklage der Ketzerei nur knapp entging, da seine »orientalische Art« zu beten, Anstoß erregte. Danach wallfahrte er zum Grab des heiligen Martin in Tours und ging als Jakobspilger nach Compostela. Er war also zu einem umherziehenden Einsiedler geworden, getrieben von der Sehnsucht, die *peregrinatio*, die ewige Pilgerschaft, die für einen Christen das Wesen des irdischen Lebens bedeutete, wortwörtlich zu verwirklichen.

Im Mittelalter waren die Menschen keineswegs so stark ortsgebunden, wie man gewöhnlich annimmt. Es war das Leben selbst mit seinen Gefahren und seinen alltäglichen Schwierigkeiten, das der Ortsgebundenheit und Sicherheit im Weg stand, so daß derjenige, der eine Reise unternahm, sich nur einer andersgearteten Unsicherheit aussetzte. Man versuchte trotzdem, diese Tendenz zur Mobilität einzudämmen, um die wirtschaftlichen und sozialen Strukturen nicht zunichte zu machen und um zu verhindern, daß sich die Welt mit Landstreichern füllte. Daran hatte auch der heilige Benedikt gedacht, als er bestimmte Anweisungen in seine *Regel* einfügte. Jener Tendenz versuchte man auch entgegenzutreten, indem man die Wallfahrten organisierte und die Pilger kontrollierte, die einen Pilgerbrief, ein Empfehlungsschreiben, mit sich tragen mußten, das ihre ehrlichen Absichten bezeugte.[2]

Nachdem Simeon als alter Mann von diesen Pilgerfahrten zurückgekommen war, wurde er von der besonderen geistigen Atmosphäre des Klosters San Benedetto Polirone angezogen und beschloß, dort zu bleiben:

»Der Abt Venerandus und die ganze Mönchsgemeinschaft nahmen ihn liebreich auf und erbauten für ihn an einer von ihm ausgewählten Stelle eine kleine, bescheidene Klause, die seiner eremitischen Berufung entsprach. Dort führte er ein Leben in Keuschheit, widmete sich beständig dem Gebet, diente Jesus Christus und war für alle ein Vorbild hoher Sittlichkeit. Er war in der Tat ein wahrer Verehrer Gottes, ein Mann, der den Frieden und die Barmherzigkeit liebte, ein Bewahrer des Schweigens, ein großzügiger Spender von Almosen, ein guter Arbeiter im Weinberg des Herrn, demütig in seiner Haltung, sanft in seiner Sprache, beständig in seinem Glauben, ausdauernd beim Gebet, regelmäßig das Fasten einhaltend und eifrig in den Nachtwachen. Deswegen war er Herzog Bonifaz und dessen ruhmreicher Gemahlin und allen seinen Vasallen und den Großen Norditaliens lieb und wert.«[3]

Ein beträchtlicher Teil des *Leben des Mönchs Simeon* spielt in der Poebene. Einmal wanderte der Heilige von San Benedetto Polirone nach Mantua, wo ihn Markgraf Bonifaz erwartete. Es war ein bitterkalter Winter, überall lag Schnee und Eis, da begegnete er mitten in einem Wald einem Bettler und gab ihm seinen Mantel, wie es einst der heilige Martin am Stadttor von Amiens getan hatte. An einer anderen Stelle wird geschildert, wie er zu Schiff nach Borgo San Donnino (dem heutigen Fidenza) fuhr, wo er einen Dahinsiechenden heilte. Dann begegnet er uns in Parma, wo er der Translation der Reliquien der heiligen Märtyrerin Felicula in das neue Frauenkloster San Paolo beiwohnte. Des weiteren lesen wir in der Handschrift, wie er einem Sturm Einhalt gebot, der die Schiffsleute auf dem Po bedrohte, und unversehrt in Gonzaga anlegte, das damals am Ufer des Po lag.

Nach seinem Tod am 26. Juli 1016 verbreitete sich der Kult des seligen Simeon gleichzeitig mit dem Ruhm seiner Wunder. So wurde das kaum zehn Jahre vorher gegründete kleine Kloster Ziel von Pilgern nicht nur aus dem Umkreis – Quistello, Prolo, Mulo (heute Villa Poma) –, sondern auch aus entfernteren Städten wie Parma und Padua. Der Bedeutung dieses Kults war sich Markgraf Bonifaz bewußt, denn er ließ die *Vita* und die *Miracula* des Heiligen aufzeichnen und entsandte eine Delegation nach Rom, um von Papst Benedikt VIII. die Heiligsprechung Simeons zu erwirken.

Die Antwort kam rasch:

> »Bischof Benedikt, Diener der Diener Gottes, Bonifaz, dem durch Gottes Gnade ruhmreichen Markgrafen, Heil und apostolischen Segen. Ihr habt uns – wie es sich ziemt – um unsere Meinung gebeten, ob ihr eine Kirche zu Ehren des vor kurzem unter die Heiligen aufgenommenen Simeon bauen dürft. [...] Wenn er wirklich erstaunliche Wunder wirkt, wie euer Mann [der Hagiograph, der die Delegation anführte] uns erzählt hat, baut eine Kirche, bestattet ihn dort und laßt einen Altar weihen, in den die Reliquien der alten Heiligen zusammen mit dem Leib unseres Herrn Jesu Christi eingeschlossen werden sollen und man feiere die heiligen Sakramente. Behandelt ihn wie einen Heiligen und der Allerheiligste möge euch seine Gnade schenken.«[4]

Das war die offizielle Anerkennung des Kults, eine Praxis, die sich erst in jener Zeit langsam einbürgerte, da die Seligsprechungen bis dahin durch Akklamation des Volks erfolgt waren und auch weiterhin erfolgten. Warum wollte Bonifaz diesen Akt vom Papst erwirken? Wahrscheinlich ist er nach der Schlacht von Coviolo anzusetzen, in den letzten Lebensjahren des 1024 verstorbenen Benedikt VIII. Vielleicht diente er Bonifaz dazu, seinen von ihm besiegten, aber noch nicht unterworfenen Gegnern zu zeigen, daß seine Macht bis Rom reichte und daß sie nicht nur unter irdischem, sondern auch überirdischem Schutz stand.

Der Armenier Simeon, der fast zufällig in San Benedetto Polirone, dem Eigenkloster der Canossa, seine letzten Tage gefristet hatte, war mit anderen Worten ein Zeichen dafür, daß sich dieses Geschlecht besonderer himmlischer Gnade erfreute.

Konrad II.

Auch unter Bonifaz behielten die Canossa ihre traditionell kaiserfreundliche Haltung bei. Der Kaiser mußte allerdings nun seine Vorgehensweise genau abwägen, da neue politische Kräfte ins Spiel kamen. So erließ Heinrich II. 1014 ein Privileg zugunsten der Arimannen [Freie] von Mantua und Umgebung, das deutlich die Absicht erkennen läßt, den Ansprüchen der Canossa Grenzen zu setzen: Der Kaiser bestätigte den freien Städtern die Rechte auf die Gemeingüter und alle ihre Besitztümer und Privilegien, die offensichtlich bedroht waren. Dabei handelte es sich jedoch um einen besonderen Fall in einer Zeit, in der Bonifaz seine Herrschaft noch nicht völlig gefestigt hatte, und das Privileg konnte die Beziehungen zwischen dem Reich und den Canossa nicht nachhaltig trüben. Vor allem nach der Schlacht bei Coviolo verstärkte sich diese Bindung sogar, so daß die zeitgenössischen Chronisten Bonifaz ebenso wie Erzbischof Aribert (von Intimiano) von Mailand zu den Mächtigen in Reichsitalien zählten, auf deren Unterstützung sich Heinrich II. verlassen konnte.

Es gibt zwar keine urkundlichen Belege für direkte Kontakte zwischen Heinrich II. und Bonifaz, man kann aber mit Sicherheit davon ausgehen, daß sie bestanden haben, da ja der Markgraf dem Kaiser das Geleit geben mußte, wenn dieser durch canossanisches Gebiet zog. Es ist also anzunehmen, daß Bonifaz Heinrich II. bei seinen Italienzügen begleitet hat, vor allem auf dem Feldzug nach Unteritalien, den der Kaiser Ende 1021/Anfang 1022 im Bündnis mit Papst Benedikt VIII. unternahm, um nach den Invasionen der Normannen und Byzantiner und nach verschiedenen Aufständen die Kontrolle über das Land wiederzugewinnen. Letztendlich mußte der Kaiser sich jedoch geschlagen geben, außerdem starke Verluste durch eine Seuche im Heer hinnehmen, so daß er sich gezwungen sah, den Rückzug nach Oberitalien anzutreten. In Pavia traf Heinrich II. mit Benedikt VIII., mit den Bischöfen der Langobardia und den Großen des Regnum Italiae zusammen, unter ihnen sicher auch Bonifaz, um eine Synode abzuhalten, in der die bereits damals problematisch gewordene Frage der Klerikerehen und ihrer Nachkommenschaft behandelt wurde.

Die neuere Forschung hat die Bedeutung dieser Synode für die Kirchenreform etwas eingeschränkt, zumal die dort gefaßten Beschlüsse nicht in die Tat umgesetzt wurden: Sie ist aber ein Zeichen für einen tiefgreifenden Wandel der Mentalität und für das immer stärker empfundene Bedürfnis, die Lebensführung des Klerus auf ein höheres sittliches Niveau zu heben. Am 12. Juli 1024 starb Heinrich II., ohne einen Thronerben zu hinterlassen. Die letzten Nachfahren Arduins von Ivrea versuchten noch, Einfluß auf die Nachfolge zu nehmen und favorisierten einen französischen Thronanwärter – Robert den Frommen oder Wilhelm von Aquitanien –, setzten sich jedoch nicht durch, da die Großen des *Regnum*, unter ihnen Bonifaz, sofort für den Salier Konrad II. Partei nahmen, den Enkel Herzog Ottos von Kärnten, der bereits in Mainz zum deutschen König gekrönt worden war. Erzbischof Aribert von Mailand und Bischof Leo von Vercelli begaben sich sogleich nach Deutschland, um Konrad die Krone des Königreichs Italien anzubieten.

Aber die Widerstände blieben nicht aus. In Pavia wurde die Königspfalz von den Bürgern in Brand gesteckt. Auch Venedig und Aquileia bereiteten Konrad II. Probleme:

»Nach seiner Krönung durch Papst Johannes XIX. im März 1027 war der deutsche Kaiser weniger bestrebt, sich neue Verbündete zu suchen, als die neue Situation, die sich in der Dynamik des Kräftespiels zwischen den Machthabern Reichsitaliens gebildet hatte, zu seinem Vorteil zu beeinflussen. Besonders aufsehenerregend und folgenschwer ist in diesem Kontext die Vergabe der Mark Tuszien an Bonifaz von Canossa, weil Markgraf Rainer sich geweigert hatte, Konrad in Lucca zu empfangen.«[1] (Ovidio Capitani)

Was war geschehen? Konrad II. war 1026 nach Italien gezogen, um die Krone des Regnum Italiae und die Kaiserkrone zu empfangen. In Mailand – nicht in Pavia, der rebellierenden Hauptstadt des Königreichs Italien! – krönte ihn Erzbischof Aribert zum König. Als er nach Rom weiterziehen wollte, verschloß ihm Markgraf Rainer von Tuszien die Tore von Lucca, dem Hauptort der Mark. Konrad belagerte daraufhin die Stadt; Rainer wurde besiegt und sofort seiner Markgrafenwürde enthoben. An seiner Stelle wurde Bonifaz mit der Mark Tuszien investiert.

Mit dieser neuen, politisch bedeutsamen Investitur erreichte die Herrschaft der Canossa ihre größte Ausdehnung: Sie erstreckte sich nun vom Fluß Mignone bei Corneto, der Grenze des Dukats Rom, bis zum Gardasee und vom Gebiet von Cremona bis zur Adria bei Comacchio.[2] Das Herrschaftsgebiet umfaßte demnach mehrere Markgrafschaften und in geographischer Hinsicht verschiedene Landschaften, es glich eher einem Königreich – wie sie in Westeuropa, das heißt in England, dem Spanien der Reconquista und Frankreich, langsam aufstiegen – als einem Komplex von Benefizial- oder Feudalbesitz.

Die außerordentliche Tragweite, die dieser Investitur zukam, bietet eine bessere Erklärung als andere Hypothesen für das feierliche Abkommen zwischen Konrad II. und Bonifaz, das Donizo uns mit größter Genauigkeit überliefert hat:

> »Konrad erkannte, daß bei der Bewahrung des Reichs
> und seiner Regierung
> mehr als alle anderen ihm nützlich sein könnte
> der herrliche, starke, ruhmreiche und freigebige
> Bonifaz, der große und achtunggebietende Krieger.
> Deshalb verlangte er von ihm nun den Treueid,
> sagte ihm dafür als Lehen eine Mark zu

und daß er seinerseits einen Eid leisten werde als
König.
Bonifaz stimmte zu und schwor dem Herrscher den
Eid,
dann erhob der König seine Stimme und schwor,
er werde sein Leben und seine Glieder schützen
und die Ehre, die einem Großen zukommt,
ohne Trug und auf immer und ewig.
Dieses bekräftigten beide als gültig, solange sie
lebten.
Kein Herzog verdiente je ein so heiliges Bündnis:
auf Pergament wurde dieser Eid niedergeschrieben.«[3]

Vielleicht hatte Donizo die Urkunde selbst gesehen, vielleicht hatte man ihm nur von ihr berichtet. Sicher erinnerte man sich an einen derart feierlichen und ungewöhnlichen Pakt, bei dem sich der Kaiser bereit fand, einem seiner Vasallen nach dessen Treueid seinerseits einen Eid zu leisten.

Konrads II. Herrschergewalt war nie gesichert, ständig war sie durch die großen Reichsvasallen bedroht. Der Kaiser bedurfte deshalb der Unterstützung des Markgrafen. Bonifaz wiederum gewann durch die Verbindung seiner Herrschaften nördlich des Apennin mit Tuszien (der heutigen Toskana) eine Schlüsselstellung für Papsttum und Reich: Wer aus dem Norden nach Rom zog, um den Thron Petri zu besteigen oder sich zum Kaiser krönen zu lassen, mußte das Herrschaftsgebiet des Markgrafen durchqueren.

Dem hohen Lehnsadel, der durch seine Autonomiebestrebungen die Stabilität des Reichs bedrohte und den zehn Jahre später Konrad II. mit seinem berühmten Lehnsgesetz, der *Constitutio de feudis* oder *de beneficiis* zu schwächen versuchte, in der er den kleinen Vasallen die Erblichkeit ihrer Lehen gewährte, gereichten zu diesem Zeitpunkt die guten Beziehungen zwischen den Canossa und dem Kaiser zum Vorteil.

Bonifaz war sich durchaus bewußt, welche besonderen Privilegien er genoß und erwies sich dem Kaiser dankbar: 1034 kämpfte er mit ihm in Burgund gegen Graf Odo II. von Blois, der sich in der Champagne eine persönliche Herrschaft errichtet hatte, die eine stark »nationale«, gegen das Reich gerichtete, Komponente aufwies. Durch seine Waffenhilfe trug Bonifaz vor allem entscheidend zur Eroberung der Burg Murten (Morat) bei Neuchâtel im heutigen Kanton Fribourg bei.

Auf der Rückkehr von diesem Feldzug errang Bonifaz Berühmtheit durch eine Tat, die heute als grausam gilt, von der Donizo aber voll Bewunderung spricht: Während einer Rast ließen es einige Reitknechte zu, daß die Pferde in die Felder, wo das Korn schon hochstand, hineingaloppierten, das Getreide abfraßen und Verwüstungen anrichteten. Die Bauern der Gegend liefen herbei und jagten die Tiere mit Stockschlägen davon. Als Bonifaz dies hörte, beschloß er, Rache zu nehmen. Er ließ alle Männer der Befestigung – die Donizo nicht namentlich nennt – gefangennehmen und ihnen Nase und Ohren abschneiden. Drei Schilde konnte man damit füllen.[4] Man weiß nicht, ob sich hinter dieser Schilderung die Einnahme einer bestimmten Burg verbirgt, die Donizo aus einem nur ihm bekannten Grund nicht nennen will. Sicher ist jedenfalls, daß man von diesem Vorfall auf Canossa voll Stolz erzählte und daß er schließlich in die Canossa-Legende einging.

Die Gewalttat, die Bonifaz hier verübt, ist für uns nicht nachvollziehbar und erregt unseren Abscheu. Derartige Vorkommnisse waren aber gar nicht so selten, wenn man den Chroniken jener Jahrhunderte Glauben schenken darf. Auch auf den Straßen konnte man damals häufig Menschen begegnen, denen durch Verstümmelung Gesichtspartien fehlten. Die Gesetze selbst sahen Verstümmelungen als Strafen für bestimmte Verbrechen vor, und die Praxis ging vielleicht noch über die Gesetze hinaus.

Nach dem Sieg über Odo von Blois-Champagne warteten weitere Probleme auf Konrad II.: in Italien vor allem der zwischen Erzbischof Aribert von Mailand und dem mit ihm verbundenen hohen Adel auf der einen Seite und den Valvassoren auf der anderen Seite ausgebrochene Konflikt, der auch gefährlichen Zündstoff für Unruhen in der Stadtbevölkerung lieferte.

Im Juli 1036 beschloß Konrad in Nijmwegen, einen weiteren Italienzug zu unternehmen. Bonifaz von Canossa befand sich bei ihm, wahrscheinlich gab er ihm das Geleit. Jedenfalls war Bonifaz Mitte März in Pavia, als Aribert verurteilt und gefangengenommen wurde. Kurz darauf gelang es dem Mailänder Erzbischof, sich aus dem Gewahrsam des Patriarchen von Aquileia zu befreien und nach Mailand zurückzukehren. Als Konrad II. daraufhin die Stadt belagerte, stand Bonifaz höchstwahrscheinlich an seiner Seite. Nach dem Scheitern dieses Unternehmens stand er im Juli 1037 in Verona Konrad bei, ebenso Ende des Jahres in Parma, wo am Weihnachtstag ein Aufstand gegen die deutschen Truppen losbrach, der am folgenden Tag blutig niedergeschlagen wurde.

Der Widerwille der Städte, sich dem kaiserlichen Joch zu beugen und der Gastungspflicht nachzukommen, das heißt, den Kaiser und sein Gefolge während ihres Aufenthalts zu beherbergen und zu beköstigen, wuchs zusehends, so daß es zu Spannungen kam, wenn diese Leistungen eingefordert wurden. Bisweilen wurden blutige Zwischenfälle aber auch durch das Verhalten einer verrohten Soldateska provoziert, die vor Vergewaltigung, Raub und Plünderung nicht zurückschreckte.

Bonifaz begleitete den Kaiser auch auf seinem Zug nach Rom und Süditalien im Frühjahr 1038 und bei seiner Rückkehr im Sommer des gleichen Jahres, auf welcher der Herrscher wieder seine Gebiete durchquerte, um nach Deutschland zu gelangen. Bei dieser Gelegenheit stellte der Kaiser Privilegien für religiöse Einrichtungen aus, die sich bereits um die Hebung der Sitten des Klerus bemühten, wie der Badia in Florenz.

Im September 1038 traf Konrad II. wieder in Deutschland ein. Bei seinem Tod im folgenden Jahr waren alle während seiner Regierung aufgetretenen Probleme noch ungelöst.

Beatrix

Gräfin Richilde, der man im *Leben des heiligen Mönchs Simeon* und in canossanischen Urkunden an der Seite ihres Mannes häufig begegnet, starb frühzeitig. Die letzte uns überlieferte Nachricht geht auf den Februar 1036 zurück, als sie in Gonzaga ein Landgut und in Mantua ein Haus veräußerte.

In den Quellen erscheint Beatrix von Lothringen erstmals am 5. Oktober 1040 als Bonifaz' Gemahlin. Aus dem Urkundenmaterial läßt sich erschließen, daß Richilde im Frühjahr 1036 starb und daß Bonifaz im darauffolgenden Juli Beatrix in Nijmwegen traf, wo er der Hochzeit des Kaisersohns Heinrich III. mit der Tochter König Knuts von England und Dänemark beiwohnte und an der anschließenden Versammlung der Großen des Reichs teilnahm. Manche vermuten, daß der von Bonifaz eingegangene neue Ehebund auf Wunsch Kaiser Konrads II. zustande gekommen war, der damit zwei Mächtige des Reichs noch stärker an sich binden wollte.

Es war eine Märchenhochzeit, deren Pracht in Donizos Jahre später entstandenem Epos weiter ausgeschmückt wurde:

»Als der Herzog dorthin zog,
nahm er kostbaren Schmuck und Pferde mit sich,
unter deren Hufe er nicht nur Stahl,
sondern auch Silber hatte nageln lassen;
und kein Nagel sollte fest hineingeschlagen werden,
damit das Volk daran seine Größe erkennen könne.
Als nun die Pferde trabten, sprang das Silber ab,
und die Leute des Landes sammelten es
bald hier bald dort in den Straßen und Feldern auf.«[1]

Diese Beschreibung erinnert entfernt an die ausführliche Schilderung der Gewänder und des Palastes der Nibelungen im *Nibelungenlied*, aber Donizos Vorbild ist wahrscheinlich eher die klassische Epik, die sich mit der im Volk weiterlebenden Erinnerung an jene Hochzeit verband, die in Marengo, unweit von Mantua, stattfand.

»Drei Monate dauerte das Festmahl;
die Gewürze wurden dort nicht in Mörsern zerstoßen,
sondern wie Getreide in den Mühlen mit fließendem
Wasser gemahlen;
aus den Tiefen eines Brunnens wurde der Wein herausgeschöpft,
der von einem anderen Brunnen dorthin floß.
An einer silbernen Kette hing ein silberner Eimer,
mit dem man das herrliche Getränk, den Wein, schöpfte.
Die Schüsseln und Teller trug ein Pferd zu den Tischen
und von Silber und Gold glänzten die Tischgefäße.
Pauken und Zithern, Schalmeien und Leiern ertönten,
und der edle Herzog gab den Mimen reichen Lohn.«[2]

Beatrix gehörte einer der angesehensten Familien des Reichs an: Ihre Eltern waren Herzog Friedrich von Oberlothringen und Mathilde, die Tochter Herzog Hermanns II. von Schwaben und Gerbergas, der Tochter des Königs von Burgund. Nach dem Tod ihres Vaters im Jahre 1033 wurde Beatrix zusammen mit ihrer Schwester Sophie von ihrer Tante Gisela, der Gemahlin Konrads II., aufgenommen. Es liegt die Vermutung nahe, daß bei ihrer Vermählung mit Bonifaz der Kaiser selbst, der ihn so hoch schätzte, seine Hand im Spiel gehabt hat. Zieht man die Zeitspanne in Betracht, in der die Hochzeit stattgefunden haben muß, so ist es durchaus möglich, daß die kaiserliche Familie selbst bei einem ihrer Aufenthalte in Italien daran teilgenommen hat.

Man weiß nicht genau, wie alt die Braut war, aber sicherlich war sie viel jünger als der Bräutigam. Die Frauen des Hochadels hatten übrigens keinerlei Rechte, sich ihren künftigen Ehemann selbst zu wählen, und Gefühle spielten angesichts der territorialen und finanziellen Interessen der Familien nur eine sehr sekundäre Rolle.

Erbin eines beträchtlichen Vermögens und den Ränken ihres Vetters Gottfried, des Herzogs von Niederlothringen, ausgesetzt, suchte Beatrix bei Bonifaz die Sicherheit, die ihr dieser als einer der Mächtigen im Reich und dazu noch in höchstem Maße kaisertreu, bieten konnte. Sie brachte nicht nur »Diener und Mägde«, sondern auch »Länder und Burgen« mit in die Ehe, wie Donizo bezeugt. Overmann stellt bei seinem Versuch, die geographische Lage der Herrschaften und Besitztümer der Canossa zu rekonstruieren, folgende Liste der lothringischen Güter zusammen: die Burg Briey nordwestlich von Metz, Gebiete, die an Luxemburg grenzen, in denen Mathilde später die Abtei Orval gründete, weitere Ortschaften im heutigen Belgien (Cyricihof zwischen Lüttich und Namur), im nördlichen Frankreich (unter anderem die Burg Merevaux und der Wald von Woevre, die Mathilde der Kirche von Verdun schenkte) und am Rhein.[3]

Wenn man der in der Vatikanbibliothek aufbewahrten Donizo-Handschrift Glauben schenken darf, war Beatrix sehr schön: Sie besaß eine würdevolle Haltung, große, kluge Augen und rotes Haar, das sie wohl an Mathilde vererbte, wie man nach der Öffnung des Sarkophags der Markgräfin im 17. Jahrhundert feststellen konnte.

Ihre Intelligenz und starke Persönlichkeit zeigen sich nicht zuletzt darin, wie sie sich ihrem Gatten Bonifaz gegenüber verhielt und mit welchem Geschick sie nach dessen Tod lavierte, um ihre Herrschaft zu bewahren. Die Forschung vertritt einstimmig die Ansicht, Beatrix habe Bonifaz in seinen letzten Lebensjahren zu manchen wichtigen Entscheidungen bewogen und – was noch bemerkenswerter ist – einen Wandel in seinem Verhalten gegenüber den kirchlichen Institutionen herbeigeführt, so daß er von seinen früheren simonistischen Praktiken weitgehend abließ.

Seine Herrschaftsrechte hatte Bonifaz durch die Gunst der Kaiser, insbesondere des Saliers Konrad II., erhalten; aber die Macht der Canossa basierte seit jeher auf der Verbindung ihrer Reichslehen mit dem beträchtlichen Allodialbesitz, das heißt, Eigengut, der Familie. Um dieses Privatvermögen, vor allem den Grundbesitz, zu vermehren, gab es verschiedene Möglichkeiten: Der Kauf, der einem als erstes in den Sinn kommt, war damals noch ziemlich selten und hinterließ nur in wenigen Fällen im überlieferten Urkundenmaterial Spuren; häufiger gelangte man in den Besitz eines Guts – eines Stück Landes, einer Burg oder eines Fronhofs – durch einen Gütertausch. Derartige Tauschverträge setzten die Canossa häufig ein, um Streubesitz abzugeben, ihre Güter zu konzentrieren und zu größeren Einheiten zusammenzufassen. Ein Beispiel dafür ist der Fronhof Vilnianum im Hügelland bei Parma, der von Siegfried erworben wurde, bald nachdem er sich in der Emilia niedergelassen hatte.[4]

Eine dritte Möglichkeit, die Besitztümer zu vermehren, war eine kluge Heiratspolitik, die ständig darauf zielte, die jungen Familienmitglieder mit den Söhnen und Töchtern sozial höhergestellter Familien zu verheiraten, wie es anscheinend bei Adalbert Atto und Hildegard (falls sie wirklich aus dem Geschlecht der Supponiden stammte) und bei Tedald und Guillia-Willa der Fall war. Diese Möglichkeit konnte sich jedoch auch als nachteilig erweisen, wenn es um heiratsfähige Mädchen ging, denen man Güter zur Mitgift geben mußte. Die Canossa hatten diesbezüglich jedoch Glück, denn ein solcher Fall kam in ihrer Familie, soweit bekannt, nur einmal vor, und zwar bei der Eheschließung Prangardas, der Schwester Tedalds. Außerdem muß erwähnt werden, daß jede Generation der Canossa einen Bischof hervorbrachte, wodurch eine eventuelle Aufteilung des Familienvermögens vermieden und sogar die Voraussetzungen geschaffen wurden, es zu vergrößern.[5]

Die Kirche, die Kanonikerstifte und die Klöster waren damals die reichsten Grundbesitzer, nicht nur von unbebautem, sondern auch von fruchtbarem Ackerland, das sie auf der Basis verschiedenartiger Agrarverträge verpachteten. Wer einer Diözese, einem Kanonikerhaus, einem Kloster oder auch nur einer Pfarrei vorstand, verfügte daher über beträchtliche Einnahmequellen. Dieser Reichtum floß nur zu geringem Teil der Kirche und den Armen zu, der weitaus größte Teil davon gelangte in die Hände des jeweiligen Bischofs, Kanonikers, Abtes oder Pfarrers, der ihn für seine persönlichen Zwecke oder zum Vorteil seiner Familie verwendete. Die kirchliche Laufbahn war im 10. und 11. Jahrhundert ein lukratives Geschäft geworden, von dem in erster Linie skrupellose und korrupte Leute profitierten. In Mailand war es sogar soweit gekommen, daß für den Aufstieg zu einem höheren Weihegrad eine gestaffelte Taxe erhoben wurde: Um Subdiakon zu werden, mußte man zwölf Nummi begleichen, für den Aufstieg zum Diakon achtzehn und für die Priesterweihe vierundzwanzig, wie man einer zuverlässigen Quelle, dem heiligen Petrus Damiani, entnehmen kann. Derjenige, der das Amt eines Abtes oder eines Rektors einer wichtigen Kirche anstrebte, mußte eine hohe Summe zahlen, was zur Folge hatte, daß man später alles daran setzte, damit sich eine solche Investition auch lohnte. Um die Mitte des 11. Jahrhunderts mußte man zwölf Pfund Silber für das Abbatiat von Santa Maria Segreta in Mailand entrichten, eine riesige Summe, wenn man bedenkt, daß der Kaufpreis für ein zweistöckiges, vollkommen eingerichtetes Wohnhaus im Zentrum der Stadt im Jahr 1035 zehn Pfund Silber betrug.[6]

Es war verständlich, daß die Mächtigeren, und darunter auch Bonifaz, aus dieser Situation Kapital schlagen wollten. Schon hatten die Canossa ihren Einfluß auf Brescia ausgedehnt, da sie den Umstand ausnutzten, daß Bischof Gottfried blutsverwandt mit Adalbert Atto war (»er war von Attos Same«, schreibt Donizo). Tedald, ein Bruder Bonifaz', übte das Bischofsamt in Arezzo aus, und Bonifaz selbst war Markgraf von Tuszien geworden, wenn auch aus anderen Gründen. In dem Bestreben, das Eigengut seiner Familie zu vermehren, ging Bonifaz allerdings manchmal zu weit. Für viele bedeutende kirchliche Einrichtungen wurde es ein Problem, ihre ausgedehnten Ländereien – oft handelte es sich um Streubesitz in verschiedenen Regionen – selbst zu verwalten. Deshalb bedienten sie sich einer Vielzahl von Pacht-, Leih- und Tauschverträgen, von denen sie einen großen Teil nicht mit Bauern abschlossen, sondern mit Personen, die sich entweder zu einem jährlichen Zins verpflichteten oder andere Güter in Tausch gaben, um die von ihnen gewünschten Ländereien oder Kirchengüter zu erhalten. Bonifaz von Canossa erhielt beispielsweise im Jahr 1042 mit einem Libellarvertrag – einem Landleihvertrag mit neunundzwanzigjähriger Gültigkeit – von einem gewissen Isnard aus der Grafschaft Verona das Kastell Cerea, das dem städtischen Kanonikerstift Santa Maria gehörte. Hundert Jahre später ersieht man aber aus einer Urkunde, daß jenes Gut nie den rechtmäßigen Besitzern zurückgegeben wurde, sondern bis zum Tod ihres letzten Erben, des Grafen Albert von San Bonifacio, den Canossa gehörte. Erst im Jahr 1146 unternahmen die Kanoniker Anstrengungen, um ihr Eigentum zurückzuerhalten, das Bonifaz, Beatrix, Mathilde und schließlich Graf Albert einfach behalten hatten, als würde es ihnen gehören – ein ganzes befestigtes Dorf![7]

Manchmal bediente man sich des Prekarie-Vertrags. Prekarie war die durch einen Leihgeber im Tausch gegen andere Güter auf die Zeit von drei Generationen beschränkte Verleihung eines Gutes – also über einen ziemlich langen Zeitraum, der sich bis zu einem Jahrhundert erstrecken konnte. In solchen Fällen kam Bonifaz leicht zum Ziel: Mit oder ohne Zustimmung des die Verleihung vornehmenden Vertragspartners besetzte er das ihm überlassene Gut, ohne die dafür versprochene Gegenleistung zu erbringen oder eine Verzichterklärung bzw. eine schriftliche Fristverlängerung zu erhalten. Bisweilen ließ er einfach die Ausführung des zweiten Teils des Vertrags unter den Tisch fallen, wenn der Leihgeber ihm irgendwie verpflichtet war und seine Macht fürchtete.

Eine weitere Möglichkeit, den Besitz der Familie zu vermehren, bestand in der gewaltsamen Enteignung der gewünschten Güter, ein Mittel, das Bonifaz skrupellos anwandte, um alles an sich zu raffen, was er wollte. So zog er auch Güter und manchmal auch Gerechtsame der lokalen Kirchen an sich. Erhalten sind zwei Verzeichnisse der Kirchengüter, die Bonifaz usurpiert hatte. Die heutigen Historiker nennen sie »Polyptycha der Untaten«. Polyptycha heißen in der historischen Fachterminologie Güterverzeichnisse (zumeist von Kirchen und Klöstern). Das erste Inventar gibt die Enteignungen zum Schaden der Kirche von Reggio wieder:

»Kastelle und Taufkirchen, die Markgraf Bonifaz vom Bischof von Reggio erhielt. Das Kastell Toano mit der Taufkirche und den Kapellen. Die Kapelle von Acquaria und ihre Prekarien. Die Taufkirche San Vitale mit dem großen Herrenhaus, den Bauernhäusern und verschiedenen Kapellen. In Bismantova die Kapelle von Busiana mit den Zehnten und allen Pertinenzen und die Kapelle von Beleo mit ihren Pertinenzen. Die Taufkirche von Lizola (Paullo) mit dem Herrenhaus und den Kapellen. Die Taufkirche von Caviliano (San Polo d'Enza) mit dem großen Haus des Grundherrn und die Kapelle San Prospero bei Canossa und ihre Zehnten. Die Kapelle San Martino von Guiliga mit ihren Hufen. In Debbia eine Kapelle mit ihren Hufen. Im Gebiet zwischen Carnione und Panciano zehn Bauernhäuser. In Senzano drei Hufen. In Castellarano eine Kapelle mit bebauten Grundstücken innerhalb und außerhalb der befestigten Ortschaft. Die Hälfte der Taufkirche San Faustino von Rubiera. Die Taufkirche von Carpi. Die Taufkirche von Prato mit der befestigten Siedlung. Die Taufkirche von Camporotondo (Fosdondo) mit den Hörigen sowie viele Hufen. Der Zehnt von Cortenova mit vielen Hufen der Kanoniker. Die Taufkirche von Guastalla mit der Kapelle San Giorgio und sechs Joch Grund. Die Taufkirche von Luzzara mit dem Hof und den Kapellen. Der Zehnt von Gonzaga. Die Taufkirche von Pegognaga mit dem Herrenhaus, das die Söhne von Albert von Pegognaga haben, sowie die Kapellen und Hufen. Das Kastell San Martino in Rio. Das Kastell Campagnolo, das auf dem Gebiet des Klosters San Prospero erbaut ist und die Kapelle Sant' Andrea mit Hufen und 24 Zehnten und einem zweiten Zehnt in Budrione. Der Fischteich von Reggiolo mit den Feldern, der Anlegeplatz Trifoso und das Sumpfland. Die Fronhöfe Bondeno und

Ronco del Vescovo: den ersten hatte er von Adalbert Atto, der ihn seinerseits durch einen Prekarie-Vertrag erhalten hatte; den zweiten brachte er gewaltsam in seinen Besitz.[...] Die Taufkirche Santa Maria di Villole und der gesamte Zehnt von Quistello. Die Taufkirche von Revere mit dem Kastell, das jetzt zerstört ist, sieben Kapellen, die Hörigen der Kirche und die Prekarien. Der Fronhof San Martino in Spino mit drei Kapellen, den Fischteichen und dem Sumpfland. In Quarantoli zwei Hufen. Die Kapelle San Faustino bei Roarolo (Traghettino), die jetzt die Kanoniker von Vanossa innehaben, mit vielen Hufen. Der Fronhof von Casal Belo und einige Hufen in den Bergen und in der Ebene. Außerdem zahlreiche Bauernstellen, die unseren Kanonikern gehörten, im Gebiet der Bischöfe von Reggio, Modena und Mantua. Bonifaz persönlich besaß auf der Insel Suzzara 500 Joch Land nebst Hörigen. Als Prekarie hatte er die Fronhöfe Rondinara, Pratissolo, Borzano und Vico Martino, für die der Markgraf Bonifaz der Kirche von Reggio die Kastelle Rossena, Paterno, Marmirolo und die Hälfte von Rodano mit allen Pertinenzen gab.«[8]

Ähnlich ist das Mantuaner Inventar, das Bischof Ubald zwischen 1089 und 1091 aufsetzte und der Markgräfin Mathilde vorlegte, um sie zu bewegen, das von ihrem Vater begangene Unrecht wiedergutzumachen. Ubald selbst erinnert sich, daß er als Archidiakon diese Übergriffe miterlebt hat:

»Im Namen unseres Herrn Jesu Christi. Gedächtnisnotiz für die zukünftigen Zeiten, um die Erinnerung an diese Ereignisse zu bewahren. Es möge die gesamte Kirche wissen, daß ich, Ubald – obwohl unwürdig – Bischof der Kirche von Mantua, auf Bitten und Verlangen der verehrungswürdigen Markgräfin Mathilde ihren Gemahl Welf mit einem goldenen Ring in alle Besitztümer der Kirche von Mantua investierte, die der Markgraf Bonifaz zum Zeitpunkt seines Todes innehatte ... das heißt, die Prekarie in Campitello, in dem Ort namens Corvolo, die der Markgraf mit Bischof Itolf von Mantua abschloß, die 233 Hufen, jede mit zehn Joch Grund, umfaßt. Und die Zehnten von Goito, Cerlongo, Volta Mantovana, Capriana, Gosenago, Beneficio und Bigarello. Wir machten dann bei der Markgräfin geltend, in Gegenwart Bischof Benedikts von Modena und Manfreds, des Sohnes des verstorbenen Robert, und des Richters Alderich und vieler anderer, daß vorgenannter Bonifaz den Fronhof Guarzatico, den Bischof Adelhard von Verona uns einst geschenkt hatte, gewaltsam in seinen Besitz brachte ebenso wie die einst von den Ungarn verwüstete Abtei San Cassiano, die Kaiser Ludwig gleichermaßen an unsere Kirche geschenkt und verbrieft hatte, sowie die Wälder von Bagnolo beim Mincio und die Wälder der Insel San Benedetto mitsamt allen Hörigen der Kirche von Mantua auf dem Land und in der Stadt, und vieles andere, das der Markgraf gewaltsam dem Bischof Itolf, der mich zum Kleriker geweiht hat, entriß, wie aus einem Brief hervorgeht, den er schrieb, um die Erinnerung an diese Dinge zu bewahren.«[9]

Wido von Pomposa

Bonifaz war offenbar als Usurpator von Kirchengut und als Simonist derart berüchtigt, daß auch Donizo diese Tatsache nicht übergehen konnte. Er zeigt ihn aber nicht bei solch verwerflichem Tun, sondern als reuigen Büßer, der den Abt von Pomposa, Wido, um Absolution bittet und von ihm eine harte Buße empfängt:

> »Dessen beschuldigte Wido, der heilige Abt, Bonifatius
> und schärfte ihm ein, solchen Handel zu unterlassen,
> geißelte dann vor dem Altar der Gottesmutter mit bitteren Ruten
> seinen entblößten Körper, der sanfte Behandlung gewohnt war.
> Dem Abt von Pomposa, Wido, gelobte er somit,
> daß er niemals wieder eine Kirche verkaufen werde.«[1]

Bonifaz pflegte gerne das Kloster Pomposa zu besuchen, eine Reichsabtei nördlich von Comacchio, die unter dem Abt Wido einen beachtlichen spirituellen wie materiellen Aufschwung erfahren hatte. Wie die nach Widos Tod verfaßten hagiographischen Schriften berichten, hatte der heilige Abt die verfallene Kirche wiederaufgebaut. Eines Tages wollte Bonifaz die jungen Mönche auf die Probe stellen: Er befahl einem verläßlichen Mann, auf das Kirchendach zu klettern und von dort Geldstükke zwischen die Mönche, die das Chorgebet sprachen, hinunterzuwerfen. Die Münzen fielen klirrend zu Boden, aber keiner der Mönche, mochte er noch so jung sein, blickte auf oder unterbrach sein Gebet. Laut Donizo kommentierte Bonifaz dies mit den sibyllinischen (und doppeldeutigen) Worten: »In wenigen Jahren werden auch diese so sein wie ihre Lehrer.«[2] Vielleicht hat Donizo diese Geschichte frei erfunden, vielleicht ist sie aber auch eine Reminiszenz seiner literarischen Bildung. Es gibt nämlich eine ähnliche Episode in der Alexiuslegende, einem im Mittelalter seit dem 11. Jahrhundert weit verbreiteten Text: Als der Leichnam des Heiligen, der unerkannt in dem Verschlag unter der Treppe seines Elternhauses gestorben war, vom Papst und von den Kaisern Arcadius und Honorius auf den Aventin getragen wird, um in der späteren Basilika Sant' Alessio bestattet zu werden, drängt sich die Menge so dicht um die Bahre, daß der Zug ins Stocken gerät. Die Kaiser werfen Geldstücke unter das Volk, damit die Menge sich auflöst, aber niemand verläßt seinen Platz an der Bahre, um die Münzen aufzuheben. Der Heilige ist nämlich ein wichtigerer Schatz, ein Reichtum, der ewig währt. Dies war die im Hochmittelalter gängige Auffassung, oder zumindest wollte der Schreiber uns dies glauben machen.[3]

Das 11. Jahrhundert war nicht nur das Jahrhundert der Simonie, sondern auch des Widerstandes gegen diese Sünde und gegen die zunehmende Verweltlichung des religiösen Lebens. Es war das Jahrhundert der Kirchenreform, einer Erneuerung, die ganz allmählich von vielen religiösen Zentren ausging, von vielen Einzelpersönlichkeiten, die zuerst selbst eine innere Umkehr vollzogen und dann mit ihrem Beispiel und ihrer Predigt das religiöse Leben wieder zur reinen Lehre des Evangeliums zurückführen wollten. Wido von Pomposa war einer von ihnen.

Nach einer Romwallfahrt wurde Wido, der aus einer Adelsfamilie aus dem Gebiet von Ravenna stammte, um 970 Schüler des Abtes Martin von Pomposa, der auf einer Insel im Sumpfland bei Comacchio ein Einsiedlerleben führte. Nachdem Wido drei Jahre als Eremit gelebt hatte, trat er als Mönch in Pomposa ein und war von 1008 bis zu seinem Tod im Jahr 1046 Abt dieses Klosters.[4]

Ravenna und Comacchio waren damals ein fruchtbarer Nährboden für religiöse Bewegungen. Dort hatte der heilige Romuald seinen Weg zu Gott gefunden und eine neue Benediktinergemeinschaft gegründet, die Kamaldulenser, die Eremitentum und Leben in der Gemeinschaft verbinden: Innerhalb eines ummauerten Klosterbezirks wohnen die Mönche in Einsiedlerzellen, das heißt, jeder für sich in kleinen voneinander abgesonderten Häusern; sie unterstehen einem Abt und haben Elemente des monastischen Gemeinschaftslebens übernommen, üben jedoch in verstärktem Maße Askese. Das Sumpfland rund um Comacchio war vor allem durch den heiligen Romuald zu einem Zentrum des Eremitentums geworden. Kurz nach der Jahrtausendwende finden wir dort neben dem heiligen Romuald den heiligen Petrus Damiani, Brun von Querfurt und die »fünf Mönche« (Quinque fratres), die später im polnischen Missionsgebiet den Märtyrertod erlitten, venezianische Adlige wie Venerius, die sich vom asketischen Leben angezogen fühlten, einen Abt von Nonantola, Leo II., der dann Erzbischof von Ravenna wurde, und auch zu einem späteren Zeitpunkt als Ketzer Verurteilte wie einen gewissen Vilgardus, der behauptete, viele Sprachen zu beherrschen und sich von einem Literaten zu einem Prediger gewandelt hatte, der »verschiedene, vom katholischen Glauben abweichende Lehren« verkündete, wie Rodulfus Glaber berichtet.[5] An all diesen Erscheinungen läßt sich die Sehnsucht nach vertiefter Spiritualität ablesen, entstanden aus der Unzufriedenheit mit einer Welt im Wandel, in der eine materialistische Grundeinstellung und das Streben nach Reichtum und Macht immer größeren Stellenwert einnahmen. Es war die Reaktion auf eine bereits stark verweltlichte Kirche in den Händen weltlicher Machthaber, die auf das innerkirchliche Leben nicht nur bei der Papstwahl – damals noch das Vorrecht der mächtigsten römischen Familien, der Crescentier und der Grafen von Tusculum – ihren gewichtigen Einfluß ausübten, sondern auch im Bereich der Niederkirche, in den städtischen Pfarreien und den Klöstern, die ja zumeist Eigenklöster waren (wie sie auch die Canossa in Brescello und in San Benedetto Polirone besaßen), ihre Hand im Spiel hatten.

Die große Welle eremitischer Bewegungen, die vom Ende des 10. bis etwa zur Mitte des 11. Jahrhunderts gleichzeitig mit dem einsetzenden wirtschaftlichen Aufschwung Europas auftrat, war – abgesehen von östlichen Einflüssen, die für ihre formale Ausprägung charakteristisch sind – der Ausdruck eines starken, wenn auch passiven Protestes gegen die Wertbegriffe einer neuen, verweltlichten Gesellschaft mit der Absicht, allen vor Augen zu führen, wie ein wahrhaft christliches Leben gemäß der mittelalterlichen Auffassung beschaffen sein sollte. Die Einsiedler wurden darum allmählich als lästige Mahner empfunden. Viele wurden verfolgt oder umgebracht oder sogar der Ketzerei angeklagt, entweder weil sie zu extreme Standpunkte vertraten oder einfach durch eine unglückliche Fügung.

Eine Erneuerung des religiösen Lebens war auch im Sinne des Kaisertums, das eine glaubwürdige Kirche brauchte, auf die es vertrauen und auf die es sich bei der Reichsverwaltung stützen konnte. Deshalb förderten die Kaiser in den Reichsabteien die Reform und intervenierten bei der Papstwahl – vor allem Heinrich III. – zugunsten von Kandidaten, die die Ziele der Kirchenreform vertraten.

Die Reichsabtei Santa Maria della Pomposa hatte sich dem Geist monastischer Reform romualdinischer Prägung geöffnet. Wido, der ihr fast vierzig Jahre lang vorstand, hatte eine neue, vom asketischen Eremitentum geprägte Spiritualität in ihr erweckt. Er war eine starke Persönlichkeit und konnte den mächtigen Erzbischöfen von Ravenna ebenso die Stirn bieten wie den Kaisern selbst. So war es verständlich, daß Bonifaz sich von diesem großen Mann angezogen fühlte; außerdem führten ihn seine Interessen in Ferrara und die Notwendigkeit, sich in Comacchio um die Versorgung mit Salz zu kümmern, häufig nach Pomposa. Dennoch darf nicht alles, was Donizo erzählt, wörtlich genommen werden, da die Absicht, die er dabei verfolgt, bekannt ist.

Das von den Quellen tradierte Bild Bonifaz' wird immer voller Widersprüche bleiben: Er reißt Kirchengut an sich, macht aber den Klöstern Schenkungen; hochfahrend und nach eitlem

Ruhm strebend, nimmt er andererseits harte Demutsübungen und Bußen auf sich; er ist gewalttätig und furchteinflößend, aber auch geneigt zum Lachen und Scherzen, jähzornig und sanft, tyrannisch und rücksichtsvoll. Zweifellos eine große Persönlichkeit, die auch jenen Respekt einflößte, die ihn tadeln und strafen mußten wie Wido in Donizos Erzählung oder Petrus Damiani, der sich 1042/43 mit folgenden Worten an ihn wendet: »Dem Herrn Bonifatius, dem edlen Herzog und Markgrafen, Petrus, der geringste Diener der Mönche, ein ergebenes Gebet in Christo. Ich weiß wohl, edler Herr, hätte dich Gott der Allmächtige nicht in gewisser Weise besonders bevorzugt, hätte er dir nie die Herrschaft über so viele Tausende Menschen anvertraut und durch seine Gnade bewirkt, daß du den Fuß auf den Nacken deiner Feinde setzen kannst, und dich so ruhmvoll über alle Mächtigen des Reichs erhoben. Aber Gott in seiner Barmherzigkeit hat dich in diesem irdischen Leben deshalb erhöht, damit du seine Gebote beachtest, um dich durch die irdischen Güter zu den himmlischen Gütern zu führen, durch die vergänglichen Dinge zu den ewigen. Deshalb, geliebter Herr, gebrauche die Klugheit, die deinem scharfen Verstand zu eigen ist und wende dich den himmlischen Dingen zu, führe dir die Kürze dieses Lebens vor Augen und sei eingedenk, wo du Rechenschaft für eine so große und dauernde Herrschaft ablegen mußt.« Es folgen die üblichen Hinweise auf die Vergänglichkeit alles Irdischen, der Rekurs auf die traditionelle »Ubi sunt«-Formel: »Wo sind denn jetzt so viele Mächtige der Welt, so viele unbesiegbare Könige, die bis zum Himmel emporzuragen und fast die ganze Welt zu beherrschen schienen? Wenn du nun in ihr Grab schaust, wirst du sehen, daß ihr Leib, vor dem die Welt so große Angst hatte, nicht mehr wiegt als ein Pfund.«[6]

Am Schluß steht die drängende Aufforderung, Bonifaz solle die Benediktinerklöster, allen voran San Vincenzo al Furlo, verteidigen und schützen und ihnen die Ländereien zurückgeben, die gewisse »Invasoren« besetzt hatten. Mit dieser Anspielung meinte Petrus Damiani wahrscheinlich den Markgrafen von Canossa selbst.

Heinrich III.

Konrad II. starb, wie bereits berichtet, am 4. Juni 1039; seinem Willen entsprechend, trat sein Sohn Heinrich III., den er schon Ostern 1028 in Aachen von Erzbischof Pilgrim von Köln zum König hatte krönen lassen, die Nachfolge an.

Das wichtigste Ziel des neuen Kaisers war sogleich die Wiederherstellung einer starken Zentralgewalt, um dem Verfall der Reichsstrukturen Einhalt zu gebieten, der durch die wachsenden Autonomiebestrebungen zahlreicher zentrifugaler Kräfte drohte. Er wollte sowohl über den großen Lehnsadel und die aufsteigenden Städte die Kontrolle ausüben als auch über das Papsttum und den simonistischen und im Konkubinat lebenden Klerus. Insbesondere lag ihm eine Reform der Kirche am Herzen, die aber, da sie von ihm ausging, nur eine Reform im Sinne des Kaisers und des Reichs sein konnte. Er wurde zwar auch von tiefer persönlicher Frömmigkeit und durch sein freundschaftliches Verhältnis zu den Mönchen und dem Abt von Cluny dazu bewogen, aber nicht zuletzt von der politischen Notwendigkeit, in der Kirche Ordnung zu schaffen, bevor die Schwäche des dem römischen Adel ausgelieferten Papsttums und der wachsende Unmut über den systematisch praktizierten Verkauf der Kirchenämter und den moralischen Niedergang des Klerus zu Reaktionen führen konnten, die eine Gefahr für das Reich bedeuteten, etwa zu Volksaufständen, wie in Mailand bei der Verurteilung der Häretiker von Monforte und später in noch gravierenderem Maße bei den Aufständen der Pataria.

Es ging also nicht einfach um eine Reform der Kirche, wie sie in den folgenden Jahrzehnten durch die Lehre und das Wirken von Humbert von Silva Candida, Petrus Damiani oder Hildebrand von Soana eingeleitet wurde, sondern um eine notwendige »Säuberungsaktion« und Reorganisation, die die Fortdauer der Reichsstrukturen ermöglichen sollte. Das Eingreifen des Kaisers in die römischen Angelegenheiten läßt dies deutlich erkennen. Das Papsttum lag damals ganz in den Händen zweier römischer Adelsfamilien, der Tusculaner und der Crescentier. Als Heinrich III. den Thron bestieg, war ein Mitglied der Familie der Grafen von Tusculum Papst, Benedikt IX. Zwar nicht gerade ein »Kind auf dem Papstthron«, wie die polemische Publizistik behauptete, war er doch eine äußerst ungeeignete Figur auf dem Stuhl Petri – allerdings zu einem Zeitpunkt, in dem sich die Institution des Papsttums im Niedergang befand: ein skrupelloser junger Mann, der in seiner Sittenverderbnis ein schlechtes Beispiel bot. Die Crescentier setzten einen der Ihren als Gegenpapst ein, Bischof Johannes von Sabina, der den Namen Silvester III. annahm. Da Benedikt IX. erkannte, daß er sein Amt wegen der Krise, in der sich seine Familie befand, nicht halten konnte, verkaufte er es an Johannes Gratianus aus einer römischen Kaufleute- und Bankiersfamilie (der sich Gregor VI. nannte), griff jedoch später selbst wieder nach der Tiara. Es gab also gleichzeitig drei Päpste: Benedikt IX., Silvester III. und Gregor VI.

Heinrich III. entschloß sich, einzugreifen. Er stützte sich dabei auf das schon seit der Zeit Ottos I. geltende kaiserliche Vorrecht, daß die Nominierung des Papstes der Zustimmung des Kaisers bedürfe. Nachdem er den Krieg gegen die Ungarn beendet hatte, zog er nach Italien, ließ die drei nicht rechtmäßig gewählten Päpste auf den Synoden von Sutri und Rom absetzen und ernannte selbst einen Papst, seinen Gefolgsmann Suidger von Bamberg, der den Namen Clemens II. annahm und seinen Herrscher sofort im Dezember 1046 in Rom zum Kaiser krönte.

Für die italienischen Angelegenheiten hatte sich Heinrich III. bereits früher, bald nach seiner Thronbesteigung interessiert, wie sein Treffen mit Aribert von Intimiano, dem Mailänder Erzbischof, erkennen läßt, der nach den Auseinandersetzungen mit Konrad II. die Versöhnung mit dem neuen Herrscher suchte. Darüber hinaus hatte Heinrich 1040 in Augsburg die Großen des Reichs versammelt, unter ihnen sicherlich auch Bonifaz von Canossa. Der Markgraf war bei der Krönung Heinrichs III. in Rom zugegen, wie Benzo von Alba uns überliefert hat.[1]

Von Rom aus zog der Kaiser nach Süditalien, das nun zum größten Teil in den Händen der Normannen war. Er schränkte dort die Machtstellung, die sich Waimar V., der letzte Fürst des langobardischen Prinzipats Salerno, ein Freund des Markgrafen Bonifaz, errungen hatte, empfindlich ein und belehnte die Normannen Rainulf II. von Aversa und Drogo von Hauteville, die dadurch an das Reich gebunden wurden.

Bonifaz geleitete den Kaiser, wie es seine Pflicht und Schuldigkeit war, durch Tuszien und die Langobardia nach Deutschland, aber das wohl anfänglich gute Verhältnis zwischen den beiden kühlte rasch ab. Dem Markgrafen von Canossa war es klar, daß der Kaiser das Ziel verfolgte, die Selbständigkeit seiner Lehnsträger zu begrenzen, und daß dieser Italienzug ihm dazu gedient hatte, seine Gewalt über die Kirche und über Unteritalien wieder zu festigen und damit die Macht des hohen Lehnsadels, zu dem auch er, Bonifaz, gehörte, zu beschneiden. Dem Kaiser war es hingegen wohl bewußt, daß die Macht der Canossa nicht zuletzt infolge der großzügigen Privilegien seines Vaters zu sehr gewachsen war und daher eingeschränkt werden mußte, um dem Reich nicht gefährlich zu werden.

Der Kontrast zwischen den beiden, der sich an den Ereignissen ablesen läßt, wird von Donizo in zwei Episoden dargestellt, in denen er Kaiser Heinrich III. während seines Italienzugs die Absicht zuschreibt, Bonifaz gefangenzusetzen:

> »Täglich wuchs nun die Macht von Bonifaz an,
> aber seine Frömmigkeit ließ ihn mit Recht die Treue bewahren.
> Von Neid ergriffen wurde aber der König, von dem wir gesprochen,

er plant mit grausamem Sinn, ihm einen Hinterhalt zu stellen,
ihm, den auf der Welt noch nie jemand gefangennehmen konnte.
Als sich der König im Saal der Versammlung befand,
befahl er, daß eilig der kluge Herzog zu ihm komme,
um ihn zu beraten, und meinte, ihn mit dieser List gefangennehmen zu können.«[2]

Bonifaz fand sich jedoch mit einer großen Schar bewaffneter Getreuer ein. Die Wachen des Königs hielten hinter dem Markgrafen die Türen geschlossen, aber seine Männer sprengten sie auf und begleiteten ihn bis zum Thronsaal, wo Heinrich III. ihn gefangenzunehmen hoffte. So scheiterte der erste Versuch.

Der Kaiser habe jedoch von seinem Vorhaben nicht abgelassen, schreibt Donizo weiter:

»Wiederum suchte er einen Weg, ihn gefangenzunehmen,
und dachte sich aus, daß ein Angriff im Dunkeln günstiger wäre.
Deshalb ließ er den Markgrafen wissen, es wäre ihm lieb,
wenn dieser in der Nacht bei ihm ein wenig Wache hielte,
aber der Kluge erkannte die verborgene Absicht der füchsischen Rede,
wollte es jedoch nicht dem König an Ehrerbietung fehlen lassen.
Er befahl deshalb, viele schöne Kerzen herzustellen, eine jede ein Pfund schwer,
und reichte jedem der Seinen eine brennende Kerze,
die sie auf die Spitze der Lanzen stecken sollten.
Er ließ dann diese wächserne Säule,
strahlend von blendendem Licht, vor sich einhergehen,
und mitten unter den Bewaffneten, umgeben von hellem Glanz,
begab er sich zum Palast des Königs.«[3]

Da erkannte der Kaiser, daß er gegen einen so listigen und mächtigen Herrn nicht vorgehen konnte und gab sein Vorhaben auf, ihn gefangenzunehmen. Die beiden Episoden trugen sich wahrscheinlich nicht so zu, wie der Dichter von Canossa sie beschreibt. Es handelt sich dabei um historisch wenig fundierte Erzählungen, um Sagen, die aus literarischen Reminiszenzen erwachsen sind und sich an Bonifaz knüpfen, der von seinen Untergebenen sehr bewundert worden war. Nicht nur die Details der erzählten Episoden (die sonst bei Donizo einen gewissen historischen Kern enthalten können) stimmen hier nicht, sie zeigen auch das Verhältnis zwischen den beiden Protagonisten in einem falschen Licht. Das läßt sich an einem Ereignis jener Jahre ganz deutlich erkennen.

Der von Heinrich III. eingesetzte Papst Clemens II. hatte den Stuhl Petri lediglich wenige Monate inne; er starb unerwartet am 9. Oktober 1047. Nachdem auch die anderen Päpste von der Bildfläche verschwunden waren – Silvester III. war in sein Bistum Sabina zurückgekehrt, Gregor VI. wurde der Simonie schuldig gesprochen und hatte deswegen das Feld räumen müssen –, kehrte Benedikt IX., der seine Ansprüche auf den päpstlichen Thron weiterhin geltend gemacht und in seinen Urkunden immer als Papst unterschrieben hatte, mit der Unterstützung des Markgrafen Bonifaz von Canossa auf den Stuhl Petri zurück.[4] Heinrich III., der sich auf eine von seinem Vertrauensmann Clemens II. erlassene Verfügung berief, die dem Kaiser das Recht einräumte, den Papst zu nominieren, designierte Bischof Poppo von Brixen, der den Namen Damasus II. annahm. In diesem Zusammenhang verlangte er von Bonifaz, er solle den neuen Papst zu seiner Inthronisation geleiten. Der Markgraf lehnte jedoch mit der Begründung ab – so die *Annales Romani* –, die Römer hätten Benedikt IX. wieder eingesetzt und Rom habe sich mit ihm ausgesöhnt. Heinrich III. konnte dies aber von seiner Absicht nicht abbringen; er zwang Bonifaz zum Gehorsam, und der Markgraf mußte sich ihm beugen und Damasus II. inthronisieren. Bonifaz konnte dem Kaiser nur bis zu einem gewissen Grad die Stirn bieten, und dieser war nicht dazu bereit, seine Kirchenpolitik zu ändern und das Papsttum weiterhin vom römischen Adel monopolisieren zu lassen oder gar sein errungenes Vorrecht an einen seiner Vasallen abzutreten, mochte dieser auch noch so ausgedehnte Territorien beherrschen. Die Canossa versuchten ihrerseits, zunehmend Einfluß auf die Papstwahl zu erlangen, auf die Tatsache gestützt, daß die Einsetzung des erwählten Papstes oft von ihnen abhing, ein Privileg, das die Quellen »paparum ducatus« nennen, was nicht – wie ein bedeutender Mailänder Historiker schrieb – das »Herzogtum der Päpste« meint, sondern das Recht bzw. die Pflicht, die Päpste von ihrem jeweiligen Wohnsitz nach Rom zu geleiten (aus dem lateinischen Wort »ducere« werden »ducatus« und »conductus« abgeleitet).[5]

Donizos Unwahrheiten erklären sich teilweise dadurch, daß er sein Epos ausschmücken will und daß es ihm an historischem Überblick mangelt, teilweise sind sie auch bewußt eingesetzt, um die unangenehmsten Dinge über den Vater der Markgräfin Mathilde, der seine Dichtung gewidmet ist, zu beschönigen oder zu verschweigen. Er berichtet nicht einmal, was er sicherlich wußte, daß Bonifaz in einem Hinterhalt umgebracht wurde. Wer für den Mord verantwortlich war, wissen wir nicht. Es sei denn, Donizo habe mit der Schilderung der beiden Versuche Heinrichs III., Bonifaz gefangenzunehmen, andeuten wollen, daß der Markgraf von Canossa, von dessen gewaltsamem Tod alle wußten, auf Anordnung seines Herrschers getötet worden war.

Mantua

In der Geschichte der Canossa spielte Mantua eine besondere Rolle. Ist die Apenninenburg Canossa mit den Ursprüngen der Familie verbunden, so ist Mantua ihr Stützpunkt in der vielleicht glanzvollsten Periode der Dynastie, der Herrschaftszeit des Markgrafen Bonifaz.

Bonifaz verlegte seinen Hauptsitz vielleicht deswegen nach Mantua, weil die Stadt in der Nähe der größten Verkehrswege der damaligen Zeit lag: der Straßen, die von Frankreich oder Deutschland nach Rom führten und den Po bei Brescello und Ostiglia überquerten, wo eine alte Römerstraße vorbeiführte, die Bologna über die verschwundene Via Colicaria mit Verona verband; außerdem an einem wichtigen Wasserweg, dem Mincio, der mit seinen Seen die ganze Stadt umgab und in den Po mündete, die große Flußader, die als Verbindungsweg für die ganze Poebene fungierte und das Landesinnere auch mit dem Meer, mit Venedig und mit der Levante verband.

Auf dem Po hielt Bonifaz eine bewaffnete Flottille, die die Reisenden vor Piraten schützen sollte (laut Donizo) und gleichzeitig den Warentransport und die Anlegeplätze kontrollierte. In der Stadt besaß er jenen Palast mit dem Löwen, dessen Standort heute nur schwer zu identifizieren ist. Wir dürfen uns nicht davon täuschen lassen, daß es in Mantua eine Piazza Canossa gibt; der Platz trägt diesen Namen erst seit dem 18. Jahrhundert.

Bonifaz wählte Mantua in erster Linie wohl aus strategischen Gründen, da es von den Seen gut geschützt war, aber auch weil es nicht von einem Bischof, der gleichzeitig die Grafenwürde trug, regiert wurde, wie dies sonst bei den anderen Städten seines Herrschaftsgebiets der Fall war. Die einzige Ausnahme bildete Ferrara, das er aber erst vor kurzem erworben hatte und das eine junge und zu weit vom Zentrum des Canossa-»Staats« entfernt liegende Stadt war. Er konnte daher die Grafengewalt nicht nur über das Umland, wie in Reggio oder Modena, sondern auch über die Stadt selbst ausüben. Das Fehlen eines Graf-Bischofs bedeutete einen Machtgewinn für die städtischen Freien, die Arimannen, die sich einen autonomen Freiraum geschaffen hatten. Bereits 1014 hatten sie von Heinrich II. ein Privileg erwirkt, mit dem sie der Kaiser unter seinen Schutz stellte und ihnen die erblichen Güter, die Allmenden und alle ererbten oder erworbenen Besitzungen in den Ortschaften Romanore, Carpeneta, Sacca und Sustinente bestätigte. In diesem Privileg wird den öffentlichen Amtsträgern, zu denen die Canossa zählten, ausdrücklich untersagt, die Arimannen zu unterdrücken: »Außerdem verfügen und ordnen wir an, daß kein Herzog, Bischof, Markgraf, Graf, Vizegraf, Gastalde, Sculdascius, Decanus oder irgend jemand anderer in unserem Reich hohen oder niederen Standes, von heute an es wagen solle, die vorgenannten Arimannen an Leib oder Besitz, den wir oben genannt haben, zu schädigen, zu berauben oder zu kränken, und daß keiner es sich anmaße, sie gewaltsam, ohne ein gesetzliches Urteil, zu zwingen, Gastung oder irgendeinen öffentlichen Dienst zu leisten, ausgenommen denjenigen, zu dem bereits ihre Vorfahren verpflichtet waren.«[1]

Mantuas Arimannen standen also in einem privilegierten Verhältnis zum Herrscher, an den sie direkt appellieren konnten und der ihnen Besitz und Nutzung von Fiskalgut (d. h. Reichsgut) als Beneficium zu gemeinschaftlicher Verfügung übertragen hatte. Neben diesem Gemeingut erhielten sie zu dem Zeitpunkt, als sich in der Stadt eine lebhafte wirtschaftliche Aktivität zu entwickeln begann, auch die Rechte auf Markt-, Waren- und Uferzoll *(teloneum* bzw. *ripaticum)*, besonders wichtig in einer ringsum von Wasser umgebenen Stadt.

Neueren Untersuchungen von Andrea Castagnetti hinsichtlich der historischen Einordnung der Arimannen von Mantua zufolge handelte es sich bei ihnen nicht – wie es in anderen Teilen Norditaliens der Fall ist – um Bewohner des Umlands, sondern um Stadtsässige, die in der unmittelbaren Nähe der Stadt Gemeingut besaßen und denen eindeutig städtische Rechte übertragen worden waren.[2]

Dieser Exkurs über die sozialen Strukturen in Mantua veranschaulicht, weshalb diese von Bonifaz und Mathilde so geschätzte Stadt durch die Präsenz einer Gesellschaftsschicht, die mit den Canossa in dauerndem Kontrast stand, in gewissem Sinn auch eine ständige Bedrohung war. Denn die Stadt suchte jeden Moment der Schwäche der herrschenden Dynastie auszunützen, um ihre drückende Herrschaft abzuschütteln.

Mantua gewann in der Tat in jener Zeit an Bedeutung, wie so viele andere europäische Städte: Bischof Elisaeus gründete 1037 das Kloster Sant' Andrea vor den Mauern, das kurz darauf durch die Auffindung der Heiligen Gefäße mit dem Blut, das Christus am Kreuz vergossen hat, und des Leibes des heiligen Longinus, der einst diese Gefäße nach Mantua gebracht haben soll, berühmt wurde.

Als Historiker steht man diesen wundersamen Ereignissen, die den Canossa äußerst gelegen kamen und derer sie sich geschickt für ihre Zwecke bedienten, mit einer Mischung aus Staunen und Ratlosigkeit gegenüber. Wir haben bereits gesehen, wie sehr diese Dynastie den Heiligenkult pflegte und wie gern sie die großen Klöster und Kanonikerhäuser in ihrem Herrschaftsgebiet mit Reliquien und Heiligenleibern ausstattete oder mit lebenden Heiligen in Verbindung brachte. Auch im Fall des Klosters Sant' Andrea hatten die Canossa anscheinend ein derartiges Interesse. Die hagiographischen Quellen sind ein Spiegel der Zeit, aber ein Spiegel, den derjenige, der ihn in der Hand hatte, so hielt, daß er eine Realität wiedergab, die für ihn zweckdienlich war:

»In Italien, in der Stadt Mantua, Auffindung des Blutes unseres Herrn Jesu Christi durch Adelbert, einen frommen Mann, der durch Gottes Wille von Geburt an blind war. Ihm gab Gott die Offenbarung in der

Bonifaz auf dem Thron
(Biblioteca Apostolica Vaticana, Ms. Vat. Lat. 4922, f. 28v)

Zeit des großen Kaisers Heinrichs III. und Papst Leos IX. und des Herzogs der Langobarden Bonifaz, der Beatrix zur Gemahlin hatte, die Tochter Hermanns, des Herzogs der Schwaben. [...] Da sagte der Kaiser zu Herzog Bonifaz: ›Herzog, was für einen kostbaren Schatz hast du in deiner Gewalt!‹ Und sogleich kündigte er an, nach Italien aufbrechen zu wollen, und mit ihm zogen nach Mantua, mit großer Begeisterung und unendlicher Freude, auch der Papst und andere Bischöfe, fünfzig an der Zahl, und die großen Herren der mächtigen Deutschen und Langobarden. Als der Kaiser, der Papst, alle Fürsten und Bischöfe dort angelangt waren, nahm der obengenannte ehrwürdige Adelbert trotz seiner Blindheit einen Spaten und begann an der Stelle zu graben, die ihm die göttliche Gnade offenbart hatte. Und als er fast neun Fuß tief gegraben hatte, fanden sie durch Gottes Gnade den kostbaren Schatz, der begehrenswerter ist als Gold und Silber. [...] Und als sie den Bleischrein öffneten, entdeckten sie, daß er unterteilt war, d. h., in der Mitte hatte der Künstler eine Art Trennwand zwischen den beiden Gefäßen mit dem Blut und dem Wasser des Herrn eingefügt. Und es verbreitete sich ein so süßer Wohlgeruch, daß die Anwesenden meinten, im Paradies zu sein. Die Augen des blinden Adelbert, dem der Herr die Offenbarung geschenkt hatte, und die Augen vieler anderer wurden auf wunderbare Weise geöffnet. Sogleich versammelte sich zum Erstaunen aller eine ungeheure Menge von Menschen mit den verschiedensten Gebrechen – Hinkende, Gelähmte, Blinde, Taube, Besessene –, die sich bis zwei Meilen vor der Stadt drängten. Als der Papst sah, daß der Herr diesem Ort so viele Gnaden schenkte, fürchtete er, daß Mantua zu einem neuen Rom werden könnte und setzte alles daran, das Blut Christi von dort fortzubringen. Aber der Herr billigte sein Vorhaben nicht. Als sich nämlich die Bewohner der Stadt dieser Gefahr bewußt wurden, leisteten sie entschieden Widerstand und errangen mit Gottes Hilfe den Sieg, obwohl sie nur wenige waren. Es war der Papst, der gegen sie Krieg führte. Sie waren in der Tat nur wenige, wie gesagt, und deswegen hatte der Papst geglaubt, mit ihnen leichtes Spiel zu haben, weil zu diesem Zeitpunkt sowohl der Kaiser als auch der Herzog Bonifaz und der gesamte Adel sich fern von Mantua befanden.«[3]

In ihrer ziemlich unbeholfenen und unzusammenhängenden Erzählweise schließt die Quelle damit, daß diese Reliquienauffindung dem Kaiser und Markgraf Bonifaz – hier als Herzog bezeichnet, weil er in Mantua diese Würde innehatte – die Gelegenheit bot, die Kirche der vor kurzem gegründeten Abtei Sant' Andrea zu erweitern und das Kloster mit geräumigen Gebäuden auszustatten.

Dieser Text, der aus dem letzten Viertel des 11. Jahrhunderts stammt, ist zwar nicht frei von Ungenauigkeiten und Anachronismen – so waren zum Beispiel der Papst und der Kaiser niemals zusammen in Mantua, sondern stets zu verschiedenen Zeiten, und als Leo IX. zur Synode der fünfzig Bischöfe 1053 in Mantua weilte, war Bonifaz bereits tot –, er dokumentiert aber einen bestimmten Moment in der Entwicklung der Stadt Mantua, den Aufstieg einer bestimmten Gesellschaftsschicht, der *cives*, die das Recht auf städtische Selbstverwaltung beanspruchten. In Abwesenheit des Markgrafen und des Kaisers waren sie es, die die heiligen Unterpfänder des Glaubens gegen den Papst verteidigten. Immer vorausgesetzt, daß der letzte Satz des Zitats in der Handschrift, die uns die Quelle überliefert, nicht erst später hinzugefügt ist.

Bonifaz war jedenfalls, zumindest mittelbar, bei dem Geschehen des Wunders zugegen, denn der blinde Adelbert, dem die Auffindung des Heiligen Gefäßes zu verdanken ist, war wahrscheinlich einer der Armen, für die der Markgraf sorgte. Die Canossa statteten die bischöfliche Gründung Sant' Andrea ebenso wie das Kloster in Brescello mit Schenkungen aus. Aber entscheidend für den guten Ausgang der Reliquienauffindung war ein neuer Faktor, die Präsenz der *habitatores civitatis*. Sie allein, die Bewohner der Stadt, verteidigten den kostbaren Reliquienschatz.

Der Hagiograph – wahrscheinlich ein Mönch von Sant' Andrea – stützt sich in seinem Bericht auf die mündliche Überlieferung von Zeitgenossen jener denkwürdigen Jahre zwischen 1049, als die Blut-Christi-Reliquien in Mantua wiederaufgefunden wurden (von einer ersten Auffindung zu Anfang des

9. Jahrhunderts gibt es Zeugnisse in der karolingischen Annalistik), und 1053, als Leo IX. eine Synode in Mantua abhielt, die Mantuaner aber gegen den Papst, der die kirchliche Disziplin in der Lombardei wieder festigen wollte, rebellierten.

Ein Krieg zwischen den Mantuanern und Leo IX. hat also wirklich stattgefunden. Ebenso ist anzunehmen, daß sich die Stadt gegen die Canossa erhob, die der Tod des Markgrafen Bonifaz in eine Krise gestürzt hatte.

Die verhängnisvolle Jagd

Abgesehen von den vereinzelten Ortschaften, war die Poebene von Wäldern bedeckt, die sich in den feuchten Gegenden, vor allem an den Flußufern, verdichteten. Weite Flächen waren unbebaut; es trieben sich dort Tiere um, die heute in der Ebene nicht mehr heimisch sind: Wölfe, die manchmal die Wälder verließen und sich bis zum Ackerland heranwagten, wo sie eine Gefahr für die Menschen bedeuten konnten, wie jenes Tier, das ein Wickelkind angriff, das seine Mutter während der Arbeit am Rand des Feldes hingelegt hatte, worüber die *Vita des heiligen Anselm* vom Ende des 11. Jahrhunderts berichtet; ferner Hirsche, die sogar in der Ikonographie des heiligen Simeon von Polirone erscheinen und die auch in den Wundern des heiligen Anselm eine Rolle spielen; und schließlich Wildschweine und kleineres, vor allem wegen seines Fells begehrtes Wild wie Fuchs, Steinmarder und Wiesel, überdies Greifvögel, die bis vor wenigen Jahrzehnten im letzten noch erhaltenen Urwald, im »Bosco della Saliceta« in der Nähe von San Felice am Panaro (Provinz Modena) in Schwärmen auftraten, heute nur noch gelegentlich als Zugvögel zu sehen sind, wie Falke, Mäusebussard, Sperber und Schelladler.

Ein derartiger Reichtum an Tierarten stellte einerseits eine Gefahr für die Ernte dar, andererseits war er für die Menschen, die in der Nähe des Waldes wohnten, eine Nahrungsquelle und zugleich ein Zeitvertreib. Denn die Jagd war sowohl bei der bäuerlichen Bevölkerung als auch beim Adel, der sie zu einer seiner bevorzugten Vergnügungen erhob, sehr beliebt. Bruno Andreolli hat in seiner Abhandlung über die Jagd bei den Pico[1] nachgewiesen, daß sich die unteren Schichten und die Adligen in ihrer Art und Weise zu jagen, deutlich unterschieden. Erstere beschränkten sich im allgemeinen auf kleine Tiere und benutzten hauptsächlich Fallen und Fangeisen; letztere, die danach trachteten, Hochwild zu erlegen, benötigten einen aus Hunden, Pferden, Treibern und Dienern bestehenden Apparat. Bei den Adligen war die Jagd ein Statussymbol, eine Art Ritus, der zur Identitätsstiftung einer bestimmten Gesellschaftsgruppe beitrug und von den sozial tiefer Stehenden als Zeichen stolzer Überlegenheit aufgefaßt wurde.

Der gemeine Mann fürchtete sich, in die Wälder einzudringen, er ging nur am Waldrand entlang; mußte er sie doch einmal durchqueren, so verließ er nie die begangenen Wege, aus Angst vor wilden Tieren sowie vor Räubern und lichtscheuem Gesindel, die den Wald unsicher machten. Der Adlige drang hingegen furchtlos in den Wald ein, er wollte das Böse, das sich darin verbarg, bekämpfen und dem Guten zum Sieg verhelfen, er suchte darin eine Mutprobe, um seine Körperkraft und seine sittlichen Tugenden beweisen zu können und sich dadurch den Idealen des Rittertums, zu denen er sich bekannte, würdig zu erweisen. Das ist die Ideologie der *queste* (Suche), die die Ritterepen beherrscht, in der die Wälder eine so bedeutende Rolle spielen.[2]

Erzählungen dieser Art nährten die Phantasie der mittelalterlichen Adligen, wie etwa die Heldentaten Siegfrieds im Nibelungenlied, das, obgleich in einer Ende des 12./Anfang des 13. Jahrhunderts verfaßten Fassung überliefert, in der gesamten germanischen Welt sehr verbreitete epische Traditionen aus früheren Zeiten enthält. Den Höhepunkt dieser Sage bildet eine Jagd:

»Da ritten sie von dannen in einen tiefen Tann
Der Kurzweile willen; manch kühner Rittersmann
Folgte da dem Zuge Gunthers, seines Herrn.
Giselher und Gernot blieben da zu Hause fern.

Manch Saumroß zog beladen vor ihnen über Rhein,

Das den Jagdgesellen das Brot trug und den Wein,
Das Fleisch mit den Fischen und Vorrat aller Art,
Wie sie ein reicher König wohl haben mag auf der Fahrt.

Da ließ man herbergen bei dem Walde grün
Vor des Wildes Wechsel die stolzen Jäger kühn,
Wo sie da jagen wollten auf breitem Angergrund.
Auch Siegfried war gekommen: das ward dem Könige kund.«[3]

An der Schilderung Siegfrieds, der allein gegen die wilden Tiere kämpfte, entzündete sich die Phantasie der edlen Krieger, der Männer, die das Waffenhandwerk ausübten und Kräftemessen, Mutproben und blutige Kämpfe liebten. Aber das Schicksal, das den Helden ereilte, erfüllte sie wohl auch mit Schaudern: Als er seinen Durst bei einer Quelle löschte, durchbohrte Hagen ihn mit dem Wurfspieß an der einzigen verwundbaren Stelle seines Körpers, die von der getäuschten Kriemhild mit einem gestickten Kreuz bezeichnet worden war.

Von der Jagd zum Kampf war es also nur ein kleiner Schritt, denn sie stand unter allen Vergnügungen in Friedenszeiten dem Krieg am nächsten, blutig und grausam wie sie war. Sie bot auch die beste Gelegenheit für einen Hinterhalt.

Während eines Jagdausflugs bei San Martino all' Argine in der Nähe von Mantua fand Bonifaz am 6. Mai 1052 den Tod, wahrscheinlich wurde er heimtückisch ermordet. Dieser Vorfall erregte auch jenseits der Alpen großes Aufsehen und wurde in den Annalen vermerkt: »1052. In Italien stirbt der Markgraf Bonifaz, von Pfeilen getroffen, in einem Hinterhalt.«[4]

Donizo äußert sich darüber nicht, um Mathilde nicht zu betrüben, aber einige Epitomatoren seines Epos haben sogar den Namen des Mörders überliefert, eines gewissen Scarpetta de' Canevari aus Parma. Es handelt sich dabei allerdings nicht um zuverlässige Quellen. Sie reduzieren außerdem dieses Verbrechen auf die Privatrache eines Vasallen an seinem Lehnsherrn. Der Vorfall war jedoch viel komplexer; noch heute ist es nicht leicht, seine näheren Umstände und Hintergründe aufzuklären.

Im Lauf seines Lebens hatte sich Bonifaz, nicht zuletzt durch seine Politik, viele mächtige Feinde geschaffen. Die Kirchen, deren Güter er sich bemächtigt hatte, hatten sicher Grund, sich über ihn zu beklagen, es ist aber auszuschließen, daß sie ihn hätten ermorden lassen. Bonifaz verhielt sich ihnen gegenüber nicht immer feindselig; im Gegenteil, gerade in seinen letzten Lebensjahren hatte er so manchen seiner harten Charakterzüge abgelegt und sogar eine Pilgerfahrt nach Jerusalem gelobt – vermutlich im Jahr 1048 –, um Buße zu leisten für seine Simoniesünden. Der Tod ereilte ihn jedoch, bevor er dieses Gelübde einlösen konnte.

Einer späteren Quelle zufolge traf Bonifaz 1048 in Italien mit einem Vetter seiner Gemahlin, Gottfried von Lothringen, genannt der Bärtige, zusammen, und beide beschlossen, sich gegen den Kaiser zu erheben. Die Folge davon war, daß Gottfried von Heinrich III. gefangengenommen wurde und bis 1049 in dessen Gewalt blieb. Auf den Aufenthalt des Lothringers in Italien, wo er möglicherweise auch bei seiner Cousine Beatrix, Bonifaz' Gemahlin, einkehrte, stützte der Historiker Duprée um die Jahrhundertwende seine romanhafte Theorie, das diabolische Paar, Vetter und Cousine, von Liebe und Habgier getrieben, hätten die Ermordung des Markgrafen von Tuszien geplant, durch von Herzog Gottfried beauftragte Meuchelmörder ins Werk gesetzt und hätten dann bald darauf, nun beide verwitwet, die Ehe geschlossen.[5]

Das hört sich allerdings eher wie der Inhalt eines Groschenromans an und nicht wie eine glaubwürdige historische Untersuchung.

Über den Aufstand der lombardischen hohen Lehnsherren, der zur Schlacht bei Coviolo führte, wurde bereits berichtet. Daß sie infolge ihrer Niederlage die Autorität und die Macht der Canossa akzeptieren mußten, leuchtet ein, was aber nicht heißt, daß damit auch jede Feindseligkeit ein Ende hatte. Auf der gesamten Apenninhalbinsel brachen damals unruhige Zeiten an. Im gleichen Jahr wie Bonifaz wurde Waimar IV. von Salerno ermordet. Auch zahlreiche andere Lehnsherren starben damals eines gewaltsamen Todes, so vor Bonifaz der aufrührerische Graf von Burgund, Odo von Blois, und der Normanne Drogo; nach Bonifaz erlitt unter anderen Gottfried der Bucklige, Mathildes erster Mann, das gleiche Schicksal.

Donizo weist indirekt darauf hin, daß Bonifaz' Ermordung das Werk Heinrichs III. gewesen sei. Er spricht nicht von Bonifaz' gewaltsamem Tod, sondern erzählt zwei Episoden, in denen er dem Kaiser die Absicht zuschreibt, seinen Vasallen gefangenzunehmen; einen zu mächtigen und unbequem gewordenen Vasallen, der mehrmals gegen das Reich rebelliert hatte. Aber diese Aufstände gehörten der Vergangenheit an, und Bonifaz war wieder zu einem der treuesten Parteigänger des Kaisers geworden. Warum hätte Heinrich III. ihn also ermorden lassen sollen?

Eine letzte Spur führt zu den städtischen Arimannen von Mantua, den unauffälligsten und politisch undurchsichtigsten Gegnern, die jedoch kurz darauf so mächtig wurden, daß sie sogar Papst Leo IX. und sein Gefolge aus der Stadt vertrieben. Es gibt eine verräterische Episode unter den vielen erbaulichen Geschichten, mit denen Donizo seine Dichtung schmückt, die zur Annahme verleiten könnte, der Mordplan sei von den Arimannen ausgeheckt worden. Diese Episode trug sich zu, als Heinrich III. und Bonifaz sich in Mantua aufhielten.

»Der Vizegraf Albert, ein sehr reicher Vasall
des genannten Herzogs, der in dieser Stadt wohnte,
schenkte dem König damals hundert braune Pferde,
herrlich glänzende, mit neuen Sätteln, Zügeln und Kandaren,
und hundert Sperber, die bereits gemausert hatten,
und weitere hundert, die noch nicht gemausert hatten, aber sehr schön waren.
›Wer ist dieser Mann, der Euch solche Geschenke gab?‹
rief die Königin aus, und der König sagte darauf voller Staunen:
›Wer hat solche Vasallen, wie sie Bonifaz besitzt?‹«

Der Herrscher lud dann den Vasallen ein, mit ihm zu tafeln. Albert nahm erst an, als er von Bonifaz die Erlaubnis dazu erhalten hatte. Nach dem Gastmahl brachte er die Geschenke, die er vom Kaiser erhalten hatte, zu seinem Herzog:

> »Später fiel er dem Fürsten vor die Füße und bat ihn um Verzeihung,
> daß er mit ihm zusammen am Mahl des Königs teilgenommen hatte.
> Jener erkannte nun, daß seine Gewalt nicht angetastet war,
> und vergab seinem Vasallen, verbot ihm jedoch, es wieder zu tun.«[6]

Donizo fügt diese Episode in ein Kapitel ein, das Bonifaz' Großzügigkeit und den Geschenken, mit denen er Kaiser Heinrich III. ehrte, gewidmet ist, in erster Linie dem berühmten Balsamessig, der noch heute eine Spezialität der einst von den Canossa beherrschten Gebiete darstellt, und vor allem im Umkreis von Modena hergestellt wird (Spilamberto). Der erzählte Vorfall erscheint äußerst gravierend: Ein Vasall des Herzogs und Markgrafen Bonifaz maßt sich an, direkt in Kontakt mit dem Kaiser zu treten und mittels seines Reichtums seinen Lehnsherrn Bonifaz auf der hierarchischen Stufenleiter zu überspringen. Der Herrscher schenkt ihm Vertrauen und lädt ihn zusammen mit Bonifaz an seine Tafel, was ihn auf die gleiche Stufe mit seinem Herrn stellt. Ein unerhörtes Vorgehen, wenn man bedenkt, daß dieser Vasall nicht einmal für würdig gehalten worden war, an der Tafel seines Herzogs zu sitzen. Nicht nur das: Er gewinnt so sehr die Sympathie Heinrichs III., daß dieser ihn mit Geschenken überhäuft, Geschenke, die der Vasall dann Bonifaz überreicht und ihn dabei um Verzeihung bittet. War diese Bitte um Verzeihung nicht der Ausdruck eines Schuldgefühls wegen seines Verhaltens, das als Rebellion gedeutet werden konnte?

Man vermutet, daß dieser Mann ein Mitglied einer der angesehensten mantuanischen Vasallenfamilien, der Visdomini, war.[7] Von weit größerem Interesse ist in diesem Zusammenhang das Phänomen der Annäherung der kaiserlichen Macht und der kleinen Vasallität sowie der wirtschaftliche Aufstieg des niederen Lehnsadels, der in enger Verbindung mit der Stadt steht, aus der er wahrscheinlich einen beträchtlichen Teil seines Reichtums bezieht. Diese beiden Entwicklungen drohten die Macht der Canossa zu schmälern. Der Mord an Bonifaz war zwar ein Attentat gegen die canossanische Dynastie, aber auch ein Zeichen dafür, daß der hohe Lehnsadel selbst in eine Krise geraten war.

MATHILDE

Mathildes Kindheit

Über Mathildes Geburt und ihre frühe Kindheit geben die mittelalterlichen Quellen keine Auskunft. Es ist jedoch möglich, anhand der Ereignisse, die sich in jenen Jahren in ihrer Familie ereigneten, eine glaubhafte Vorstellung davon zu gewinnen.

Man ist sich in der Forschung einig, ihr Geburtsjahr auf 1046 anzusetzen, da Mathilde nach Donizos Angaben 69 Jahre alt wurde. Monat und Tag können jedoch nicht genau festgelegt werden. Über ihren Geburtsort hat es jedoch heftige Diskussionen gegeben, weil jeder Gelehrte in der Regel triftige Gründe dafür fand, daß Mathilde in dem Ort, wo er selbst lebte, geboren war. Francesco Maria Fiorentini, ein lucchesischer Arzt und Gelehrter aus der ersten Hälfte des 17. Jahrhunderts, hegte keinen Zweifel daran, daß Lucca Mathildes Geburtsort sei. Die Gelehrten aus Reggio wie der Benediktiner Camillo Affarosi und Ferretti waren für Canossa – man könnte ihnen jedoch entgegenhalten, daß Donizo, der sein Canossa auf jede nur erdenkliche Weise zu verherrlichen sucht, auch nicht die leiseste Andeutung darüber macht. Bacchini schlug Ferrara vor, weil Bonifaz rege Beziehungen zu der Abtei Pomposa unterhielt; die Mantuaner Luchino, Donesmondi, Agnelli Maffei, Volta treten für ihre Stadt als Geburtsort der Markgräfin ein, während Forscher aus San Miniato der Ansicht sind, daß Mathilde in ihrem toskanischen Städtchen auf die Welt gekommen sei, gestützt auf Behauptungen von Lorenzo Bonincontri, einem Chronisten aus dem 15. Jahrhundert. In jüngster Zeit wurde diese Streitfrage von zwei Forschern wieder aufgenommen: Maria Bertolani del Rio gelangte zu keinem präzisen Ergebnis, Lino Lionello Ghirardini hingegen tritt für Mantua ein, da diese

Stadt in Mathildes Geburtsjahr der Sitz des Canossahofes war.[1] Dieser einleuchtenden Hypothese schließen wir uns an, denn die in der Poebene gelegene Kleinstadt stellte in jenen Jahren den Mittelpunkt der Interessen der Canossa in Oberitalien dar; in ihr hatte Bonifaz sein *palatium* und ganz in der Nähe von Mantua, in Marengo, hielten der Markgraf und Beatrix Hochzeit.

Bei der Namenswahl muß wohl ihre Mutter Beatrix entscheidenden Einfluß ausgeübt haben. Sie nannte das Kind Mathilde, nach ihrer eigenen Mutter, der Tochter Herzog Hermanns II. von Schwaben, so wie sie ihrem ersten Sohn Friedrich den Namen ihres Vaters, des Herzogs von Oberlothringen, gegeben hatte. Beatrix war königlichen Geblüts. Durch die Möglichkeit, den Namen ihrer Kinder zu bestimmen, bewies sie, daß sie in der Ehe die – zumindest ideelle – Vorrangstellung einnahm.

Wie Mathildes Kindheit ausgesehen haben mag, läßt sich kaum sagen, weil nur wenige Quellen über die frühe Kindheit des mittelalterlichen Adels berichten.

Manche Historiker sind der Überzeugung, daß man im Mittelalter der Kindheit keine besondere Bedeutung beigemessen habe. Die Biographien oder die Viten der Heiligen behandeln diesen Lebensabschnitt nur selten, und wenn, möchten sie am liebsten so tun, als hätte es ihn nie gegeben, und beteuern, daß das Kind bereits alle Tugenden des Erwachsenen und die Weisheit des Alters besessen habe: Es war ein *puer-senex*, ein Kind-Greis. Anderen Historikern zufolge, die sich auf die Ritterromane und die höfische Literatur stützen, spielte das Kind, besonders männlichen Geschlechts, eine bedeutende Rolle und genoß große Aufmerksamkeit und Zuneigung, wie man aus der Tatsache schließen kann, daß es in der okzitanischen Sprache nicht weniger als fünfunddreißig verschiedene Bezeichnungen dafür gibt.[2]

Wie immer ist der Historiker auch in diesen Fällen von den ihm zur Verfügung stehenden Quellen abhängig: Der Säugling wird als Wickelkind abgebildet – er kann sich also kaum bewegen –, wie es die Fassadenreliefs der romanischen Kirchen –

z. B. in Nonantola, auf denen Christi Geburt geschildert wird – zeigen. Auf Gemälden werden Kleinkinder in den Kleidern von Erwachsenen dargestellt, sie stehen steif und blaß da und sehen aus wie Erwachsene in Miniatur. Aber dabei handelte es sich um Repräsentationsbilder, um offizielle Darstellungen, wie sie auf die Nachwelt überliefert werden sollten. Im privaten, alltäglichen Leben muß das Kind notwendigerweise seinen Teil an Freiheit und Selbständigkeit gehabt haben, um unter der Aufsicht der Dienerschaft seine »Unvernunft« ausleben zu können, in Spielen, Kinderreimen und mit gleichaltrigen Freunden geteilten Geheimnissen. Aber das war nichts Außergewöhnliches, nichts, das die Biographen interessieren konnte. Ein Kind erweckte ihr Interesse erst dann, wenn es sich wie ein Erwachsener verhielt und an ihm schon Anzeichen seiner künftigen Größe sichtbar wurden. Die Kinder des Adels erscheinen also selten in den Geschichtsquellen, und die Kinder aus dem Volk werden nur dann erwähnt, wenn an ihnen Zeichen und Wunder geschehen.

Donizo übergeht die Kindheit der »großen Gräfin« völlig, aber sie wäre sicherlich von gewissem Interesse gewesen. Mathilde wuchs in einem großen Haushalt auf. Sie hatte zwei Geschwister, Friedrich und Beatrix, die wahrscheinlich älter als sie waren, falls die von Donizo aufgeführte Reihenfolge stimmt:

> »Es gebar die edle Gemahlin dann Friedrich,
> auf ihn folgte Beatrix und schließlich Mathilde.«[3]

Die größte Zuwendung der Eltern genoß jedoch zweifellos der Sohn, der einmal die Nachfolge antreten sollte. Mathilde war bestimmt ein außergewöhnliches Kind, das sich von ihren adligen Altersgenossinnen unterschied. Donizo betont ihre Sprachkenntnisse:

> »Gut kennt sie die Sprache der Teutonen,
> spricht auch die heiter plätschernde Sprache der Franken.«[4]

Es besteht kein Zweifel, daß sie im Unterschied zu den meisten adligen Frauen ihrer Zeit lesen und schreiben konnte, perfekt Lateinisch verstand und sprach und auch die Sprache der Langobarden beherrschte. Sie genoß eine sehr sorgfältige Erziehung, die der canossanische Mönch mit folgenden Worten hervorhebt:

> »Ihre Tochter erzog sie von klein auf zu Anstand und Sitte,
> Mathilde, die über alle hervorragte, doch im Herzen bescheiden blieb.«[5]

Zu Mathildes geistiger Formung trugen die Heiligenlegenden bei, die sie hörte, und die Erfahrung, die sie selbst als Zeitzeugin wichtiger Ereignisse gewann; dazu kam der Unterricht durch die Kleriker des mantuanischen Kanonikerhauses – aus dem in den folgenden Jahrzehnten eine bedeutende Persönlichkeit, Johannes von Mantua, hervorgehen sollte, und vielleicht durch Geistliche am Hof der Canossa, an dem sich wohl schon damals wie in späterer Zeit eine Reihe gebildeter Kapellane aufhielt. Es ist jedoch auszuschließen, daß Mathilde systematischen Unterricht in den Fächern des Triviums (Grammatik, Rhetorik, Dialektik) und des Quadriviums (Arithmetik, Geometrie, Musik, Astronomie) erhalten hat. Im Mittelpunkt ihrer Erziehung stand offenbar die Hinführung zu Gottesliebe und Frömmigkeit, zu Tugendhaftigkeit und zur Fähigkeit, den Prüfungen des Lebens standzuhalten. Lesen und Schreiben erlernte sie nebenbei. Die positiven Auswirkungen dieses Unterrichts prägten ihr ganzes Leben und zeigten sich in ihrem Interesse für Bücher, Kunst, Liturgie und Musik.

Ihre Kindheit, die bis zu ihrem sechsten Lebensjahr ruhig und ungetrübt verlief, wurde nach dem gewaltsamen Tod ihres Vaters durch dramatische Schicksalsschläge verdüstert. Ihre Mutter mußte nun allein mit einer Situation voller Gefahren und Bedrohungen fertigwerden. Wer es auch immer gewesen sein mochte, der die Waffe in die Hand des Mörders gedrückt hatte, verfolgte damit eine Absicht, die über Bonifaz als Person hinausging und ohne Zweifel mit dessen Herrschaftsgebiet und politischer Stellung in Zusammenhang stand. Die Zügel der Regierung lagen nun in den Händen einer Frau mit drei kleinen Kindern. Obwohl sie nicht völlig allein dastand und auf ihre lothringischen Verwandten zählen konnte, hatte sie bestimmt Schwierigkeiten, diese Aufgabe zu bewältigen.

Beatrix suchte daher Anlehnung an die Kirche und baute zwischen den Canossa und den Päpsten eine Beziehung auf, die auf Zusammenarbeit und gegenseitiger Unterstützung basierte, was in den folgenden Jahren von großer Bedeutung für die Dynastie sein sollte. Diese Beziehung, die durch das Verwandtschaftsverhältnis zwischen Beatrix und Papst Leo IX. (er war ihr Onkel) erleichtert wurde, sah jedoch als Gegenleistung für den Schutz der Päpste vor, daß die Herren von Canossa die von Bonifaz den Kirchen entzogenen Güter zurückerstatten und Kanonikerhäuser und Klöster noch stärker fördern sollten.

Unter diesem Gesichtspunkt muß also die erste erhaltene Urkunde gedeutet werden, in der Beatrix nach dem Tod ihres Mannes allein agiert: eine Schenkung des Fronhofs Volta Mantovana an die Kathedrale von Mantua:

> »Sonntag ... im Monat Januar. Gräfin Beatrix, als Vertreterin ihres Sohnes Friedrich, schenkte für das Seelenheil ihres verstorbenen Gemahls Bonifaz an die Kirche des heiligen Apostels Petrus in der Stadt Mantua einen Fronhof namens Volta mit einem befestigten Dorf und der dort zu Ehren Marias errichteten Kapelle und mit allen Pertinenzen. [...] Dafür muß der Bischof jeden zweiten Wochentag ein Hochamt für die Seele des Markgrafen Bonifaz zelebrieren.«[6]

Diese Urkunde ist entweder auf den 3. oder auf den 10. Januar datiert. Beatrix agierte im Namen ihres noch minderjährigen Sohnes Friedrich, des legitimen Nachfolgers von Bonifaz, und verband damit natürlich die Fürbitte für das Seelenheil ihres Mannes.

Am 21. Februar 1053 kam Leo IX. nach Mantua, um eine Reform des Klerus durchzusetzen, wurde aber, wie bereits geschildert, durch einen »Volksaufstand« vertrieben, der in Wirklichkeit von den städtischen Arimannen ausging, derselben Personengruppe also, die in Opposition zu den Canossa stand und die im gleichen Jahr ein Schutzprivileg von Heinrich III. erwirkte. Es ist nicht nachweisbar, wie stark die Canossa in diese Ereignisse verwickelt waren. Eine gegen Ende jenes unruhigen Jahres in Felonica ausgestellte Urkunde, einer am Po zwischen Mantua und Ferrara gelegenen ländlichen Ortschaft, wo Bonifaz ein Benediktinerkloster gegründet hatte, gibt jedoch Zeugnis für eine sehr schwierige Phase in Beatrix' Leben. Am 17. Dezember machte Beatrix in der Nähe des Friedhofs von Santa Maria di Felonica an das Kloster, dessen Abt Petrus war, die Schenkung über die Kirche Santa Maria di Badigusala (in der Ortschaft Raigusa im Bologneser Gebiet), »für Bonifaz' Seelenheil und für die Seelen meines Sohnes und meiner Tochter.«[7] Die Urkunde nennt keine Namen, aber die darin erwähnten Kinder waren sicherlich Friedrich und Beatrix, Mathildes Geschwister, die beide in eben dem Jahr gestorben waren, bevor jenes Dokument ausgestellt wurde, vielleicht sogar in Felonica selbst – darauf könnte eventuell der Hinweis auf den Friedhof in der Ortsangabe der Urkunde deuten. Es konnte nicht ausbleiben, daß so mancher, wie Bonizo von Sutri, der Chronist des Investiturstreits, von einem gewaltsamen Tod sprach, dessen Urheber unbekannt war, und der durch ein *maleficium*, vielleicht Gift, verursacht worden sei.

In welcher Verfassung die siebenjährige Mathilde diese Ereignisse erlebte und wie sie darauf reagierte, ist aus den Quellen nicht ersichtlich. Zweifellos mußte alles, was in jenen turbulenten Jahren geschah, sie sehr verunsichert haben: der abrupte Übergang von einer ruhigen frühen Kindheit bis zum Tod ihres Vaters zu den schwierigen Mädchenjahren, die von einem ständigen Ortswechsel ihrer Familie, von den Ängsten, die ihre unsichere Lage hervorrief, und nicht zuletzt von der Trauer über den Tod ihrer Geschwister geprägt waren.

Noch schwieriger und wechselvoller war für sie das Jahr 1054: Ihre Mutter hatte erkannt, daß es über ihre Kräfte ging, weiterhin allein ihre Herrschaftsgebiete zu verwalten. Als ihr Sohn noch lebte, war es ihre Pflicht gewesen, ihre Herrschaftsgebiete vor Zersplitterung zu bewahren, um ihm die Nachfolge zu sichern. Aber da nun Friedrich gestorben war, mußte man eine Lösung finden, die ihr und ihrer Tochter Sicherheit bieten konnte.

Der Bärtige

Unter den lothringischen Verwandten der Markgräfin Beatrix übertraf Gottfried, genannt »der Bärtige«, alle an Temperament und Ehrgeiz. Auch er war verwitwet. Aus seiner Ehe mit Oda (Duota) hatte er einen Sohn, der ebenfalls Gottfried hieß, der aber, wie so viele im Früh- und Hochmittelalter mit einem Beinamen, der auf eine körperliche Mißbildung hinwies, in die Geschichte einging. Spielte der Beiname seines Vaters auf die würdige »Zier des Mannes« an, so sollte an Gottfried für alle Zeiten der Spottname »der Bucklige« oder »der Höckerige« haften bleiben.

Gottfried der Bärtige gehörte zu jenem kriegerischen Hochadel, auf dem seit den Zeiten Karls des Großen der Zusammenhalt des Reichs beruhte, der aber nun zu einem der stärksten Faktoren für einen inneren Auflösungsprozeß geworden war. Im Lauf der Zeit hatte sich die auf Achtung und Treue gegründete Bindung dieser Adligen an den Kaiser gelockert. Sie gerieten sogar in offenen Konflikt mit dem Herrscher und erhoben sich gegen ihn.

Gottfried war der Sohn Herzog Gozelos I. von Lothringen, der 1033 die Nachfolge Herzog Friedrichs II., des Vaters von Beatrix, angetreten hatte. Nach Gozelos Tod im Jahre 1044 hatte Heinrich III. Lothringen unter dessen beiden Söhnen aufgeteilt und Gottfried in Oberlothringen, seinen Bruder Gozelo II. in Niederlothringen als Herzog eingesetzt. Dies trieb Gottfried zur Rebellion gegen den Kaiser, der ihn jedoch sofort zur Unterwerfung zwang. Nach dem Tod Gozelos II. im Jahre 1046 erhob Gottfried von neuem Anspruch auf Niederlothringen, um die beiden Teile des ehemaligen Reichslehens seines Vaters wieder in seiner Hand zu vereinen. Aber Heinrich III. verweigerte ihm dies und erhob statt dessen Friedrich von Luxemburg zum Herzog von Niederlothringen. Gottfried rebellierte von neuem und wurde wiederum besiegt. Diesmal entzog ihm der Kaiser sein Herzogtum und ernannte Adalbert aus dem Haus Elsaß zum Herzog von Oberlothringen. Gottfried zog daher gegen Adalbert ins Feld, erschlug ihn im Kampf, ergriff wieder Besitz von seinem Herzogtum und wurde deshalb von Heinrich III. gefangengenommen. Verfolgen wir die Ereignisse in der Schilderung Lamperts von Hersfeld:

»[1044] Herzog Gozelo von Lothringen starb; sein Sohn Gottfried, ein hochbegabter und im Kriegswesen sehr erfahrener junger Fürst, griff zu den Waffen gegen das Reich, weil ihm das Herzogtum seines Vaters vorenthalten wurde. Herzog Adalbert, den der König zum Nachfolger seines Vaters eingesetzte hatte, besiegte und tötete er; er erschlug viele Menschen und verwüstete die Felder schwer; alle Ortschaften bis zum Rhein legte er in Asche bis auf diejenigen, die dem feindlichen Angriff dank ihrer Mauern entgingen oder sich durch Geldzahlungen losgekauft hatten.«

Der Annalist vermischt die Ereignisse der Jahre 1044, 1046 und 1048. Abgesehen von diesen chronologischen Ungenauigkeiten – man darf nicht vergessen, daß er dreißig Jahre nach diesen Ereignissen schrieb –, gibt er aber ein anschauliches Bild der Kämpfe und von Gottfrieds Charakter:

»[1045] Herzog Gottfried unterwarf sich dem König und kam nach Giebichenstein in Haft. Nun blieb das Reich für kurze Zeit ruhig und friedlich. [...] [1046–1047] Herzog Gottfried war aus der Haft entlassen worden, mußte aber erkennen, daß ihm weder die Fürsprache der Fürsten noch seine freiwillige Unterwerfung genützt hatten; darüber empört und seiner dürftigen Vermögenslage überdrüssig, begann er von neuem den Kampf. Unter anderen Schädigungen, die er dem Reich zufügte, ließ er die Pfalz von Nijmwegen niederbrennen, ein Bauwerk von wunderbarer, unvergleichlicher Schönheit; ferner eroberte er Verdun und äscherte dort die Hauptkirche ein. Doch nach kurzer Zeit bereute er seine Tat so sehr, daß er sich öffentlich auspeitschen ließ und, um nicht geschoren zu werden, seine Haare mit viel Geld loskaufte; ferner zahlte er die Kosten des Wiederaufbaus der Kirche und leistete bei der Maurerarbeit öfters die Dienste eines einfachen Handlangers.«[1]

Durch das Bündnis mit der Kirche und vor allem mit Papst Leo IX., mit dem er verwandt war, vermochte Gottfried sein Geschick wieder zum besseren zu wenden. Im Juli 1049 verwandte sich der Papst in Aachen beim Kaiser für den Herzog. Im Dezember traf Leo IX. in Mainz erneut mit dem Kaiser zusammen. Herzog Gottfried erlangte die kaiserliche Huld wieder, wie Lampert von Hersfeld berichtet, und erhielt Oberlothringen zurück. Danach soll Gottfried zusammen mit seinem Bruder Friedrich den Papst auf seinem Weg nach Rom begleitet haben. So festigte sich das Bündnis zwischen dem Papst und seinen Lothringer Verwandten. Friedrich entsagte der Welt und trat in das Kloster Montecassino ein, wo er später Abt wurde. Er genoß das Vertrauen Leos IX., der ihn 1054 mit der wichtigen Mission in Konstantinopel betraute, und bestieg schließlich selbst als Stephan IX. den Thron Petri. Gottfried hatte während dieser Romfahrt wahrscheinlich Gelegenheit, seiner Cousine Beatrix und dem Markgrafen Bonifaz einen Besuch abzustatten und ein Bündnis mit ihnen zu vereinbaren. Es ist aber auszuschließen, daß die beiden Verwandten – und späteren Ehegatten – eine Intrige eingefädelt hatten, um den Canossa aus dem Weg zu räumen.

Wie vorteilhaft diese Verbindung zwischen Leo IX., Gottfried und Beatrix war, sollte sich erneut 1054 erweisen, als Bonifaz' Witwe erkannte, daß sie den großen »Staat«, dessen Leitung nun in ihrer Hand lag, nicht mehr allein regieren konnte. Beatrix suchte eine feste Stütze, und wahrscheinlich bewog die Vermittlung des Papstes die beiden, sich miteinander zu verbinden. Beatrix' Entschluß, mit dem hitzköpfigen Gottfried eine Ehe einzugehen, war im Interesse ihrer Herrschaft notwendig, barg aber zugleich ein Risiko: Es war vorauszusehen, daß er beim Kaiser auf Ablehnung stoßen würde. Deshalb legten die Brautleute das Gelübde ab, eine Josephsehe führen zu wollen, was den Beifall des Petrus Damiani fand:

> »Was das Mysterium der Enthaltsamkeit betrifft, die ihr beide, Gott ist Zeuge, bewahrt, habe ich, so muß ich gestehen, lange Zeit zwischen zwei Meinungen geschwankt, denn dein Mann hat anscheinend dieses Opfer der Keuschheit voll Freude vollbracht, du hingegen warst nicht so gern damit einverstanden, weil du den legitimen Wunsch nach Kindern hast. Als aber der ruhmreiche Mann [Gottfried] vor kurzer Zeit bei dem heiligen Leib des Apostelfürsten deinen heiligen Wunsch und Vorsatz, für immer die Keuschheit zu bewahren, geoffenbart hat, gestehe ich, daß ich voll Freude war, als sie es mir sagten [nach Psalm 122,1] und daß großes Entzücken mich erfüllt hat.«[2]

Gottfried hatte sich in den Jahren vor dieser Eheschließung um die Kirche verdient gemacht – in Goslar hatte er drei manichäische Ketzer gefangengenommen – und durch seine Waffenhilfe die Gunst des Kaisers gewonnen. Wegen seiner Vermählung mit Markgräfin Beatrix riskierte er jedoch, das neue Vertrauen, das ihm der Herrscher entgegenbrachte, aufs Spiel zu setzen. Durch das Keuschheitsgelübde versicherte er sich daher nicht nur der Unterstützung des Papstes, sondern auch der ganzen Reformbewegung, die bereits in Frankreich und in Italien im Gang war. Problematisch war auch die Tatsache, daß er mit Beatrix verwandt war; obwohl es sich dabei nur um eine Verwandtschaft achten Grades handelte, konnte dies doch zu Schwierigkeiten mit der Kirche führen. Das Keuschheitsgelübde war ein Mittel, um auch dieses Problem zu umgehen.

Die »politische« Ehe zwischen Gottfried und Beatrix löste zudem die Frage der Nachfolge und damit die Probleme, die Beatrix wohl am meisten am Herzen lagen: das Schicksal ihrer Markgrafschaft und das ihrer Tochter Mathilde. Die Eheleute kamen nämlich überein, daß die knapp achtjährige Tochter des Markgrafen Bonifaz und Gottfrieds Sohn, Gottfried der Bucklige, ein feierliches Eheversprechen ablegen sollten. Auf diese Weise würde sich ihre durch die Ehe besiegelte Verbindung auch in ihren Kindern fortsetzen und damit die Dynastie und ihre Herrschaft festigen, die von diesem Zeitpunkt an zwei große Territorien umfaßte, eines mitten im Königreich Italien, das andere im Zentrum des Reichs.

Am 19. April 1054 starb Leo IX., ohne eine Empfehlung für die Wahl seines Nachfolgers auf dem Stuhl Petri zu hinterlassen. Wieder versuchte der römische Adel, die Nachfolge in seinem Sinn zu regeln, da der Tusculanerpapst Benedikt IX. noch am Leben war, blieb jedoch darin erfolglos.

Heinrich III. ergriff wieder die Initiative, bewog einen seiner Getreuen, Bischof Gebhard von Eichstätt, der Wahl zum Papst zuzustimmen und zog mit ihm im Frühjahr 1055 nach Italien; nicht zuletzt, um die Angelegenheit mit Gottfried dem Bärtigen und Beatrix von Lothringen, die nun gemeinsam die Herren von Canossa waren, zu regeln.

Bei den Hochzeitsfeierlichkeiten hatte man darauf verzichtet, die eigene Macht und Pracht demonstrativ zur Schau zu stellen, aber die Eheschließung als solche hatte das strukturelle Gleichgewicht im Gefüge des Reichs verschoben.

Heinrich III. hatte nicht nur die Gewalt, sondern auch rechtliche Argumente auf seiner Seite, um diese Ehe für nichtig erklären und dem Paar einen Teil ihrer Herrschaften entziehen zu können: Sowohl Beatrix als auch Gottfried hätten als Reichsvasallen ihn um seine Zustimmung zu ihrer Vermählung bitten müssen; beide hatten Reichslehen – die Toskana und Oberlothringen –, und der Kaiser konnte sie ihnen bestätigen oder entziehen. In Anbetracht des früheren Verhaltens Gottfrieds wollte der Kaiser zu letzterer Maßnahme greifen. Es bestand ja in der Tat die Gefahr, daß Gottfried sich jenseits der Alpen mit den Besitztümern der Canossa ein eigenes Königreich errichten wollte, und das mußte der Kaiser unter allen Umständen verhindern.

So eilte er nach Italien, um gegen die neuen Herren von Canossa vorzugehen. Viele seiner Aktionen betreffen in der Tat die Toskana. Gottfried war inzwischen nach Lothringen geflüchtet, aus Florenz durch einen Volksaufstand vertrieben, bei dem Heinrich III. vielleicht seine Hand im Spiel gehabt hatte.

Beatrix und Mathilde waren nun wieder ohne Schutz. Am 31. Mai 1055 – falls die Urkunde echt ist – verkaufte die Markgräfin, die das schlimmste befürchtete, weit unter dem Wert Güter im Gebiet von Lucca, die sie 1044 erworben hatte. Sie brauchte dringend und rasch Bargeld.[3] Heinrich III. hatte sie nämlich zu einer Synode nach Florenz gerufen, die in Anwesenheit von Papst Viktor II. vom 4. bis zum 14. Juni 1055 abgehalten wurde. Dort bewahrheiteten sich ihre Befürchtungen: Der Kaiser nahm sie und ihre Tochter Mathilde, die noch keine zehn Jahre alt war, in Haft. Als er später nach Deutschland zurückkehrte, führte er seine beiden Gefangenen mit sich.

Während seines Aufenthalts in Italien hatte Heinrich III. nicht nur das römische und das canossanische Problem durch die Papstwahl Viktors II. und die Niederlage von Gottfried und Beatrix gelöst, sondern auch eigene Hausmachtpolitik betrieben und Vorkehrungen für seine Nachfolge getroffen: So leitete er die Eheverbindung Heinrichs IV. mit Bertha, der Tochter Markgraf Ottos und Adelheids von Turin, in die Wege und zwang die Lehnsträger in Reichsitalien, seinem Sohn, den er im Vorjahr in Aachen zum deutschen König hatte weihen lassen, den Treueid zu leisten. Es war, als hätte er eine Vorahnung gehabt, denn bald darauf erkrankte er und starb. Ein Mathilde nahestehender Chronist berichtet darüber:

> »Kaum hatte er die fränkische Seite des Rheins erreicht, wurde er von einem heftigen Fieber ergriffen. Da rief er den erhabenen Herzog Gottfried zu sich, gab ihm seine Gemahlin und die Tochter des Bonifaz zurück sowie alle Besitzungen, die ihnen gehörten, und bat ihn dringend, er möge seinem Sohn, dem schon designierten König, die Treue halten. Wenige Tage danach ereilte ihn der Tod. Sein Leichnam wurde mit allen Ehren in Speyer, im Grab seines Vaters, beigesetzt, und sein Sohn übernahm gemeinsam mit der Mutter die Regierung des Reichs.«[4]

So schildert Bonizo von Sutri das Geschehen. Andere behaupten jedoch, daß das Herrscherpaar von Canossa erst nach dem Tod Heinrichs III. wieder zusammenkommen konnte und erst dann seine Herrschaftsgebiete zurückerhielt. In Mathildes Umgebung zog man jedoch die Version vor, das Bündnis zwischen den Canossa und dem Reich sei spontan erfolgt und habe durch den Segen des todkranken Kaisers seine besondere Weihe erhalten.

Heinrich III. starb am 5. Oktober 1056.

Das Papsttum

Im Februar 1057 reisten Beatrix und Gottfried in die Toskana zurück. Sie waren beim Tod des Kaisers in der Nähe von Goslar zugegen gewesen; nun gaben sie Papst Viktor II. das Geleit.

Die Pflichten der Feudalherren, den Papst durch ihre Territorien zu geleiten, war eine Ausweitung der Geleit- und Gastungspflicht auf den Nachfolger Petri, die jeder Lehnsträger gegenüber dem Kaiser zu erfüllen hatte (falls er nicht aufgrund eines besonderen Verdienstes davon befreit war). Für die Canossa entwickelte sich diese Pflicht zu einem veritablen Vorrecht, das ihnen ermöglichte, die Wahl der Päpste und ihre Einsetzung auf den Stuhl Petri zu beeinflussen.

Bereits Bonifaz hatte versucht, nach dem Tod Clemens' II. im Jahr 1047 in die Papstwahl einzugreifen, um Benedikt IX. wiedereinzusetzen. Dabei hatte er anfänglich Heinrich III. den Gehorsam verweigert, der ihm geboten hatte, dem neu gewählten Papst Damasus II. das Geleit zu geben.

Nach dem Tod von Damasus II. hatte sein Nachfolger Leo IX., der – wie schon erwähnt – in verwandtschaftlichen Beziehungen zu Beatrix von Lothringen stand, häufig zum Schutz der Canossa und der verwitweten Markgräfin interveniert und sogar deren Eheschließung mit Gottfried dem Bärtigen, der ebenfalls mit ihm verwandt war, in die Wege geleitet.

War die Wahl und die Inthronisation des Nachfolgers Leos IX., Viktors II., ausschließlich das Werk Heinrichs III., so erwiesen sich die Canossa dem neuen Papst bei seiner Reise nach Rom als unentbehrlich und spielten später, bei der Wahl seines Nachfolgers, eine entscheidende Rolle, nachdem Viktor II. am 27. Juli 1057 in Arezzo gestorben war, in jener Mark Tuszien, die nun, unter Beatrix und Gottfried, den Mittelpunkt des neuen Herrschaftsgebiets der Canossa bildete.

In nur fünf Tagen gelang es Gottfried, seinen Bruder Friedrich, damals Abt von Montecassino, zum Papst wählen zu lassen. Er nahm den Namen Stephan IX. an. So gab Gottfried dem römischen Adel keine Zeit, einen eigenen Kandidaten aufzustellen und sich wieder der Kontrolle über das Pontifikat zu bemächtigen. Im Reich hatte der unerwartete Tod Heinrichs III. ein Machtvakuum entstehen lassen, das die Regentschaft der Kaiserinwitwe Agnes, der Mutter des damals noch sehr jungen Heinrichs IV., und Erzbischofs Anno von Köln nur unvollkommen füllen konnte. In dieser politischen Krisenzeit wurde also ein kaiserliches Vorrecht von einem Lehnsherrn, Gottfried dem Bärtigen, usurpiert. Man sandte lediglich eine Delegation unter der Leitung des Archidiakons Hildebrand (des späteren Papstes Gregor VII.) zum Kaiser, um ihn über die erfolgte Wahl in Kenntnis zu setzen, nicht, wie es früher üblich war, um seine Zustimmung einzuholen. Man hat sogar die Hypothese aufgestellt, daß Gottfried die Krise der kaiserlichen Macht ausnützen wollte, um sich selbst von seinem Bruder, Papst Stephan IX., zum Kaiser krönen zu lassen. In dieser Phase spielte seine Familie zweifellos eine herausragende Rolle; um jedoch den Kaiserthron zu besteigen, hätte es einer längeren Vorbereitungszeit bedurft: Man mußte Bündnisse schließen, sich der Treue wichtiger Lehnsträger versichern und das Vertrauen der Mißtrauischen und Zögernden gewinnen. All dies war nicht möglich, da sein Bruder, der Papst, ganz unvermutet gestorben war und da die mit der Nachfolge auf den Stuhl Petri verbundenen Probleme keinen Aufschub duldeten.

Stephan IX., der sich in Florenz, vermutlich bei seinem Bruder Gottfried, aufhielt, starb also am 29. März 1058 plötzlich und unerwartet eines natürlichen Todes. Sofort setzten die Tusculaner unter der Führung des Bruders des verstorbenen Benedikt IX., Gregor von Tusculum, einen eigenen Papst ein, der von den Römern unterstützt wurde: Es handelte sich um den Bischof von Velletri, Johannes, genannt »Mincius« (wörtlich: »der

Dummkopf«), der den Namen Benedikt X. annahm. Es war eine kluge Entscheidung, da der neue Papst auch in Reformkreisen Achtung und Vertrauen genoß. Dennoch konnten die Reformanhänger diese Wahl nicht anerkennen, da sie unter sehr dubiosen Umständen erfolgt war: Die Tusculaner hatten den päpstlichen Schatz geplündert und damit die unteren Volksschichten bezahlt, die den Papst akklamieren sollten. Sie hatten außerdem den Papstpalast mit ihren Bewaffneten besetzt und die Kardinalbischöfe – Petrus Damiani, Hildebrand, Humbert von Silva Candida – gezwungen, aus Rom zu flüchten, so daß nur ein einfacher Priester aus Ostia den neuen Papst inthronisierte.

Die Bedenken der Reformer veranlaßten Gottfried den Bärtigen, den Nachfolger Stephans IX. selbst zu designieren. So leitete er die notwendigen Kontakte in die Wege und entschied sich für den ihm besonders nahestehenden Bischof Gerhard von Florenz, der sich gut dafür eignete, den Konsens der Reformer zu erhalten. Er stammte aus Burgund und war ein Mann von großer Sittenstrenge und Bildung, da er aus der bedeutenden Kanonistenschule von Lüttich hervorgegangen war.[1] Leo von Ostia, der Chronist von Montecassino, behauptet, diese Wahl sei auf Hildebrand zurückzuführen, aber Gottfrieds Beitrag sei entscheidend gewesen:

»Als Hildebrand nach dem Tode Papst Stephans, frommen Angedenkens, von einem Aufenthalt bei der Kaiserin [Agnes, der Mutter des noch ganz jungen Heinrichs IV.] zurückkam, wurde ihm bewußt, daß die Kirche in die Hände schlechter Menschen zu fallen drohte. Ohne das Interdikt des genannten Papstes zu beachten, hielt er sich in Florenz auf, von wo er Briefe an die edelsten unter den Römern sandte, in denen er diese Situation schilderte. Mit ihrer vollen Zustimmung – auch mit dem Einverständnis Herzog Gottfrieds – wählte er sogleich den Bischof von Florenz, Gerhard, zum Papst. Mit ihm und dem Herzog traf er dann in den letzten Januartagen in Rom ein [am 24. Januar 1059].«[2]

Auch die *Annales Romani* stimmen mit der Aussage des Leo von Ostia überein:

> »Dann zogen der Archidiakon Hildebrand und sein Papst, der bis jetzt nur gewählt und nicht geweiht worden war, in die Lateranbasilika, wo man ihn unter dem Namen Nikolaus II. zum Papst weihte.«[3]

Viele Römer schworen Nikolaus II. Gehorsam, andere hingen jedoch weiter Benedikt X. an, der erst im April 1060 von Hildebrand gefangengenommen wurde.

In der Zwischenzeit hatte Nikolaus II., der im vollen Einverständnis mit Hildebrand von Soana und der zunehmend mächtiger werdenden Reformbewegung handelte, auf einer Synode ein Papstwahldekret erlassen, aufgrund dessen – entgegen dem von Otto I. den Päpsten abgenötigten Privileg – jedem Laien auf das strengste jegliche Einmischung in diesen wichtigen Vorgang untersagt und das noch heute bei der Wahl eines Papstes übliche Konklave der Kardinäle festgesetzt wurde:

> »Im Namen Gottes und unseres Heilands Jesu Christi, im Jahr der Inkarnation des Herrn 1059, im Monat April in der XII. Indiktion. [...] Kraft der Autorität unserer Vorgänger und der heiligen Kirchenväter beschließen und verordnen wir, daß nach dem Tod des Papstes dieser universalen römischen Kirche zuerst die Kardinalbischöfe mit aller Sorgfalt an die neue Papstwahl herantreten sollen, nach ihnen seien die Kardinalpriester dazu berufen und schließlich sollen die anderen Grade des Klerus und das Volk ihre Zustimmung geben. [...] Falls irgend jemand, entgegen diesem von uns auf einer Synode erlassenen Dekret gewählt, ordiniert oder inthronisiert wird, durch einen Aufstand, eigene Anmaßung oder irgendein taktisches Manöver, so soll er von allen nicht als Papst, sondern als Satan, nicht als apostolisch, sondern als Apostat angesehen werden.«[4]

Wer eine Reform der Kirche anstrebte, mußte auf verschiedenen Fronten kämpfen: Zuallererst mußte man das Papsttum von der Einmischung des korrupten römischen Adels befreien, worum sich bereits Kaiser Heinrich III. bemüht hatte. Nun war es aber notwendig geworden, die Kirche auch dem Einfluß des Kaisers zu entziehen. Deswegen hatten die letzten Päpste und die Anhänger der Reform Unterstützung bei den Canossa gesucht. Kraft ihres Rechtes bzw. ihrer Pflicht, die Päpste an ihren Sitz zu geleiten, hatten diese nämlich für die Wahl der Nachfolger Petri entscheidende Bedeutung gewonnen, was selbst ihre Gegner – wie sich bei der Nachfolge Nikolaus' II. zeigen wird – klar erkannten.

Auch dieser Papst regierte nur sehr kurz. Er starb Ende Juli 1061 in Florenz, im Herrschaftsgebiet von Gottfried und Beatrix.

Die Gegner der Reform ergriffen nun die Initiative: Einige adlige Römer sandten König Heinrich IV. in Deutschland die römische Patrizierkrone, damit er die Wahl des neuen Papstes entscheide. Der König berief ein Konzil nach Basel, auf dem die Prälaten, die einem gegnerischen Chronisten zufolge eine große Geldsumme erhalten hatten, am 28. Oktober 1061 den Bischof von Parma, Cadalus, zum Papst wählten, der den Namen Honorius II. annahm. Aber siebenundzwanzig Tage zuvor war von den Hildebrand nahestehenden Kardinälen, einigen Römern und den von Richard von Capua angeführten Normannen in Rom ein anderer zum Papst gewählt worden, der Mailänder Anselm von Baggio, Bischof von Lucca, ein feuriger Anhänger der Reform und mit den Canossa verbundener Kirchenmann. Er nannte sich Alexander II. Wieder befand sich die Kirche also in einem Schisma, eine harte Konfrontation zeichnete sich ab. Auf die Seite von Honorius II. waren der künftige Kaiser, das römische Patriziat und die mächtigen Bischöfe Oberitaliens getreten; Alexander II. hingen die »Partei« der Reform, die Normannen und ein Teil der Römer an. In der ersten Zeit blieb Gottfried der Bärtige neutral, wahrscheinlich nicht zuletzt deshalb, weil er sich nicht in Italien befand und seine Interessen in Lothringen wahrnahm. Beatrix hatte hingegen von Anfang an die Partei Alexanders II. ergriffen, vielleicht durch Petrus Damiani beeinflußt, und versuchte, Honorius II. an der Durchreise durch ihre Herrschaftsgebiete zu hindern, indem sie einen Graben quer durch die Via Aemilia ausheben ließ, falls man Donizo Glauben schenken kann. Trotzdem besiegte Honorius II. die Truppen Alexanders II. und zog im Frühjahr 1062 in Rom ein. Er setzte sich in der Engelsburg fest, während sich Alexander II. auf dem Kapitol verschanzte. Die nun entstandene unklare Situation wurde von Erzbischof Anno von Köln gelöst, der mit einem Handstreich Kaiserin Agnes, die Mutter Heinrichs IV., zwang, sich in das Kloster Fruttuaria zu flüchten und selbst die Regentschaft über das Reich übernahm. Anno, ein Freund Alexanders II., ließ sofort eine Synode nach Augsburg einberufen (Oktober 1062), die die Entscheidung zwischen den beiden Päpsten herbeiführen sollte. Die versammelten Väter kamen jedoch, trotz der entschlossenen Intervention des Petrus Damiani, zu keinem endgültigen Ergebnis. Gottfried sorgte für Alexanders Sicherheit und gab ihm das Geleit bis Rom. Inzwischen führte Petrus Damiani einen unermüdlichen Kampf gegen Honorius II. und ließ sogar eine neue Synode, diesmal in Mantua, innerhalb des canossanischen Herrschaftsgebiets, einberufen. Beide Kontrahenten wurden dorthin geladen, aber Honorius II. zog es vor, außerhalb des canossanischen Territoriums zu bleiben, in Acquafredda am Chiese, im Gebiet von Brescia. In Mantua konnte Alexander II. beweisen, daß die Wahl, aus der er als Papst hervorgegangen war, nach den Grundsätzen des Dekrets Nikolaus' II. verlaufen und daher die einzig gültige sei (31. Mai 1064). An der Synode nahm auch Gottfried teil, der durch seine Autorität und seine Machtstellung deren Entscheidungen Gültigkeit verlieh. Er konnte die Situation nach seinem Gutdünken lenken. Während Petrus Damiani ihn wegen seines anfänglichen Zögerns tadelte, warf Benzo von Alba Honorius II. vor, den Markgrafen unterschätzt zu haben, von dem der »paparum ducatus«, die Inthronisierung des Papstes, abhing.[5]

Auch diesmal gaben also die Canossa für die Wahl des Papstes den Ausschlag. Die Planung der Reform, der Erneuerung des religiösen Lebens und der Reorganisation der gesamten

Kirchenstruktur überstieg allerdings bei weitem ihre Möglichkeiten, so bedeutend sie auch sein mochten. Doch stützten sich die Canossa häufig auf die Kirche, um ihre Macht zu vergrößern und zu festigen, und die Kirche bediente sich ihrerseits der Canossa. Nicht so mächtig wie der Kaiser und dem Papsttum nicht so nahe wie die großen römischen Adelsfamilien, verhalfen die Canossa der Kirche dazu, sich zusehends von dem Einfluß dieser Kräfte zu lösen und jene »libertas ecclesiae« (Freiheit der Kirche) zu erlangen, die zu den wichtigsten Idealen der Reform des 11. Jahrhunderts zählt.

Der Komet und die Reform

»Im Jahre der Fleischwerdung des Herrn 1066, am 5. April, erschien in den frühen Morgenstunden im Osten ein Komet und leuchtete fünfzehn Tage lang, d. h. bis zum 19. April; derselbe Komet erschien am 24. April im Westen gegen Abend; er glich dem Mond, wenn er sich verdunkelt, und hatte einen wie aus Rauch gebildeten Schweif, der fast bis zur halben Höhe des Himmels reichte. Er leuchtete etwa bis zu den Kalenden des Juni.«[1]

So notierte – natürlich auf lateinisch – ein anonymer Schreiber in Viterbo, während er die *Regula canonicorum* Chrodegangs von Metz abschrieb. Er gab vielleicht die zuverlässigste und objektivste Beschreibung einer Himmelserscheinung, die den Westen wie den Osten der damaligen Welt beeindruckte und die von Dutzenden Chroniken, Annalen und Heiligenviten bezeugt wird. Der Komet wurde sogar auf dem berühmten Teppich von Bayeux abgebildet, der die Eroberung Englands durch die Normannen und die Schlacht von Hastings im Jahr 1066 darstellt.

Es war eine der längsten und spektakulärsten Erscheinungen des später als Halleyschen Kometen bezeichneten Himmelskörpers. Seine erdnahe Periode dauerte von Anfang April, wo er im Orient sichtbar war, bis etwa Mitte Juni. Einen besonders eindrucksvollen Anblick bot er in der Dekade nach dem Osterfest, das in jenem Jahr auf den 18. April fiel.

Auf welche Weise Mathilde, die nun zwanzig Jahre alt war, dieses außerordentliche Ereignis erlebte, ist nicht bekannt. Hingegen berichtet eine Quelle, welchen Eindruck es auf die Bewohner der Orte rund um den Lago Maggiore machte.

Die Astrologen sagen Unheil voraus aufgrund der Erscheinung eines Kometen.
Wandteppich von Bayeux, spätes 11. Jahrhundert (Foto: AKG, Berlin)

Mailand und sein Umland wurden in jenen Jahren von der Pataria erschüttert, einer spontan entstandenen Volksbewegung unter der Führung des Mailänder Diakons Ariald, die das religiöse Leben der Stadt von allen Schlacken und Mißständen reinigen wollte. Seit Jahrhunderten in der Kirche von Mailand und in den meisten anderen Ortskirchen tief verwurzelte Gewohnheiten, wie die Simonie, d. h. der Handel mit Kirchenämtern, und die Klerikerehe, sollten mit einem Schlag verändert werden. Die ganze Stadt spaltete sich in zwei Lager, in die Anhänger und die Gegner dieser Bewegung, die voll Verachtung »patàlia« genannt wurde. Das im Dialekt noch heute fortlebende Wort stammt aus dem Langobardischen und bezeichnete ein langes Hemd (»pataja«). Arialds Anhänger waren die »descamisados« der damaligen Zeit; vielleicht wurden sie aber auch nur wegen der langen Kutten, die sie trugen, mit diesem Spottnamen versehen. Sie führten ihren Kampf mit großer Verbissenheit, und es kam zu brisanten Situationen: Die Patariner lehnten die Sakramente, die von simonistischen Priestern gespendet wurden, ab und erklärten sie für ungültig. Rom entsandte daraufhin zwei Legationen. Die erste traf im Winter 1059 in Mailand ein und wurde von Petrus Damiani und von Bischof Anselm von Lucca (der aus Mailand stammte und später als Alexander II. den Stuhl Petri bestieg) geleitet. Petrus Damiani versuchte, die Ruhe in Mailand wiederherzustellen, indem er die Stadt verurteilte, aber die Schuldigen – d. h. die überwiegende Mehrheit des lokalen Klerus – heil davonkommen ließ: Er wiederholte einfach die Weihe der simonistischen Priester. Die Mailänder mißbilligten jedoch seine Intervention, da sie für ihre Kirche die gleiche Rangstellung wie für die römische beanspruchten und die päpstliche Autorität nur widerwillig anerkannten. Als daher Alexander II. Erzbischof Wido, der sich erneut der Simonie schuldig gemacht hatte, mit der Exkommunikation belegte, hielt das gleiche Stadtvolk, das kurz zuvor die Partei der Pataria ergriffen hatte, zu seinem Bischof und ließ die Anführer der religiösen Bewegung im Stich. Ariald wurde gefangengenommen und in der Burg Angera auf furchtbare Weise zu Tode gefoltert. Er sollte an einem geheimen Ort begraben werden, damit keiner seiner Anhänger sich des Leichnams des Märtyrers bemächtigen könne, aber die Nächte wurden von jener geheimnisvollen Lichterscheinung am Himmel erhellt, die Andreas von Strumi beschreibt, der kurz darauf Arialds Vita verfaßte:

»Nach diesen Ereignissen [Arialds Ermordung] begannen die Fischer, Lichter zu sehen, die in der Nacht über diesem Ort wunderbar erstrahlten. Sobald die gottlose Jezebel [die Nichte des simonistischen Erzbischofs] dies erfuhr, ließ sie Arialds Leichnam in der Nacht auf eine andere Insel bringen. Aber da auch dort das gleiche Licht andauernd erschien, ließ sie ihn an einen dritten Ort schaffen. Als sie dann erkannte, daß sie diesen heiligen Leib weder auf noch in der Erde verbergen konnte, da dieses strahlende Licht ihm überallhin folgte, befahl sie wutentbrannt, ihn mit Steinen zu beschweren und im See zu versenken.«[2]

Diese nächtlichen Lichterscheinungen, von denen der Hagiograph berichtet, waren nichts anderes als der Halleysche Komet, der die Menschen so beeindruckte, als er an der Erde vorbeizog.

Die Pataria war nicht nur eine der wichtigsten religiösen Bewegungen Italiens im Hochmittelalter, sondern stand damals auch an der Spitze einer Initiative zur Kirchenreform, deren überzeugteste Förderer in Oberitalien die Canossa waren. Als in einer kritischen Phase der Bewegung Arialds Nachfolger, der »miles« Erlembald, Gregor VII. um Rat fragte, wer ihn in seinem Kampf unterstützen könne, verwies der Papst ihn nicht von ungefähr ohne Zögern an Beatrix und Mathilde (Briefe vom 27. September und vom 9. Oktober 1073) und forderte ihn auf, ihnen zu vertrauen.

Der Kampf, der in Mailand und in den anderen Teilen Mittel- und Norditaliens im Gang war, ist keineswegs nur als Kampf zwischen Gut und Böse, zwischen den Vertretern der Moral und den Anhängern der Korruption anzusehen, wie er auf banale Weise interpretiert wurde. Jede der beiden gegnerischen Parteien hatte ihre berechtigten Motive.

Was als Simonie abgestempelt wurde, war für ihre Verteidiger nur eine seit urdenklichen Zeiten übliche Gepflogenheit; und der Umstand, daß man für den Aufstieg zu einem höheren Grad in der kirchlichen Laufbahn oder für die Zuweisung eines Amtes oder religiösen Instituts (einer Diözese, Abtei, Taufkirche oder eines Kanonikerstifts) eine Geldleistung erbringen mußte, bedeutete nicht automatisch, daß jemand, der sich diesem Brauch fügte, allein deswegen ein korrupter, schlechter Mensch war. Der Ämterkauf galt als ganz normale Praxis, die durch eine lokale Tradition legitimiert war; man sah keine Veranlassung, sie aufzugeben.

Noch schwieriger ist die Frage der Klerikerehe. Tausend Jahre lang galten die Sakramente der Ehe und der Priesterweihe nicht als miteinander unvereinbar. Man zog ehelos lebende Kleriker zwar vor, ihnen wurden innerhalb der Kirche verantwortungsvollere Positionen zugewiesen, aber in bestimmten historischen Epochen waren die Frauen von Bischöfen *(episcopissae)*, von Priestern *(presbiterissae)* und von Diakonen *(diaconissae)* präsent, ohne daß dies irgendein Problem bedeutet hätte. Im übrigen hatte derjenige, der ehelos unter Ehelosen leben wollte, die Möglichkeit, in einen Orden einzutreten, wo der Zölibat stets bindend gewesen war. Für den Weltklerus galt diese Verpflichtung jedoch nicht. Die Forderung nach dem Zölibat, wie sie von den Patarinern erhoben wurde (auch aus menschlich sehr verständlichen Gründen, wie sie Ariald in seiner zweiten Rede an die Mailänder vorbrachte – »[Eure Priester] verheiraten sich ganz öffentlich wie die Laien, in der Art der schlimmsten Laien geben sie sich der Unzucht hin und sind in dieser ›Kunst‹ um so geschickter, als sie weniger von den Mühen der täglichen Arbeit belastet sind, da sie von den Opfergaben leben, die Gott dargebracht werden.«)[3] –, diese Forderung nach dem Zölibat der Weltgeistlichen erschien vielen als seltsame Neuheit. »Als die einfachen Leute und die Priester diese Worte vernahmen, wunderten sie sich sehr und glaubten, nicht recht gehört zu haben, und waren äußerst erstaunt über das, was Ariald sagte. Sie wandten vor allem ein, daß niemand die Gabe der Keuschheit besitzen könne, dem Gott sie nicht verliehen habe, wie der Apostel sagt: ›Alle gute Gabe und alle vollkommene Gabe kommt von oben herab von dem Vater.‹ [Jac. I,17].«[4] Der höhere Rang der Keuschheit gegenüber dem sexuell erfüllten Leben wurde zwar anerkannt, aber die Keuschheit galt als eine Gabe Gottes, die nicht allen gegeben war.

Weshalb also der Wunsch nach Reform und weshalb konnte er sich durchsetzen? Im 11. Jahrhundert erlebte die Kirche eine radikale Wandlung, sie suchte unter dem Impuls einer starken Reaktion gegen die ein Jahrhundert zuvor erfolgte Verweltlichung des Klerus neue Wege, eine neue Spiritualität. Anfänglich war es eine spontane Reaktion, eine Reform im spirituellen und monastischen Bereich. Eines ihrer größten Zentren war die burgundische Abtei Cluny; aber auch alle anderen vom Ortsbischof unabhängigen und direkt dem Heiligen Stuhl unterstehenden Abteien, die im 10./11. Jahrhundert blühten, öffneten sich dem Reformgedanken. Neben dieser von der Basis der kirchlichen Gesellschaft ausgehenden Bewegung traten Formen strengster Askese auf, die von den zunehmend häufigen Kontakten mit dem Orient (963 entstand das erste Athoskloster) beeinflußt waren sowie Erscheinungen heterodoxer Spiritualität, die ersten mittelalterlichen Häresien. In der Folgezeit ergriff der Kaiser die Initiative zur Kirchenreform und ließ, wie bereits erwähnt, Reformbischöfe zu Päpsten wählen. Zuletzt machte eine kämpferische Gruppe von – zumeist römischen – Kardinälen die Reform zu ihrer Sache. Sie waren zum größten Teil Ordensleute, erhoben das klösterliche Leben zum Vorbild für die ganze Kirche und konzentrierten die Leitung der gesamten abendländischen Christenheit in Rom. Diese »römische« Reform verbindet mit den Idealen einer Erneuerung und sittlichen Reinigung des religiösen Lebens auch die Behauptung des Primats Petri und eine grundlegende Reorganisation der Kirche nach hierarchischen Gesichtspunkten. Deshalb zog Ovidio Capitani für diese letzte Phase der Reform, die eigentlich römische Kirchenreform, den Begriff »Restauration« vor,[5] die Restauration einer Kirche, die die Struktur einer Lehnspyramide aufweist. Konnte man die Unterstützung, die Bonifaz, trotz all seiner Widersprüchlichkeiten, Persönlichkeiten wie dem Einsiedler Simeon von Polirone, Wido von Pomposa und Maurelius von Reims (der in seinem Auftrag die Badia in Florenz reformierte) bot, als Unterstützung der Ideale der Reformbewegung in ihrer monastischen Phase auffassen, so war die Förderung der Pataria durch Beatrix und Mathilde nur ein Element des engen Bündnisses, das sie mit Papst Gregor VII. schlossen, und dieses Bündnis war paradoxerweise viel »politischer« als das ihres Vorgängers.

Die Pataria war jedoch nicht nur eine auf Mailand beschränkte Bewegung. In Florenz, im Zentrum des Herrschaftsgebiets Gottfried des Bärtigen, trat sie noch viel entschiedener auf und riskierte dadurch, die positive Haltung der Herren von Canossa gegenüber den Idealen der Reform aufs Spiel zu setzen.

Florenz

Im Zusammenhang mit der Kirchenpolitik von Beatrix und Gottfried dem Bärtigen haben wir schon öfters von Florenz gesprochen. Diese Stadt war bis zum Aufstieg der Canossa nie von herausragender Bedeutung gewesen. Die großen Herzöge von Tuszien des 10. Jahrhunderts hatten Lucca zu ihrem Hauptsitz gewählt, das näher an den Apenninpässen lag und eine Etappe der Via Francigena oder Romea (je nachdem, ob man nach Frankreich oder nach Rom zog) bildete. Die mächtig gewordenen Canossa zogen jedoch Florenz vor und hatten ihren Hauptsitz in der Poebene fast völlig aufgegeben. Unter Gottfried dem Bärtigen wurde Florenz, worauf schon Davidsohn hinwies, die wichtigste Stadt der Toskana.[1] Wachstum und zunehmende Bedeutung verdankte Florenz seiner geographischen Lage im Zentrum des canossanischen Tusziens, deren Vorteile die Lage von Lucca und der anderen aufsteigenden Städte – wie etwa Arezzo und Pisa –, die ebenfalls in der Interessensphäre der Canossa lagen, bei weitem überwogen.

In Arezzo war Bonifaz' Bruder Tedald Bischof gewesen, der Guidos musikalische Neuerungen gefördert hatte, wie Donizo hervorhebt:

> »Musik und Gesang loben diesen Tedaldus,
> denn durch ihn wurden sie erneuert,
> für ihn schrieb sein Buch »Micrologus« Guido,
> der erfahrene Musiker, Mönch und ehrwürdige
> Eremit.«[2]

1058 unterstellte Beatrix das Kanonikerstift von Arezzo dem

Schutz der Canossa und hielt dort 1073 mit ihrem Schwiegersohn Gottfried dem Buckligen einen Gerichtstag ab, auf dem sie zugunsten der Aretiner Kanoniker entschied.

Zu Pisa war hingegen das Verhältnis der Canossa nicht ungetrübt und bot Zündstoff für eine Reihe von Konflikten. Die Stadt, die in den vergangenen Jahrzehnten dank ihres Hafens, der sie mit den Küsten und Inseln des tyrrhenischen Meeres verband, mehr als jede andere in Tuszien gewachsen war, zog die Canossa an und stieß sie gleichzeitig zurück. Donizo, der die folgenden Verse schrieb, als Pisa schon eine autonome Seemacht geworden war, schlägt apokalyptische Töne an, die Dantes Invektiven vorwegzunehmen scheinen:

> »Wer Pisa besucht, der sieht dort die Ungeheuer des Meeres,
> diese Stadt ist besudelt von Heiden, Türken, Libyern und Parthern,
> düstere Chaldäer streifen an ihren Küsten umher.«[3]

Donizo war es unbegreiflich, weshalb man »seine« Beatrix, Mathildes Mutter, in einer solchen Stadt begraben hatte. Offensichtlich hatte Pisa infolge seiner geographischen Lage für die Politik der Canossa an Bedeutung gewonnen. Von dort aus waren in den Jahren 1005, 1015–16, 1034 und 1064 militärische Expeditionen gegen die Sarazenen (die das tyrrhenische Meer bedrohten und sich in Korsika festgesetzt hatten) in See gestochen; an der letzten nahmen vermutlich auch bewaffnete Gefolgsleute der Canossa teil. Auf der Inschrift, die sich auf diese Flottenexpedition bezieht, ist zu lesen: »Alle brachen auf, Große, Leute mittleren Standes und auch die Niederen.«[4]

Die Canossa besaßen zudem in Pisas Umgebung einige Allodialgüter wie die Burg Papiana, die Mathilde 1103 dem Domkapitel für die Errichtung der neuen Kathedrale schenkte.

Florenz hatte unter diesen Städten eine zentrale Position und war der südlichste Vorposten, von dem aus die Canossa ihre Interessen, die sich auf Rom und das Papsttum richteten, betreiben konnten. Es war daher eine logische Folge, daß es in dem Augenblick, als sich die Canossa von einer nur regionalen Macht, die sie in der Poebene verkörpert hatten, zu einer Großmacht in Italien, man könnte sagen: in Europa, entwickelten, zum Hauptsitz der Dynastie wurde. Die Canossa hatten außerdem bereits seit der Zeit der Herzogin Richilde in Florenz selbst und in seinem Umland Allodialgüter. Zwar könnte es einen Schatten auf die Stadt werfen, daß in ihr Beatrix und Mathilde von Heinrich III. gefangengenommen wurden, andererseits war sie Sitz mehrerer Konzilien, beherbergte den mit den Canossa verbundenen Papst Stephan IX., der dort verstarb, und stellte in der Person ihres Bischofs Gerhard einen neuen Papst (Nikolaus II.).

Die Toskana war damals die Wiege verschiedener monastischer Reformen, die die Askese des Einsiedlerlebens mit der Sicherheit, die das Kloster bot, in Einklang zu bringen versuchten. Formen klösterlichen Eremitentums oder eremitischer Gemeinschaften fanden in der waldreichen Landschaft jener Region die besten Voraussetzungen und in der zu Extremen neigenden Mentalität ihrer Menschen die idealen Anregungen, um Fuß zu fassen und sich zu verbreiten. Der vom heiligen Romuald von Ravenna gegründete Camaldulenserorden, der vom heiligen Petrus Damiani ins Leben gerufene Orden von Fonte Avellana und die Vallombrosaner des heiligen Johannes Gualbertus waren die wichtigsten Gemeinschaften, die sich auf diesem ausgedehnten Gebiet im 10. und 11. Jahrhundert ausbreiteten. In Florenz selbst ließ sich ein Einsiedler namens Teuzo nieder, der der Lehrer von Johannes Gualbertus wurde und zahlreiche Anhänger unter den Einwohnern fand. Ihn griff Petrus Damiani mit harten Worten an, nannte ihn einen »städtischen Eremiten«, was er als absurde contradictio in adiecto verstanden wissen wollte, und sprach von »widerwärtiger Heiligkeit«. Eremiten, die in Städten lebten, waren jedoch damals keine Seltenheit: Es gab Asketen, die sich in einem Stadttor einmauern ließen, wie Simeon der Rekluse in Trier, genannt Simeon von der Porta Nigra, nach dem Tor, das er für seine Klause gewählt hatte; es gab auch Eremiten, die eine verfallene Kirche wieder aufbauten oder die ihre Zelle in entlegeneren Teilen der Städte errichteten, in denen nur wenige Wohnhäuser inmitten von Gärten und Ackerland standen, oder dort, wo in städtischen Zentren mit einer dichten Bausubstanz ein starker Bevölkerungsrückgang eingetreten war und nur einige Tausend Einwohner in Orten lebten, die Hunderttausende aufnehmen konnten.

In Florenz, wo der Bischofssitz durch die Erhebung des Gerardus/Gerhard zum Papst Nikolaus II. vakant geworden war, gelang es Markgraf Gottfried, in einer Zeit, als er sich noch nicht zwischen Honorius II. und Alexander II. entschieden hatte, den aus Pavia stammenden Petrus Mezzabarba, einen Anhänger des Gegenpapstes, zum Bischof wählen zu lassen. Er war bereits im April 1062 in sein Amt eingesetzt, als er Cadalus, der sich rüstete, Rom einzunehmen, Unterstützung leistete. Bischof Mezzabarba war sehr umstritten: Bereits unmittelbar nach seiner Wahl der Simonie verdächtigt, wurde er von den Vallombrosanermönchen heftig angegriffen. Andreas von Strumi, der sowohl die Vita des heiligen Arialdus als auch die des heiligen Johannes Gualbertus verfaßte, des Gründers dieses neuen Zweigs des Benediktinerordens, überliefert, Johannes sei von dem Eremiten Teuzo aufgefordert worden, gegen den neuen Bischof von Florenz den Vorwurf der Simonie zu erheben:

> »Als der Greis den festen Glauben und den Eifer des Johannes sah, freute er sich darüber und sagte zu ihm: ›Geh mit deinen Gefährten durch die Stadt und wenn du auf dem Marktplatz angelangt bist, ruf allen laut zu, daß der Bischof und der Abt Simonisten sind, und lauf dann weg!‹ Dieser Anweisung folgend, ging er an einem Markttag, an dem viele Leute zusammengeströmt waren, auf den Platz und schrie, daß der Bischof und der Abt Simonisten seien. Die Menge erschrak darüber sehr, und viele riefen: ›Laßt ihn nicht entkommen; schlagt ihn tot.‹ Einige seiner Angehörigen brachten ihn jedoch schnell vor der aufgebrachten Menschenmenge in Sicherheit und verhalfen ihm heimlich zur Flucht.«[5]

In Florenz herrschte also in den 60er Jahren des 11. Jahrhunderts eine ähnliche Atmosphäre wie kurz zuvor in Mailand, und der Papst entsandte Petrus Damiani (allerdings nicht als offiziellen Legaten) auch dorthin. Diesmal ging Petrus Damiani jedoch ganz anders vor als in der lombardischen Metropole: Als erstes verurteilte er die Praxis des »liturgischen Streiks«, also das Fernbleiben von Sakramenten, die von simonistischen Priestern oder von simonistischen Bischöfen geweihten Priestern gespendet wurden. Die Gültigkeit eines Sakraments, argumentierte Petrus Damiani und bekräftigte damit eine für das christliche Leben unabdingbare Wahrheit, sei von dem spendenden Kleriker unabhängig, denn sie werde vom Heiligen Geist garantiert. Außerdem stehe es nicht dem Mann von der Straße, sondern einzig und allein der Synode zu, die jetzt nach der Wahl Papst Alexanders II. alljährlich während der Karwoche tagte, zu entscheiden, ob sich ein Bischof der Simonie schuldig gemacht habe. Ferner empörte er sich darüber, daß nicht mehr Laien oder Vertreter des Weltklerus diesen Kampf anführten, sondern Mönche, die ganz andere Aufgaben zu erfüllen hätten. Die Florentiner waren darum überzeugt, daß Petrus Damiani auf der Seite von Bischof Mezzabarba stand. Sie verbreiteten sogar das Gerücht, nicht einmal die Priesterweihe, die Petrus Damiani selbst erhalten hatte, sei gültig und frei von Simonie, da sie ein simonistischer Bischof vorgenommen habe. So war er gezwungen, seine Mission abrupt abzubrechen. In der Fastenzeit des Jahres 1067 richtete er dann einen Brief an die Florentiner, in dem er seinen Standpunkt darlegte und alles erklärte, was er ihnen nicht persönlich hatte sagen können.

Zwei Faktoren bestimmten die Haltung des Petrus Damiani: das Scheitern der Mailänder Pataria, die blutig unterdrückt worden war, und seine Bindung zu den Canossa, Beatrix und Gottfried, die Bischof Mezzabarba unterstützten.[6]

Als man über die Frage, ob der Bischof von Florenz sich der Simonie schuldig gemacht habe, auf der Fastensynode des Jahres 1067 debattierte, wurde der Bischof aufgrund der Verteidigung durch Petrus Damiani freigesprochen, der den Vallombrosanern vorwarf, sie seien »Heuschrecken, die die grüne Ernte der Kirche fressen«, während Hildebrand als einziger in dieser Versammlung für den Orden des Johannes Gualbertus eintrat. Der Freispruch durch die römische Synode beruhigte aber keineswegs die Florentiner; auch Papst Alexander II., der im Sommer jenes Jahres persönlich nach Florenz kam, konnte die immer noch aufgebrachten Mönche nicht besänftigen. Im Gegenteil, nun trat auch ein großer Teil des städtischen Klerus auf ihre Seite.

Im Jahr 1067 war – wie man glaubte, als Folge des im Vorjahr erschienenen Kometen – eine große Hungersnot ausgebrochen, was dazu führte, daß sich die Gemüter noch stärker erhitzten und die Leidenschaften hoch aufflammten. Da entschlossen sich die Vallombrosaner, einen Rechtsbrauch wiederaufleben zu lassen, den die bürgerliche und die kirchliche Gesetzgebung schon längst verworfen hatten und der daher nicht mehr üblich war, obwohl er immer noch eine faszinierende Wirkung auf die Menschen ausübte: das Gottesurteil. Mit vielen Gebeten, die Gott günstig stimmen sollten und durch eine aufwendige Propaganda wurde die Feuerprobe sorgfältig vorbereitet, die darin bestand, über glühende Kohlen zu schreiten. Für diese Aufgabe wählten die Vallombrosaner einen jungen Mönch aus ihrer Gemeinschaft, der – ebenso wie der der Simonie angeklagte Bischof – den Namen Petrus trug. Sollte es diesem Mönch gelingen, die vorher festgelegte Strecke auf der Kohlenglut zurückzulegen, ohne Schaden zu nehmen, dann wäre der Beweis erbracht, daß Gott ihre Anklage bestätigte, der Bischof von Florenz sei ein Simonist, der seines Amtes enthoben werden müßte. Am 13. Februar 1068, einem Aschermittwoch, an dem das Gottesurteil stattfinden sollte, hatte sich eine riesige Menschenmenge beim Kloster in Settimo Fiorentino eingefunden:

»Das Volk schichtete rasch zwei parallele Holzstöße auf, die je zehn Fuß lang, fünfeinviertel Fuß breit und viereinhalb Fuß hoch waren. Sie waren eine Elle voneinander entfernt und bildeten einen Durchgang, auf dessen Boden eine Schicht von trockenem, gut brennbarem Holz gelegt wurde. Um einen guten Ausgang des Gottesurteils zu erbitten, wurden Psalmodien und Litaneien angestimmt und der Himmel mit Gebeten bestürmt. [...] Schließlich wurde die Menge aufgefordert, still zu sein. Man bat uns, aufmerksam zuzuhören und uns über den Grund dessen klar zu werden, was nun vor sich gehen sollte. [...] Als sich die beiden Holzstöße fast völlig in glühende Kohlenhaufen und der Durchgang zwischen ihnen in eine Schicht von brennender Glut verwandelt hatten, in der, wie es sich während des Gottesurteils herausstellte, die Füße bis zum Knöchel einsanken, sprach der Priestermönch auf Befehl des Abtes inmitten von etwa dreitausend Menschen, die seinen Worten aufmerksam und voll Rührung lauschten, mit lauter Stimme folgendes Gebet: ›Herr Jesus Christus, wahres Licht aller, die an dich glauben: Wenn es zutrifft, daß Petrus aus Pavia, der sich Bischof von Florenz nennt, den Florentiner Sitz mittels Geld, also durch die simonistische Ketzerei, usurpiert hat, komm mir rasch zu Hilfe in dieser furchtbaren Prüfung, du Sohn des Ewigen Vaters, mein Heil, und bewahre mich durch ein Wunder vor allen Verbrennungen und Brandwunden!‹ [...] Nach dem ›Amen‹ der Anwesenden schlägt der Priester das Kreuz, das Zeichen des Heils, über das lodernde Feuer, ergreift das Kreuz Christi und schreitet, den Blick auf das Kreuz gerichtet, ohne sich um die Flammen zu kümmern, seelenruhig und heiteren Angesichts langsam und feierlich durch die Flammen. Durch Jesus Christus blieb sein Körper und alles, was er an sich trug, wunderbarerweise unversehrt. Die emporzüngelnden Flammen umhüllten ihn von allen Seiten, durchdrangen seine Leinenkutte und blähten sie auf, hinterließen aber, entgegen ihrer Natur, keine Verbrennungen. Auch die Haare auf den Füßen, die mit der Glut in Berührung gekommen waren – o wunderbare Macht des Herrn, o wundervolle Güte Christi! –, blieben von der Gewalt des Feuers verschont. Die Flammen, die den Mönch umhüllten, drangen in seine Kopfhaare, ließen sie in alle Richtungen flattern und konnten trotzdem nicht eines von ihnen versengen. Diese Flammen, die ihn von allen Seiten einhüllten, taten dies, um die wunderbare Macht des Heilands zu zeigen, nicht ihre eigene, verzehrende Kraft. Sie brannten nicht, weil sie das Feuer des katholischen Glaubens spürten. [...] Als er aus der Glut herauskam, wollte er umkehren und die Probe fortsetzen, aber das Volk bemächtigte sich seiner und küßte voll Begeisterung seine Füße. Die Freude war so groß, daß sich jeder glücklich fühlte, wenn er nur den Saum seines Gewandes küssen konnte.«[7]

Auf diese Weise wurde die Schuld von Petrus Mezzabarba feierlich bewiesen. Nachdem die römische Synode am 31. März 1068 seine Absetzung beschlossen hatte, mußte er sein Florentiner Bistum verlassen. Er blieb jedoch nicht allzu lange von Florenz fern, denn im Juli desselben Jahres wurde er auf Drängen der Markgräfin Beatrix wieder in sein Amt eingesetzt.

Diese Begebenheit und die von den Canossa und Petrus Damiani dabei eingenommene Haltung, die im Widerspruch zum Standpunkt war, den sie in ähnlichen Situationen früher vertreten hatten, machen deutlich, daß hier zwei verschiedene Auffassungen des Reformgedankens aufeinanderprallten: Auf der einen Seite standen diejenigen, die sich – wie die Vallombrosaner – die Reform ausschließlich auf einer geistigen Ebene vorstellten und sie auf eine radikale und kompromißlose Weise verwirklichen wollten; auf der anderen Seite diejenigen, die versuchten, sie mit Realitätssinn einer Situation anzupassen, die immer komplexer wurde, wie die Kämpfe, aus denen Papst Alexander II. als Sieger über den Gegenpapst Honorius II. hervorgegangen war, und die Krise der Pataria gezeigt hatten. In diesem Augenblick war es nicht ratsam, die Massen zu mobilisieren und spektakuläre Aktionen durchzuführen. Daher galten die Vallombrosaner als gefährlich und wurden unter Kontrolle gehalten.

Petrus Mezzabarba versuchte als erster, sich ihnen entgegenzustellen und wollte Johannes Gualbertus sogar umbringen lassen, wie aus der zitierten Quelle hervorgeht, aber auch Markgräfin Beatrix selbst wollte Johannes Gualbertus entführen und aus Florenz fortschaffen lassen:

»Als die Bewaffneten auf Befehl der Gräfin Beatrix kamen, um ihn zu entführen und ihn, ob er wollte oder nicht, wegen seiner Heiligkeit von Tuszien in die Lombardei zu bringen, hatte er bereits von ihrem Vorhaben erfahren und ließ in der Kirche inbrünstige Gebete zum Herrn emporsteigen. Da brach ein so heftiges Unwetter los, mit Regen, Sturm und wütenden Donnerschlägen, daß die Bewaffneten, von denen wir sprachen, nur mit Müh und Not sich retten konnten und zurückkehrten.«[8]

Aber es war nicht mehr die Zeit für Extremlösungen. Den Reformanhängern war es gelungen, »ihren« Papst, Alexander II., durchzusetzen. Nun mußte von Rom aus die Erneuerung der Kirche vorangetrieben werden, zu deren Programm auch die Absetzung der simonistischen Bischöfe gehörte. So wurde noch im gleichen Jahr in Ferrara Bischof Samuel seines Amtes enthoben und statt seiner der Reformer Gratianus eingesetzt. Auf keinen Fall durfte jedoch dadurch das Bündnis zwischen dem Papsttum und den Canossa auseinanderbrechen, der einzigen Macht, auf die der Papst in jenen Jahren mit Sicherheit zählen konnte, als Rom von einer neuen Gefahr bedrängt wurde, den Normannen.

Diese hatten sich seit einigen Jahrzehnten in Unteritalien festgesetzt und bedrohten in wiederholten Streifzügen die Ländereien der Kirche im südlichen Latium. Robert Guiscard, der vom Papst schon beträchtliche Konzessionen erhalten hatte, führte 1066 sein Heer bis vor die Mauern Roms in der Absicht, seiner Forderung nach dem Titel eines »Patricius romanus« Nachdruck zu verleihen, der eigentlich nur dem Kaiser zustand. Alexander II. wandte sich an Gottfried den Bärtigen um Hilfe. Dieser setzte von Pisa aus ein Heer in Richtung Rom in Marsch und traf im Frühjahr 1067 dort ein, vermutlich in Begleitung Mathildes. Die Normannen hatten jedoch das Feld schon geräumt. Kurz danach nahmen sie wieder die früheren guten Beziehungen zu Alexander II. auf.

Mitte des Jahres berief der Papst also eine Synode nach Melfi ein, auf der er die simonistischen Bischöfe Unteritaliens absetzte und von Robert Guiscard den Treueid erhielt, wobei er, einigen Quellen zufolge, die Investitur des Normannenherzogs wiederholte.

Eines der Hauptprinzipien der Politik der Canossa, das durch eine lokale Angelegenheit nicht gefährdet werden durfte, war die Unterstützung des Papstes, der unter anderem seinen Bischofssitz in Lucca, einer Stadt ihres Herrschaftsgebiets, beibehielt. Petrus Mezzabarba erkannte (oder wurde von anderen dazu bewogen), daß es für ihn daher besser wäre, das Feld zu räumen, und zog sich in die Reichsabtei Pomposa zurück. Von seinen letzten Lebensjahren ist nichts bekannt. Der Papst ernannte Rudolfus von Todi zum neuen Bischof von Florenz, der die Ideen des Vallombrosaners Johannes Gualbertus vertrat.

Der Bucklige

Mathildes Vermählung mit ihrem Stiefbruder Gottfried stand schon seit langem fest. Wahrscheinlich war sie bereits bei der Eheschließung ihrer Eltern beschlossen worden, als Mathilde noch keine zehn Jahre alt war. Die beiden jungen Leute trafen einander vermutlich bei mehr als einer Gelegenheit – etwa als die beiden Frauen des Hauses Canossa von Heinrich III. in Haft genommen und als Gefangene nach Deutschland gebracht wurden, oder als der junge Gottfried 1067 seinen Vater nach Italien begleitete, wie Bonizo berichtet –, und es ist anzunehmen, daß sie als Kinder auch miteinander gespielt haben. Versucht man, sich zu vergegenwärtigen, wie die Kinder des Adels im Mittelalter lebten, so muß man bedenken, daß die soziale Rolle und die Konventionen die kindliche Spontaneität einschränkten und daß die Geistlichkeit einen starken Einfluß auf die Erziehung nahm. War bei den adligen Knaben dieser Einfluß durch die Präsenz anderer Erzieher wie Fechtmeister, Reitlehrer usw. abgeschwächt, so prägte er die Erziehung der Adelstöchter nahezu ausschließlich.

Mit dem Übergang in die Adoleszenz gestalteten sich die Beziehungen zwischen den Geschlechtern noch förmlicher. Man darf sich aber nicht vorstellen, daß Mathilde und Gottfried der Bucklige eine Verlobungszeit hatten. Durch das von den Eltern abgelegte Eheversprechen, die *desponsatio*, waren die beiden faktisch bereits vermählt. Zum Inkrafttreten der Ehe fehlten nur noch die körperliche Reife (die bei den Mädchen nicht einmal Bedingung war) und eine günstige Gelegenheit. Diese Gelegenheit kam bald, aber nicht eben unter glücklichen Begleitumständen.

Das *Chronicon* des Ardennenklosters Saint-Hubert, das ein Mönch Anfang des 12. Jahrhunderts verfaßte, liefert die wichtigsten Anhaltspunkte, um die Vorgeschichte dieser Hochzeit zu rekonstruieren: »Herzog Gottfried war in Italien erkrankt, und man hatte ihn nach Bouillon gebracht. Den Tod vor Augen, sandte er voll Demut zu Abt Theoderich und bat, er möge ihn besuchen.«[1] Dann beginnt der Verfasser der Klosterchronik ein langes Kapitel, in dem er die engen Beziehungen beschreibt, die in jenen Monaten zwischen der Abtei Saint-Hubert und dem sterbenskranken Gottfried bestanden, der um seines Seelenheils willen das von ihm gegründete Kloster mit reichen Schenkungen ausgestattet habe. Um diesen Schenkungen – darunter ein Elfenbeinkästchen mit Reliquien, das aus dem Besitz des Markgrafen Bonifaz von Canossa stammte – größere Wirksamkeit zu verleihen, habe der Markgraf die Zustimmung seiner Gemahlin Beatrix, seines Sohnes Gottfried und dessen Braut Mathilde eingeholt, berichtet der Mönch und fährt dann verärgert fort, Gottfried der Bucklige habe den Wunsch seines Vaters nicht respektiert. Gottfried der Bärtige kehrt also krank in seine lothringischen Länder zurück, zuerst nach Bouillon, dann nach Verdun. Als sich sein Zustand verschlimmert, ruft er seine ganze Familie, den italienischen und den lothringischen Teil, zu sich. Sobald sein Sohn Gottfried und seine Stieftochter Mathilde bei ihm eingetroffen sind, läßt er ihre Hochzeit ausrichten, um seine Nachfolge in den beiden Herrschaftsgebieten, Lothringen und Toskana-Poebene, vor seinem Hinscheiden zu regeln, vielleicht in der – wohl nicht unbegründeten – Befürchtung, daß nach seinem Tod das Eheversprechen nicht eingehalten werde.

Einer Anordnung Papst Alexanders II. nachkommend – vielleicht, weil er und Beatrix ihr Enthaltsamkeitsgelübde nicht eingehalten hatten –, trifft er auch die Verfügung, zwei Klöster zu gründen, in Lothringen die Abtei Orval, in Italien die Abtei Frassinoro.

Der Markgraf stirbt am Heiligen Abend des Jahres 1069. Sein Sohn Gottfried der Bucklige erbt seine Reichtümer und seine Macht. Zur Festigung seiner Position und besseren Kontrolle seiner Besitztümer und Herrschaften hält er sich weiter in Lothringen auf. Während Beatrix nach Italien zurückkehrt, um sich um die Angelegenheiten ihres Hauses zu kümmern, bleibt Mathilde bei ihrem Ehemann.

Man weiß nicht, ob die körperlichen Mängel ihres Mannes, den Lampert von Hersfeld als tapferen, aber kleinwüchsigen und buckligen Jüngling beschreibt, die junge Mathilde abgestoßen haben. Aber auch hier muß man darauf achten, das Verhältnis zwischen den beiden nicht bloß auf eine Mann–Frau–Beziehung zu reduzieren. Als Adlige und Machthaber waren sie an die Rolle, die sie in der Gesellschaft ihrer Zeit spielten, gebunden, und ihr Zusammenleben und ihre eheliche Gemeinschaft hatten in erster Linie den Zweck, die Nachfolge im Herzogtum Lothringen zu sichern. Im Lauf des Jahres 1070 wurde Mathilde aller Wahrscheinlichkeit nach schwanger. Dieses Ereignis fand auch am Kaiserhof Resonanz, denn wir lesen in einem Diplom Heinrichs IV. vom 9. Mai 1071: »wenn nicht der Herzog [Gottfried], so sein Erbe«[2]. An diesem Datum nahm man also auf einen Erben Bezug – wenn es sich dabei nicht nur um eine Kanzleiformel handelt. Am 29. August desselben Jahres gründete Mathildes Mutter Beatrix im Modenesischen Appenin das Kloster Frassinoro und stattete es mit einem ansehnlichen Patrimonium aus, »für das Heil meiner Seele, der Seele des verstorbenen Markgrafen und Herzogs Bonifaz, meines früheren Ehegemahls, und für die Unversehrtheit und die Seele meiner geliebten Tochter Mathilde, und für das Seelenheil des verstorbenen Herzogs Gottfried, meines Gemahls, und für das Seelenheil der verstorbenen Beatrix ›neptis meae‹ [lat. neptis = Nichte oder Enkelin].«[3]

Die Forschung hat in der hier genannten Beatrix eine Tochter der Schwester von Beatrix von Lothringen, Sophia, sehen wollen, ohne zu bemerken, daß diese Nichte Beatrix erst 1092 starb, also einundzwanzig Jahre nach der Gründung von Frassinoro, bei der eine Beatrix ›neptis‹ als verstorben erwähnt wird. Ich selbst bin zu dem Schluß gekommen, daß es sich bei dieser

Beatrix um die gleichnamige Enkelin von Mathildes Mutter, also um die Tochter Mathildes handelt. Zu diesem Schluß – einer echten Entdeckung – haben mich verschiedene Überlegungen geführt: Die Personen, für deren Seele Markgräfin Beatrix eine so bedeutende Stiftung vornimmt, sind nur die engsten Verwandten: die beiden verstorbenen Ehemänner und die Tochter. Der Name Beatrix kommt in der Familie der Mutter – mit der Mathilde eng verbunden war – und bei den Canossa selbst häufig vor. Mathildes früh verstorbene Schwester hieß ebenfalls so. Man könnte nun einwenden, der Ausdruck »neptis« sei eine Verschreibung für »filia« [Tochter], und die Markgräfin wolle an ihre eigene Tochter Beatrix erinnern. Aber der Name dieser Tochter begegnet üblicherweise in Verbindung mit dem Namen ihres gleichfalls jung verstorbenen Bruders Friedrich. Es ist daher nicht einzusehen, weshalb die Mutter in der Gründungsurkunde des Klosters Frassinoro nur an die kleine Tochter und nicht an den Sohn gedacht haben soll. Für das Seelenheil dieser in zartem Alter verstorbenen Kinder hatte Beatrix außerdem bereits 1053 die Abtei Felonica mit einer großen Schenkung ausgestattet.

Aus diesen und anderen Gründen – aufgrund der Untersuchung der Urkunde, die sich in Mailand im Staatsarchiv (Chartular des Klosters San Benedetto Polirone) befindet und einem Vergleich mit zeitgenössischen Stammbäumen – und weiteren Indizien bin ich zu der Ansicht gekommen, daß die Ende August 1071 als Verstorbene genannte Beatrix das Kind Mathildes ist, auf deren Schwangerschaft Anfang Mai hingewiesen wird.[4] Hier meine Rekonstruktion der Ereignisse: Wir finden Mathilde Ende 1069 mit ihrer Mutter am Sterbebett des Stiefvaters; vor dessen Tod heiratet sie seinen Sohn. Anfang des folgenden Jahres kehrt Beatrix nach Italien zurück und führt am 25. Mai 1070 den Vorsitz bei einem Gerichtstag in Florenz; Mathilde ist mit ihrem Ehemann in Lothringen verblieben und wird im Herbst schwanger; etwa im Frühsommer 1071 bringt Mathilde ein Mädchen zur Welt, das sie Beatrix nennt, mit einem in ihrer Familie häufigen Namen, den auch ihre Mutter trägt, nach der sie sich wahrscheinlich sehnt. Die Niederkunft war wohl nicht leicht – im Mittelalter war eine Geburt oft schwierig und gefährlich –, und die kleine Beatrix starb wahrscheinlich bald darauf.

Daß Mathilde die Ehe vollzogen hat, wird durch Bischof Rangerius von Lucca bezeugt, der in einem Gedicht, das Mathildes Ratgeber Anselm gewidmet ist, schreibt:

> »Kaum hatte sie die verderblichen Freuden des
> schwachen Fleisches erfahren,
> schauderte sie davor zurück und empfand Scham.
> Sie konnte sich nicht, wie sie es gewollt hätte, für
> ihren ersten Bräutigam bewahren,
> und ergab sich, noch als ganz junges Mädchen,
> ihrem Mann.
> Die Worte der Mutter, die Macht einer bedeuten-
> den Familie
> hinderten sie an ihrem frommen Vorsatz.
> Aber als der Herr sie von der Mutter und von
> ihrem Mann trennte,
> beschloß sie, einzig und allein sich Gott zu
> weihen.«[5]

Wieviel Mathilde damals gelitten hat, läßt sich aus der Sorge ihrer Mutter Beatrix um die Erhaltung des Lebens (die »Unversehrtheit«) ihrer Tochter erkennen, die in der Gründungsurkunde von Frassinoro zum Ausdruck kommt. Es ist ein ungewöhnliches Wort, dieses *incolumitas*, in einer mittelalterlichen Urkunde. Aber hier kehrt es mehrmals wieder und weist auf die Angst hin, die Beatrix um ihre Tochter hat, die weit weg von ihr ist und in einer feindseligen Umgebung leben muß, wie Beatrix wohl während ihres Aufenthalts in Lothringen selbst erfahren hat. Mathilde befand sich in Gefahr zum einen wegen ihrer durch die schwere und unglückliche Entbindung angegriffenen Gesundheit und zum anderen, weil sie ihrem Gemahl nicht den Erben geschenkt hatte, der die Fortdauer der Familie garantieren sollte – die Hauptaufgabe einer Ehefrau im Mittelalter, vor allem in den Familien der Oberschicht.

Für Mathilde war es eine schreckliche Zeit. Sobald es ihr die Umstände erlaubten, floh sie vor ihrem Mann zu ihrer Mutter, bei der wir sie am 19. Januar 1072 in Mantua antreffen.[6]

Ein entsetzlicher Tod

»Herzog Gottfried von Lothringen, der sich in Antwerpen, an der Grenze zwischen Lothringen und Flandern aufhielt, wurde auf heimtückische Weise ermordet, vermutlich auf Anstiften Graf Roberts von Flandern. Als der Herzog nachts, als alles schlief, von einem menschlichen Bedürfnis getrieben, den Abtritt aufsuchte, stieß ihm ein Meuchelmörder, der draußen auf ihn gelauert hatte, sein Schwert zwischen die Gesäßbacken, ließ es in der Wunde stecken und lief rasch davon. Gottfried siechte noch eine Woche dahin und starb dann am 27. Februar [1076]. Er wurde in Verdun neben seinem Vater beigesetzt. Er war eine große und kraftvolle Stütze des deutschen Reichs, denn obwohl er wegen seines Kleinwuchses und seines Buckels wenig achtunggebietend erschien, übertraf er die anderen Fürsten bei weitem durch die Fülle seines Ruhms und sein riesiges und starkes Heer, durch seine Reife und Klugheit und die ein Leben lang eingehaltene Mäßigung.«[1]

So schildert Lampert von Hersfeld den Tod Gottfrieds des Buckligen, der an allen europäischen Fürstenhöfen der damaligen Zeit Aufsehen erregte und von vielen anderen Chronisten und Schriftstellern in verschiedenen Varianten überliefert wurde. Diese weichen in wichtigen Einzelheiten von Lamperts Darstellung des so unrühmlichen wie ungewöhnlichen Endes ab, sowohl im Hinblick auf die Stadt, in der der Anschlag verübt wurde, als auch auf die Hintergründe des Mordes. Es gab sogar Stimmen, die Mathilde dieses Verbrechens bezichtigten:

»Im Glauben, daß ihre beiden Geschwister vom tückischen Heinrich IV. umgebracht worden seien und sich als einzige Überlebende betrachtend, verbündete sich Gräfin Mathilde mit Gregor VII., indem sie, listiger als die Schlange, die unsere Voreltern in Gottes Paradies verführte und betrog, nicht mit den Waffen, sondern mit geschickten Täuschungen vorging. Sie, die vor kurzem als Jungfrau die Ehe mit Gigon [Gottfried], einem äußerst klugen Mann und Herzog der Normandie eingegangen war, bereute es nach wenigen ruhigen Jahren, daß er als Herr über ihr Herrschaftsgebiet herrschte, und ließ ihn mit Hilfe einer treuen Dienerin insgeheim ermorden: Als er auf dem Abtritt saß, stieß man ihm ein Schwert in das Gesäß. Sie wollte nämlich die Herrschaft über ihre Grafschaft, die fast die ganze Toskana bis Rom umfaßte, allein ausüben.«[2]

Diese realistische Schilderung stammt von dem Mailänder Geschichtsschreiber Landulfus Senior, der ein erbitterter Feind der Pataria und ihrer Anhänger war, zu denen auch Mathilde zählte. Da er also ein Gegner Mathildes war, ist seine Aussage parteiisch und die Anklage, die er gegen die Markgräfin erhebt, nicht glaubwürdig. Aber in der Darstellung der Art und Weise, in der dieser brutale Mord geschah, stimmt seine Version mit der Lamperts, eines Anhängers des Papstes, überein, so daß wir uns den Hergang des Verbrechens wirklich so vorstellen müssen.

Gewalttätigkeit, Blutdurst, spektakuläre, scheinbar grundlose Mordtaten sind in gewissem Sinn für das Mittelalter kennzeichnend, ein Mittelalter, das von rohen, ungeschliffenen Menschen bevölkert war, die von barbarischen Völkerschaften abstammten, deren Sprachen, Gebräuche, Sitten und oft auch Mentalität sie beibehalten hatten – eine Mentalität, die von starkem Symboldenken beherrscht war, dem Wunsch, Symbole in die Realität umzusetzen, sie sichtbar, faßbar zu machen. Dies äußert sich im positiven (Wunder, Gottesurteil) wie auch im negativen Sinn wie bei diesem Mord, der ein kurzes, unglückliches Leben jäh beendete.

Nachdem Mathilde in die Toskana zu ihrer Mutter zurückgekehrt war, versuchte Gottfried alles mögliche, um sich mit ihr auszusöhnen, hatte aber keinen Erfolg mit seinen Bemühungen.

Im Herbst 1072 kam Gottfried nach Italien und schenkte Mathilde ein Reliquienkästchen aus dem Besitz Bonifaz' von Canossa, das sie nach Lothringen gebracht hatte, als sie mit ihrer Mutter an das Krankenbett des Stiefvaters geeilt war und man anschließend ihre Hochzeit gefeiert hatte. Gottfried der Bärtige hatte es vor seinem Tod zusammen mit anderen Gütern an die Abtei Saint-Hubert verschenkt. Sein Sohn, der im Streit mit Abt Theoderich lag, hatte das Kästchen wieder in seinen Besitz gebracht. Als Mathilde nun verlangte, er solle es ihr zurückgeben, brachte Gottfried ihr das Reliquienkästchen nach Italien in der Hoffnung, sie damit wieder für sich einzunehmen. Welche Wirkung diese Geste gehabt haben mag, ist nicht bekannt. In den überlieferten Urkunden agieren die beiden allerdings nie gemeinsam; außerdem schreibt der Chronist von Saint-Hubert, Mathilde habe ihrem Gemahl während seines Aufenthalts in Italien, der fast ein Jahr dauerte,[3] die »maritalem gratiam« verweigert. Es gibt jedoch historische Gründe, weshalb Mathilde in diesen Urkunden nicht erwähnt wird: Die legitimen Erben der canossanischen Herrschaft in der Emilia und Toskana waren Beatrix als Witwe des Bonifaz von Canossa und Gottfried der Bucklige als Sohn Gottfrieds des Bärtigen. Mathilde besaß zu jener Zeit keine Rechtstitel, aufgrund derer sie in privaten und öffentlichen Urkunden in Erscheinung treten konnte. Es ist also nicht verwunderlich, wenn in drei toskanischen Urkunden aus dem Jahr 1073 Beatrix von Lothringen und Gottfried der Bucklige gemeinsam agieren, während Mathilde darin nicht erwähnt wird.

Zu der Zeit, als sich Gottfried der Bucklige in Italien aufhielt, fand ein für Mathildes persönliche Geschichte und für die gesamte Christenheit äußerst wichtiges Ereignis statt: die Papstwahl Gregors VII. Am 28. April setzte der neue Papst Markgraf Gottfried von seiner Wahl in Kenntnis. Wahrscheinlich hat Gottfried ihn daraufhin beglückwünscht und ihn gleichzeitig gebeten, ihm bei seinen ehelichen Schwierigkeiten zu helfen, denn Gregor VII. versicherte ihm in einem Schreiben vom 6. Mai, er werde sich der Probleme, die er mit Mathilde habe, annehmen. Gottfried blieb mit Sicherheit bis zum August jenes Jahres in Italien. Dann kehrte er nach Lothringen zurück, ohne jedoch seine Versuche, sich mit seiner Frau zu versöhnen, aufzugeben.

Zwei Anfang 1074 datierte Briefe des Papstes an Mathilde sind erhalten, die wahrscheinlich von dem Wunsch diktiert sind, die Probleme des Herzogs von Lothringen und der Gräfin von Canossa zu lösen. Der am 3. Januar datierte erste Brief ist lediglich eine – zweifellos mit Dringlichkeit vorgebrachte – Einladung an Mathilde, sich nach Rom zu begeben. Die Sache ist offensichtlich zu heikel, um in einem Brief erörtert zu werden. Das zweite Schreiben vom 16. Februar 1074 bringt die Sorgen und Gefühle eines geistlichen Vaters zum Ausdruck:

»Bischof Gregor, Diener der Diener Gottes, Mathilde, seiner geliebten Tochter in Christo, Heil und apostolischen Segen. Wie sehr ich mir um dich Sorgen mache und um dein Wohl bemüht bin, weiß nur Er allein, der ins Innere des Herzens sieht und es besser kennt, als ich selbst. Wenn du darüber nachdenkst, so wirst du, wie ich meine, einsehen, weshalb es notwendig ist, daß ich für dich nun ebenso Sorge trage, wie ich dich in christlicher Liebe zurückhielt, jene zu verlassen, um dich nur dem Heil deiner Seele zu widmen. Denn die Liebe, wie ich oft sagte und weiterhin sagen werde, indem ich denen folge, die im Himmel wohnen, sucht ihren Vorteil nicht [Korinther, 13,5]. Da ich aber unter den anderen Waffen, die ich dir gegen den Fürsten der Welt zeigte, mit Hilfe Gottes dich anwies, häufig den Leib des Herrn zu empfangen und dich ganz dem sicheren Schutz der Muttergottes anzuvertrauen, will ich dich in diesem Brief darüber belehren, was der heilige Ambrosius über den Empfang des Herrenleibes sagt.«

Danach folgt eine Reihe moraldidaktischer Passagen, die beweisen sollen, daß die Welt verdorben ist und die Eucharistie hilft, den Sieg über sie zu gewinnen. Im zweiten Teil des Briefes stellt Gregor VII. Mathilde das Vorbild der hl. Maria vor Augen und fordert sie in ihrem Namen auf, sich in ihr Geschick zu fügen:

»Über die Mutter des Herrn, unter deren besonderen Schutz ich dich gestellt habe und nie aufhören werde, ihn für dich zu erbitten, bis zu dem Tag, an dem wir sie sehen werden, wie wir es uns ersehnen, was soll ich dir über sie sagen, über sie, die Himmel und Erde, so unwürdig sie ihrer auch sind, ohne Unterlaß lobpreisen? Jedenfalls sollst du dessen gewiß sein: So wie sie erhabener und heiliger ist als jede Mutter, so ist sie auch nachsichtiger und milder den reuigen Sündern und Sünderinnen gegenüber. Mach also ein Ende mit dem Wunsch, zu sündigen, wirf dich ihr zu Füßen und vergieß aus demütigem Herzen Tränen der Reue!«[4]

Was sollte Mathilde bereuen? Doch wohl, daß sie sich von ihrem Mann getrennt hatte. Gregor VII. forderte sie indirekt auf, Gottfried gegenüber größere Nachsicht und Milde walten zu lassen, auch wenn er gefehlt hatte, gerade weil Mathilde, wie Maria, erhabener und edler sei als die anderen Menschen. Eine Versöhnung zwischen Gottfried und Mathilde hatte für den Papst große Bedeutung, versuchte er doch den Lothringer zum Verbündeten zu gewinnen, um die Normannen besser unter Kontrolle halten zu können. Deshalb übte er auf die junge Markgräfin Druck aus. Aber Mathilde blieb unbeugsam. Die kaum Dreißigjährige zeigte sich ihrem Mann gegenüber, der trotz seiner Mißbildung auch die Achtung nicht eben kaisertreuer Annalisten wie Lampert genoß, abweisend und kalt.

Für die den Canossa nahestehenden mittelalterlichen Chronisten war Mathildes Haltung der Beweis für ihre Berufung zum Klosterleben, zu einem Leben in Keuschheit. Durch sie ist der Mythos von einer Frau entstanden, die den Schwächen des Fleisches nicht erlag; gleichzeitig hat man dafür – wie unlängst auch Lino Lionello Ghirardini – die körperlichen Mängel des armen Gottfried verantwortlich gemacht. Man muß aber Gottfried zumindest zugute halten, daß er ehrlich bemüht war, die Einigkeit in seiner Familie zu bewahren und ihre Macht nicht zu zersplittern. Mathildes Unbeugsamkeit kann andererseits nicht allein dadurch erklärt werden, daß sie gegen ihren Willen mit einem kleinwüchsigen, buckligen und – nach Meinung einiger Historiker – mit einem Kropf behafteten Mann verheiratet worden war. In Wahrheit brauchten die beiden Herrinnen von Canossa nun nicht mehr den Schutz eines mächtigen Kriegsmannes – im Unterschied zu damals, als Beatrix Gottfried den Bärtigen geheiratet hatte. Sie genossen jetzt einen viel mächtigeren, aber mit Takt und Rücksichtnahme ausgeübten Schutz durch die Kirche und deren Oberhaupt. Daher war es für sie günstiger, daß die Ehegatten getrennt blieben und daß sich Gottfried der Bucklige nicht in die Verwaltung ihrer Herrschaftsgebiete einmischte. Das sind die einleuchtenden »politischen« Gründe, die dem Historiker ins Auge springen, da die menschlichen Beweggründe in den historischen Quellen nicht aufscheinen.

Unter diesen Voraussetzungen ist es verständlich, daß sich das Verhältnis zwischen den Eheleuten ständig verschlechterte. Mathilde versöhnte sich nicht mehr mit ihrem Mann, und dieser näherte sich immer stärker Heinrich IV. In einem Brief vom 11. September 1075 schrieb Gregor VII. den Markgräfinnen Beatrix und Mathilde, daß die Schwüre Gottfrieds des Buckligen nicht mehr glaubwürdig seien: »In bezug auf den Rat, den ihr von uns erbittet, was ihr Gottfried antworten sollt, sind wir unschlüssig, denn er hat eindeutig den Eid gebrochen, den er euch geleistet hatte, und wir sind daher nicht mehr geneigt, an seine Versprechungen zu glauben.«[5] Der Bruch war endgültig. Daß sich Gottfried nunmehr politisch vom Papst entfernt hatte, ist aus der Tatsache zu ersehen, daß er am 24. Januar 1076 in Worms unter denjenigen war, die Gregor VII. für abgesetzt erklärten und ihm sogar eine Liebesbeziehung mit Markgräfin Mathilde unterstellten: Mit dieser »Frau eines anderen« habe der Papst »näheren Umgang und wohne mit ihr in größerer Vertrautheit zusammen, als es sich geziemt hätte.«[6]

Einen Monat später fand der Bucklige ein schreckliches Ende. In wessen Auftrag handelte der grausame Meuchelmörder? Welche Symbolhaftigkeit verbarg sich hinter diesem furchtbaren Tod? Mathilde und Gregor VII. waren sicherlich nicht seine einzigen Feinde und nicht die einzigen, die aus seinem Tod Vorteil ziehen konnten: Wie bereits erwähnt, beschuldigte Lampert von Hersfeld Robert von Flandern; manche sahen in Balduin von Hennegau den Drahtzieher des Verbrechens; nur Landulfus Senior klagte Mathilde an. Die Mönche der von Gottfrieds Vater gegründeten Abtei Saint-Hubert sahen diesen Tod als eine gerechte Strafe Gottes an, da ihnen der Bucklige verschiedene von Gottfried dem Bärtigen dem Kloster testamentarisch hinterlassene Güter verweigert hatte. Einen besonderen Grund, sich über diesen Tod zu freuen, hatte Gottfried von Bouillon – der Mann, der Ende des Jahrhunderts den Ersten Kreuzzug anführen sollte –, denn er war der designierte Nachfolger des Herzogs. Betrachten wir aber den Hergang dieses Verbrechens, über den in der Forschung Übereinstimmung herrscht, so bieten sich auch Schlußfolgerungen an, die uns eher von den Regionen der hohen Politik wegführen. Eine niederträchtige, von einem Meuchelmörder vollführte Tat (oder von einem rachsüchtigen Mann – der Begriff Meuchelmörder setzt einen Auftraggeber voraus, hat es einen solchen wirklich gegeben?), der eine Zeitlang unterhalb des Bretterbodens einer Latrine oder Kloake auf das ahnungslose Opfer wartete, ihm einen Schwerthieb in die bewußte Stelle versetzte und durch Kot und Schlamm watend entfloh, während die Diener dem unglücklichen Opfer, in dessen After immer noch das Schwert steckte, zu Hilfe eilten. Ein grausames Ende also, aber auch ein anrüchiges Verbrechen, das nicht in die adlige Welt paßte. Der Mord an Bonifaz, der während einer Jagd geschah wie im Nibelungenlied an Siegfried, trägt den Stempel jener adligen, gewalttätigen, aber erhabenen Welt. Gottfrieds tödliche Verwundung in ihrer schäbigen Erbärmlichkeit kann auch als die Tat eines gemeinen Verbrechers aufgefaßt werden.

Mathilde kümmerte das Seelenheil ihres verstorbenen Ehemannes offenbar überhaupt nicht: Weder eine Schenkung an irgendeine Kirche noch die Errichtung einer Kapelle, in der ein Priester Messen für ihn hätte lesen können, sind bekannt. Sie bezeichnete sich in den Urkunden immer als Tochter Bonifaz', nie als Ehefrau Gottfrieds des Buckligen. In den Urkunden der

Markgräfin wird dieser lediglich zweimal genannt, um die Tatsache zu rechtfertigen, daß sie weiterhin nach dem salischen Gesetz, d. h. nach fränkischem Recht, lebte »von Geburt langobardisch, jetzt salisch aufgrund ihrer Eheschließung mit Gottfried«. Dies ist nicht nur eine einfache Formalität, sondern die Betonung eines gesellschaftlichen Aufstiegs, der der Ehe mit einem Mann zu verdanken war, dessen die ihm kirchlich angetraute Frau nur deswegen gedachte.

Durch den Tod Gottfrieds des Buckligen kamen die Gräfinnen von Canossa, Beatrix und Mathilde, endlich wieder in den vollen Besitz ihrer Gebiete und Herrschaftsrechte im Königreich Italien, für die sie nun auf das Bündnis und den mächtigen Schutz Hildebrands zählen konnten, des neuen Papstes, der sich Gregor VII. nannte.

Gregor VII.

»Nachdem der Leichnam des vorgenannten Papstes [Alexander II.] in der Kirche San Salvatore beigesetzt worden war, wobei der ehrwürdige Hildebrand mit den Begräbniszeremonien beschäftigt war, lief plötzlich eine große Menschenmenge zusammen, Kleriker, Männer und Frauen, und rief immer wieder: ›Hildebrand Papst!‹ Als er das hörte, bekam der ehrwürdige Archidiakon Angst und lief schnell zur Kanzel, um das Volk zu beruhigen. Aber Hugo Candidus kam ihm zuvor und hielt die folgende Ansprache: ›Meine Brüder, ihr wißt, daß es seit den Tagen Papst Leos stets Hildebrand war, der zum Ruhm der heiligen Römischen Kirche beigetragen und diese Stadt befreit hat. Da es keinen besseren gibt oder zumindest einen, der ihm gleichkäme, den wir wählen könnten, laßt uns deshalb jetzt in dieser Kirche ihn erwählen, einen Mann, der euch und uns bekannt und in jeder Hinsicht würdig ist.‹ Daraufhin riefen die Kardinalbischöfe, die Priester, die Leviten und die anderen Grade des Klerus, wie es der Brauch ist: ›Der heilige Petrus hat Gregor zum Papst erwählt!‹ Sofort bemächtigte sich seiner das Volk und trug ihn zur Kirche San Pietro in Vincoli, wo er gegen seinen Willen inthronisiert wurde.«[1]

Es war der 22. April 1073. Alexander II. war am Vortag gestorben, und Hildebrand hatte in seiner Eigenschaft als Archidiakon die Regentschaft übernommen und zur Vorbereitung für die Wahl des Nachfolgers ein dreitägiges Fasten, Litaneien und eine Sonderalmosenverteilung angeordnet. Gemäß dem Dekret Nikolaus' II. hätte eine Synode der Kardinalbischöfe zusammentreten müssen, die allein die Papstwahl vornehmen durfte. Das Volk entschied aber anders, und Gregor VII. wurde durch Akklamation gewählt, wie es der älteren römischen Tradition entsprach, obgleich Bonizo von Sutri, dessen Zeugnis hier angeführt wurde, es sich angelegen sein läßt, zu betonen, daß es die Kardinäle waren, die als erste den Vorschlag des Hugo Candidus annahmen.

Hildebrand war sicher nicht der einzig mögliche Kandidat für dieses Amt. Nach dem Tod des Petrus Damiani im Vorjahr, am 21. Februar 1072, war er jedoch der bedeutendste Vertreter der Richtung, die der Würde des Papstes neue Bedeutung verleihen und die Kirche reformieren wollte.

Über sein Leben vor dem Antritt seiner kirchlichen Laufbahn, ja sogar über seine Geburt und seine Familie weiß man nur sehr wenig. Er stammte nicht aus dem Adel und war mit ziemlicher Sicherheit in der Toskana geboren. Spät und nicht gesichert ist die Tradition, er sei in Soana bei Grosseto geboren. Sein Geburtsdatum datierte die Forschung bislang aufgrund historischer Indizien auf die Zeit vor 1034; nach der Untersuchung seiner Skelettreste hat man es nun um 1025 angesetzt.[2]

Hildebrands kirchliche Laufbahn begann zur Zeit Gregors VI., des ersten Reformpapstes, der, wie schon erwähnt, ein böses Ende nahm: Von Kaiser Heinrich III. durch Simonie zum Papst erhoben, mußte er im Januar 1047 nach Deutschland flüchten. Hildebrand war einer seiner Kapellane und ging mit ihm nach Köln, wo er sich bis zum Tod des Papstes aufhielt. Danach wurde er Mönch im Kloster Cluny. 1049 traf er mit Leo IX. zusammen, begleitete ihn auf seiner Reise nach Rom und wurde dort in die kleine Gruppe von Reformern aufgenommen, die als Ratgeber des Papstes fungierte. Zu ihnen gehörten auch Humbert von Silva Candida und Petrus Damiani. 1050 betraute Leo IX. ihn mit der Leitung der römischen Abtei San Paolo fuori le mura (St. Paul vor den Mauern). In den folgenden Jahren war er als päpstlicher Legat in wichtigen Missionen tätig: 1054 führte er in Tours den Vorsitz auf einer Synode, in der die heterodoxen Abendmahlslehren Berengars von Tours diskutiert wurden; 1056 war er in Châlons-sur-Saône und danach in Lyon, um Synoden gegen die Simonisten zu leiten; 1057 wurde er als Gesandter Stephans IX. an den Kaiserhof nach Pölde entsandt; im gleichen Jahr war er auch in Mailand anzutreffen, wo er die durch die Patariabewegung entstandene Situation in Augenschein nahm.

1057 galt er in Arezzo als potentieller Nachfolger Viktors II. und war auch 1061 bei der Wahl des Nachfolgers Nikolaus' II. im Gespräch, hatte sich jedoch stets zu entziehen gewußt. Statt dessen wirkte er bei der Wahl von Anhängern der Reform mit und unterstützte sie bei ihrem Werk.

Nun war es jedoch an ihm, die Last des Pontifikats auf sich zu nehmen, und dies noch dazu in einem sehr schwierigen Augenblick.[3] Zwischen Papsttum und Reich hatte sich nämlich eine tiefe Kluft aufgetan. Alexander II. hatte diesen Bruch während seines ganzen Pontifikats abzuwenden versucht – so sandte er Legaten zu Heinrich IV., beschwor ihn, von der geplanten Scheidung von Bertha von Turin abzulassen und tadelte den König für seine Unterstützung der simonistischen Wahl deutscher Bischöfe –, konnte ihn aber schließlich am Ende seines Lebens nicht mehr verhindern: Während der Fastensynode des Jahres 1073 belegte er Parteigänger Heinrichs IV. mit der Exkommunikation.

Das erste Ziel Gregors VII. bestand daher darin, diesen Bruch zu kitten und sich mit dem Herrscher wieder auszusöhnen in der Hoffnung, ihn dann zum Verbündeten für sein Reformwerk zu gewinnen. Zu diesem Zweck schaltete der Papst seine verläßlichsten Anhänger ein, zu denen er auch die Kaiserinmutter Agnes zählen konnte, sowie Gottfried den Buckligen, der ihm zu dieser Zeit treu ergeben war, und die Markgräfinnen Beatrix und Mathilde, an die er am 24. Juni 1073 schrieb. Es ist der erste Brief des Papstes an die Herrinnen von Canossa, der uns erhalten ist. In ihm ging es um drei Probleme: die Wahl des neuen Bischofs von Mailand nach dem Tod des Simonisten und Patariagegners Wido von Velate, die Wahl des neuen Bischofs von Lucca, Anselm, und die Aussöhnung mit Heinrich:

Mathilde von Canossa bei der Einweihung des
Doms von Modena
(Modena, Biblioteca Capitolare, Ms. O. II., 11)

»Was den König betrifft, so wollen wir fromme Männer zu ihm senden – wie ihr bereits aus einem unserer Briefe erfahren habt –, durch deren Ermahnungen und die göttliche Erleuchtung wir ihn zu der Liebe zur heiligen Römischen Kirche, seiner Mutter, zurückführen können, um ihn zu belehren, daß er das Reich auf würdige Weise regieren und es reinigen solle. Wenn er uns aber unseligerweise nicht Gehör schenken will, dürfen und können wir uns nicht von den Lehren unserer Mutter, der Römischen Kirche, abwenden, die uns genährt hat und die oft, durch den Schutz Gottes, aus dem Blut ihrer Kinder andere Kinder gezeugt hat. Und es ist gewiß sicherer für uns, ihm um seines Heiles willen Widerstand zu leisten und die Wahrheit um den Preis unseres eigenen Blutes zu verteidigen, als in den Abgrund des ewigen Todes zu stürzen, wenn wir ihm zustimmen – da sei Gott vor –, seinen Willen zu verwirklichen, der zum Bösen führt.«[4]

Ein würdevoller und in Anbetracht der künftigen Ereignisse geradezu prophetischer Brief, der klar bezeugt, welche Bedeutung der Papst den Markgräfinnen für die Durchführung seines Reformwerks beimaß.

Wie stark sich die beiden für die Versöhnung mit dem römisch-deutschen König einsetzten – den wir in der Folge der Einfachheit halber Kaiser nennen werden, obwohl er dies strenggenommen erst nach seiner Krönung war –, geht aus den folgenden Briefen des Papstes an andere illustre Persönlichkeiten hervor, die an dem Problem Anteil nahmen: Rudolf von Rheinfelden, Bischof Rainald von Como, Anselm von Lucca und der Diakon Erlembald, der Führer der Mailänder Pataria.

Der Erfolg stellte sich sogleich ein: Zwischen dem 24. und dem 27. September 1073 traf bei Gregor VII. ein Brief Heinrichs IV. ein, mit »Worten voll Sanftmut und Gehorsam wie sie nach unserer Erinnerung weder er noch einer seiner Vorgänger je den römischen Päpsten übersandt hatte.«[5]

Verfehlten die Mahnungen seiner Mutter Agnes und seiner Cousinen Beatrix und Mathilde ihre Wirkung auf den kaum über zwanzig Jahre alten Heinrich IV. nicht, so lag dies auch daran, daß er einsah, wie sehr die Gegnerschaft eines frisch gewählten und energischen Papstes wie Gregors VII., der auch am Hof seines Vaters Heinrichs III. gewesen war, seiner eigenen Politik schaden, seinen Feinden im Reich dagegen nur nützen würde. Aus diesen Überlegungen heraus diktierte er jenen unterwürfigen Brief, nicht zuletzt, um bei seinem geplanten Sachsenfeldzug freie Hand zu haben.

Auf der anderen Seite sah sich Gregor VII. an mehr als einer Front besorgniserregenden Problemen gegenüber: Im Süden hatten die Normannen ihre Streifzüge in Gebiete des Kirchenstaats wieder aufgenommen und waren dabei bis Ortona vorgedrungen; im Westen war die Reconquista, die Rückeroberung des maurischen Spaniens, im Gang, die sein Vorgänger Alexander II. initiiert hatte; im Osten drängte das Problem, dem von den türkischen Seldschuken bedrohten Byzantinischen Reich zu Hilfe zu kommen. Die Idee eines Kreuzzugs begann sich im Abendland bereits abzuzeichnen. Sie wurde durch Erzählungen gefördert, wie große Hindernisse den Jerusalempilgern in den Weg gelegt würden und welche Übergriffe und Gewalttaten sie zu erleiden hätten. Diese Idee verband sich bei Gregor VII. mit dem Wunsch, die Einheit der Kirche wieder herzustellen, die zwanzig Jahre vorher durch das Schisma, das zur Abtrennung der Orthodoxen Kirche geführt hatte, verlorengegangen war.

Diese Probleme werden in den Briefen des Papstes sichtbar, die er zwischen Ende 1073 und Anfang 1075 auch an Gottfried den Buckligen und Beatrix absandte, um sie aufzufordern, bei ihrer Lösung mitzuwirken. Mathilde und Beatrix nahmen an der vom 9. bis 14. März 1074 in Rom tagenden Synode teil, der ersten des neuen Papstes, auf der Gregor VII. Robert Guiscard exkommunizierte und zu einem Feldzug gegen ihn aufrief. Gottfried der Bucklige versprach, Truppen zu senden, hielt dann aber sein Versprechen nicht ein. Markgräfin Beatrix stellte hingegen ein beachtliches Kontingent – obgleich die von Amatus von Montecassino genannte Zahl von 30 000 Bewaffneten übertrieben scheint –, aber Rivalitäten zwischen den toskanischen Truppen und denen des langobardischen Fürsten Gisulf von Salerno führten zur Auflösung des päpstlichen Heeres.

Für den Papst war es äußerst wichtig, auf die Häfen in Süditalien zählen zu können, um das Problem im Osten in Angriff zu nehmen und den Kreuzzug zu wagen, den er aus ganzem Herzen erstrebte, wie er an Mathilde schrieb:

> »Ich schäme mich beinahe, es jemandem zu sagen – man könnte ja meinen, ich hätte mich leichtfertig in eine Idee versponnen –, wie intensiv ich daran denke und wie sehr ich es mir wünsche, in See zu stechen, um mit Christi Hilfe den Christen zu Hilfe zu kommen, die wie Schlachtvieh von den Ungläubigen hingemetzelt werden. Aber dir gegenüber, teuerste, geliebte Tochter, zögere ich nicht, all das auszusprechen, was auch du sagen könntest, wenn ich deine Gefühle richtig deuten kann. Wenn du die Briefe, die ich deswegen über die Alpen sende, gelesen hast, laß mich deinen Rat wissen, wenn du kannst; oder noch besser, leiste deinem Schöpfer einen großen Dienst, denn, wenn die Dichter sagen ›schön ist der Tod für das Vaterland‹, so ist es am schönsten und ruhmvollsten, dieses sterbliche Fleisch für Christus zu opfern, der das ewige Leben ist.«[6]

Bereits am 1. März 1074 hatte sich Gregor VII. in allgemein gehaltenen Worten an alle Christen gewandt. Nun versuchte er, sein Bestreben in die Tat umzusetzen, und Mathilde konnte ihn dabei besser verstehen als so mancher andere.

In den Worten des Papstes drückt sich eine innere Verbundenheit mit Mathilde aus, die den Zeitgenossen nicht entging. Einige Gegner der päpstlichen Politik scheuten daher nicht davor zurück, Hildebrand und Mathilde ein Liebesverhältnis anzudichten. Eine Anspielung auf diese Gerüchte macht Gregor VII. selbst in einem Brief an Beatrix und Mathilde vom 16. Oktober 1074. Er ist in sehr familiärem Ton gehalten. Nach dem Hinweis auf Gerüchte, die ihm zugetragen worden waren, um seine Achtung und Freundschaft für sie zu mindern, teilt er ihnen mit, daß seine Gesundheit wiederhergestellt sei und er sich deshalb wieder den Problemen der Kirche zugewandt habe: »Zu den gewöhnlichen Mühen und unendlichen Problemen zurückgekehrt, leiden wir jeden Augenblick die Schmerzen und Ängste einer Gebärenden, wenn wir an das Schiff der Kirche denken, das unterzugehen droht, und uns fehlt ein Rettungsanker. Das Gesetz und die christliche Religion haben fast überall einen derartigen Niedergang erlitten, daß die Sarazenen und sogar die Heiden ihre Riten besser einhalten als diejenigen, die sich als Christen bezeichnen.«

Die Übel der Kirche begannen bei ihren eigenen Dienern: »Die Priester und diejenigen, die die Leitung der Kirche auf sich genommen haben, stellen das Gesetz Gottes fast vollständig hintan, entziehen sich ihrem Dienst an Gott und dem Hirtenamt an den ihnen anvertrauten Schafen und bedienen sich der kirchlichen Ämter nur, um irdischen Ruhm zu erlangen«, schrieb Gregor VII. am 24. Januar des gleichen Jahres 1074 an den Patriarchen von Aquileia.[7]

Das waren die Voraussetzungen für eine sich bereits seit geraumer Zeit abzeichnende Reform, die das Mönchtum sich nunmehr zu eigen gemacht und in den neuen Kongregationen verwirklicht, die Kaiser Heinrich III. vor allem durch die Einsetzung würdiger Päpste angestrebt hatte, und die nun auch in den besser entwickelten Städten die selbstbewußteren und sensibleren Schichten des Volkes forderten (wie die Mailänder, die der Patariabewegung folgten). Mit Gregor VII. wurde diese Reform, die jeweils ein Anliegen des Mönchtums, des Reichs und des Volkes gewesen war, zur Aufgabe des Papsttums. Gregor VII. setzte sich die Verwirklichung der Kirchenreform zum Programm, so daß sie schließlich als die »Gregorianische Reform« in die Geschichte einging. In Wirklichkeit hatte die Bewegung viel früher begonnen, aber mit Gregor VII. verlor sie ihre Spontaneität und wurde statt dessen strukturalisiert und institutionalisiert.

Bereits auf der ersten Synode, die der neue Papst in der Karwoche 1074 abgehalten hatte, kommt dies deutlich zum Ausdruck. Geradezu mit Händen greifen konnten dies vor allem die lombardischen Bischöfe und alle Gegner des gregorianischen

Reformwillens, die auf der Fastensynode des Jahres 1075 exkommuniziert wurden. Der Bruch zwischen dem Papst und seinen Gegnern ist weniger auf Meinungsverschiedenheiten in spirituellen Fragen zurückzuführen als auf den nun von der Römischen Kirche gegenüber allen anderen Ortskirchen vertretenen Anspruch auf den Vorrang sowie auf die Art und Weise, mit der der Papst seinen Willen über alles andere, auch über das Konzil, stellte. Die Erzbischöfe von Mailand, Aquileia und Ravenna, die Bischöfe Dionysius von Piacenza, Wilhelm von Pavia, Kunibert von Turin, Liemar von Bremen, Werner von Straßburg, Heinrich von Speyer, Hermann von Bamberg und die anderen auf der Synode des Jahres 1075 Exkommunizierten erkannten deutlich, daß Gregor VII. ein neues, von dem traditionellen völlig abweichendes, vielleicht zeitgemäßes Modell der Kirche durchsetzen wollte, daß aber andererseits die Freiheit der Kirche, für die der Papst seinen eigenen Worten nach kämpfen wollte, nicht die Freiheit ihrer einzelnen Ortskirchen war; im Gegenteil, bei dem neuen zentralistischen Modell hatten sie den Verlust vieler ihrer Besonderheiten und Vorrechte zu befürchten. So war es auch klar, daß hinter den Reformidealen ein Plan stand, den Finanzhaushalt des Heiligen Stuhls zu reorganisieren. Beim Peterspfennig,der bis dahin nur gelegentlich erhoben wurde und nicht genau festgelegt war, zeigten sich Ansätze zur Institutionalisierung, einerseits als finanzielle Leistung von Staaten – wie des Normannenreichs in Süditalien (1059), des Königreichs Dänemark (1063), der neuen christlichen Königreiche auf der Iberischen Halbinsel (1073), Böhmens (1075) usw. –, andererseits als Pflichtabgabe von Bistümern und großen Abteien.

Seit der Ernennung zum Archidiakon im Jahr 1059 hatte Hildebrand an der Verfestigung der Verwaltungsstrukturen der Römischen Kirche gearbeitet. Die päpstlichen Einkünfte setzten sich aus mehreren Einnahmequellen zusammen: aus dem bereits erwähnten Peterspfennig, den Erträgen aus Kirchengut, den Zinszahlungen der exemten, d. h. Rom direkt unterstellten kirchlichen Institute – wie die Abtei Cluny und ihre Filiationen

– und den Abgaben weltlicher Herren, denen Kirchengut und Jurisdiktionsrechte als Kirchenlehen übertragen waren. Alle diese Einkünfte verzeichneten unter dem Pontifikat Gregors VII. eine beachtliche Zunahme. Die seit Papst Leo IX. freiwillig von den Patriarchen, Erzbischöfen, Bischöfen und Äbten erbrachten Geldleistungen wurden zu obligatorischen, zahlenmäßig festgelegten und ständig erhöhten Steuern, die schließlich die Hälfte der Jahreseinkünfte eines Prälaten ausmachten. Die zeitgenössischen Kanonessammlungen ließen es gegenüber den Bischöfen und Äbten nicht an Ermahnungen fehlen, die gebührenden Abgaben an den Heiligen Stuhl zu entrichten.[8] Die ideale Kirche, wie Gregor VII. sie anstrebte, war also keineswegs arm, sondern im Gegenteil sehr reich und durch einen stabilen Finanzhaushalt konsolidiert.

Um eine derartige Struktur zu schaffen, durfte die Praxis der Priesterehe nicht mehr toleriert werden: Sie hatte ja zur Folge, daß aus Kirchenvermögen eine ganze Familie erhalten werden mußte. Außerdem bestand die Gefahr, daß der Priester sein Benefizium privatisierte, d. h. es für seine persönlichen Zwecke nutzte und es später an seine Nachkommen weitergab. Auch die Praxis der Simonie, des »Ämterkaufs« im Sinne des Austauschs von Gefälligkeitserweisungen und Geldleistungen zwischen einzelnen Personen konnte nicht mehr akzeptiert werden, weil der Kirche dadurch ihr Vorrecht auf die Ernennung von Vorstehern von Gotteshäusern und Klöstern entzogen wurde.

Die Gegner der Reform standen gewöhnlich einer Hebung des sittlichen Niveaus des Klerus und Reinigung des religiösen Lebens keineswegs ablehnend gegenüber, wie es häufig parteiische Historiker dargestellt haben, sondern opponierten gegen ein Modell, das die Römische Kirche zum Machtzentrum erhob und sie selbst und ihre Kirchen zu Untertanen des Heiligen Stuhls, zu Tributpflichtigen Roms, degradierte. Auch die wirtschaftlichen Aspekte dieser Reform waren ihnen deutlich bewußt, wie z. B. die Schriften Bischof Benzos von Alba bezeugen.

Wahrscheinlich hatten auch Beatrix und Mathilde dies alles erkannt. Aber für sie war es wichtig, daß die Kirche stark und mächtig war, da sie das Geschick ihres Hauses mit dem des römischen Papstes verknüpft hatten. Sie hatten sich sogar so stark mit der Reform identifiziert, daß sie persönlich gegen Bischöfe vorgingen, die dem Papst den Gehorsam verweigerten: So nahmen sie Dionysius von Piacenza und Werner von Straßburg nach der Fastensynode des Jahres 1074, auf der Gregor VII. sich den Bischöfen gegenüber versöhnlich gezeigt und ihre Reue akzeptiert hatte, in Haft, als sie durch ihr Herrschaftsgebiet reisen wollten und ließen sie erst auf Intervention des Papstes in ihre Städte zurückkehren. Allerdings bereute der Papst seine versöhnliche Haltung später wieder und verhängte über seine Gegner im darauffolgenden Jahr die Exkommunikation.

Gregor VII. verlangte von Beatrix und Mathilde jedoch nicht, als bewaffneter Arm der Reform zu fungieren, jedenfalls nicht zu diesem Zeitpunkt; viel wichtiger war ihm, was die Herrinnen von Canossa für den Frieden und die Aussöhnung zwischen ihm und dem Kaiser tun konnten, gerade in ihrer Rolle als Frauen und als Verwandte Heinrichs IV.[9]

Heinrich IV.

Man ist immer wieder überrascht, wie jung die Protagonisten der mittelalterlichen Geschichte waren. Man weiß natürlich, daß die durchschnittliche Lebensdauer nur kurz war – sie betrug ungefähr die Hälfte der heutigen Lebenserwartung –, ist aber im allgemeinen geneigt, dies auf die hohe Kindersterblichkeit und die endemischen Infektionskrankheiten zurückzuführen. Daraus könnte man folgern, daß denjenigen, die die Gefahren der frühen Kindheit und die genannten Übel überstanden, ein mehr oder weniger ebenso langes Leben beschieden war wie uns. Aber abgesehen von Ausnahmen, die die Phantasie der Menschen der damaligen Zeit anregten, vor allem, wenn es sich um als heilig betrachtete Personen handelte – so schrieb Petrus Damiani dem heiligen Romuald von Ravenna, dem Begründer des Camaldulenserordens, der eigentlich nur knapp über siebzig wurde, aufgrund der Aussagen derjenigen, die ihn gut gekannt hatten, ein Alter von hundertzwanzig Jahren zu –, war ein normales Leben ziemlich kurz, was offensichtlich dazu führte, daß die Menschen sehr jung zu verantwortungsvollen Ämtern berufen wurden.

In Canossa waren drei unglaublich junge Menschen an jenem historisch so bedeutsamen Moment, der Versöhnung zwischen Papsttum und Kaisertum, beteiligt: Mathilde war Anfang Dreißig, Heinrich IV. kaum sechsundzwanzig und Gregor VII. um die Fünfzig. In den Händen dieser Menschen lag das Schicksal eines großen Teils des jungen Europa.

Kaiser Heinrich – als deutscher König Heinrich IV. und als Kaiser der dritte seines Namens, was bisweilen zu Verwirrung geführt hat – wurde als Sohn Heinrichs III. und Agnes' am 11.

November 1050 geboren. Von Abt Hugo von Cluny getauft, wurde er im Alter von vier Jahren zum König gekrönt und trat nach dem Tod seines Vaters, der in Boften im Harz am 5. Oktober 1056 erfolgte, die Nachfolge an, anfangs unter der Regentschaft seiner Mutter. Im Jahr 1062 mußte Kaiserin Agnes infolge einer Verschwörung die Macht abtreten; Heinrich IV. wurde nach Köln zu dem neuen Regenten, Bischof Anno, gebracht, einem der einflußreichsten Männer im Reich und einem engen Freund Papst Alexanders II., während seine Mutter zunächst im Kloster Fruttuaria und dann in Rom Zuflucht suchte.

Als Heinrich IV. fünfzehn Jahre alt war, wurde er für volljährig erklärt und mit Bertha von Turin verheiratet, von der er sich gern bald getrennt hätte, wobei er aber auf den heftigen Widerstand des Petrus Damiani stieß.

Kurz danach ergriff er selbst die Zügel der Regierung des Reichs, das zu lange in den Händen des hohen kirchlichen und weltlichen Lehnsadels gewesen war – eines Reichs, das infolge der Autonomiebestrebungen der sächsischen Fürsten innere Stabilität vermißte.

Die ersten Regierungsjahre Heinrichs IV. waren, den Annalisten zufolge, durch militärische Unternehmungen gegen die Sachsen und durch Kriege in Nord- und Osteuropa gekennzeichnet. Außerdem mußte er sich gegen Verschwörungen und Versuche, ihn zu entthronen, zur Wehr setzen – ein schweres Leben also für einen jungen Kaiser, der übrigens zur Maßlosigkeit und Unduldsamkeit neigte, wie sie für sein Alter und für jemanden, der eine privilegierte Stellung genießt, nicht untypisch sind.[1]

Im Jahr 1074 wurde sein erster Sohn, Konrad, geboren. Gleichzeitig konnte er seine Macht durch seine militärischen Erfolge festigen. Vor allem einer Schlacht verdankte er den entscheidenden Sieg über seine inneren und äußeren Feinde. Es war die Schlacht, die sich seine Truppen zusammen mit denen seiner Lehnsleute und die Sachsen am 9. Juni 1075 bei Behringen lieferten:

»Der König war von Breitungen aufgebrochen und erreichte nach einem Tagesmarsch Ellen. Am nächsten Tag legte er in aller Eile an einem Tag eine Strecke zurück, für die man eigentlich zwei Tage gebraucht hätte und schlug sein Lager in Behringen auf, nicht sehr weit von den Sachsen entfernt. Kaum hatte man die Zelte aufgebaut und versuchte, sich von der Erschöpfung zu erholen – auch der König hatte sich niedergelegt, um sich ein wenig auszuruhen –, als Herzog Rudolf von Schwaben plötzlich in sein Zelt trat und ihm mitteilte, daß die Sachsen sich ganz in der Nähe befänden (er könne nicht sagen, ob sie von der Ankunft ihrer Feinde nichts wüßten oder sie ihnen gleichgültig sei) und praßten, zechten und sich mit kindischer Kurzweil beschäftigten. [...] Dies wäre seiner Meinung nach der geeignete Augenblick, das Heer aufzustellen und die Schlacht zu beginnen, denn es sei noch lange Tag. Der König dankte ihm und versprach ihm, indem er Gott zum Zeugen anrief, er werde ihm diesen Dienst sein Leben lang nie vergessen. Dann verließen beide das Zelt. Sofort wird das Signal zum Kampf gegeben, alle eilen herbei und versammeln sich auf den umliegenden Feldern, jeder Befehlshaber ordnet seine Leute. In dem großen Durcheinander, das entstand, da alle Befehlshaber gleichzeitig ihre Truppen aufzustellen versuchten, wurde Herzog Rudolf beauftragt, mit den Seinen die vorderste Linie einzunehmen. Dieses besondere verbriefte Privileg hatten die Schwaben von altersher, daß sie bei jedem militärischen Unternehmen des deutschen Königs die Vorhut bilden und als erste die Schlacht beginnen durften. [...] In der törichten Überzeugung, daß die Strecke zwischen ihnen und dem König von einem schnellen Reiter kaum an einem Tag zurückgelegt werden könne, geschweige denn von einem Heer, das den Troß mit sich führte und mit allen möglichen Hindernissen zu rechnen hätte, waren die Sachsen an jenem Tag überhaupt nicht darauf gefaßt, daß der König sie erreichen würde. In ihrem unsinnigen Gefühl, sicher zu sein, hatten sie also ihre Waffen abgelegt und waren mit der Pflege ihres Körpers beschäftigt, als sie plötzlich sahen, daß sich der Himmel durch eine Staubwolke verdunkelte und ein dichtes Heer heranrückte, an Männern so zahlreich wie Sand am Meer, die wie hungrige Heuschrecken die Felder rundherum besetzten und schon gegen ihr Zeltlager drängten. [...] Nur wenigen gelingt es, ihre

Rüstung anzulegen, alle andern flüchten unverzüglich, ohne sich ihre Kleider wieder anzuziehen, die sie abgelegt hatten, als sie sich der Muße ergaben. Keiner wartet auf den anderen, jeder sucht zu fliehen, hierhin und dorthin und sich, so gut es geht, zu bewaffnen.«

Die Schlacht war fürchterlich und blutig, aber am Ende war das Kriegsglück den kaiserlichen Truppen hold, wenn auch die meisten sächsischen Anführer sich dank der anbrechenden Nacht retten konnten.

»Nach Sonnenuntergang kehrte der König in das Lager zurück, wie es feierlicher Brauch ist, unter den Freudenrufen des Heeres, froh und zufrieden, mit einem so gewaltigen Sieg die Feinde aufs Haupt geschlagen zu haben, die dem Reich so gefährlich waren, während die Krieger sich laut rühmten, eigenhändig den oder jenen Sachsenfürsten getötet zu haben. Während aber die Feinde zurückkehrten, um sich zu sammeln, erkannten sie, daß so mancher den Lehnsherrn, den Vater, den Bruder oder den Schwager in der Schlacht verloren hatte, und alle Freude verwandelte sich in Schmerz, jeder Gesang in Wehklagen. Das ganze Lager hallte wider vom Weinen und Schreien.«[2]

Man hat den Eindruck, Sallust oder Livius zu lesen. In der Tat spiegelt die Beschreibung der Schlacht die Bildung wider, die sich der Verfasser, der Mönch aus Hersfeld, angeeignet hatte und die durch die lateinischen Klassiker und die Bibel geprägt war. Diese Schlacht blieb lange im Gedächtnis der Zeitgenossen verankert.

Die ausführliche Beschreibung dieser Schlacht sollte dazu dienen, die Bedeutung des Krieges und der kriegerischen Tapferkeit im mittelalterlichen Leben hervorzuheben. Gerade aus diesen Siegen schöpfte Heinrich IV. die nötige Kraft, um den Krieg gegen Gregor VII. voranzutreiben, der für die Canossa eminent wichtig war. Das unterstreicht auch Donizo:

»Aber der König wartete nicht, nein, bewehrt mit dem Helm,
ritt er selbst gegen die Sachsen an, die stark sind und grausam.

Obgleich ein sündhafter Mensch, war er erfahren im Waffengebrauch:
Es kam zur Schlacht, und der König ging als Sieger hervor,
aber der Hochmut stieg ihm zu Kopf und im Wahn begann er den Papst geringzuschätzen.«[3]

Auch andere Schriftsteller sind seiner Meinung.

In Deutschland waren die von Gregor VII. auf der Fastensynode 1075 getroffenen Entscheidungen nicht gern akzeptiert worden. Auf Ablehnung stieß nicht nur die Verurteilung eines großen Teils der deutschen Kirchenfürsten – Exkommunikation Erzbischof Liemars von Bremen und Bischof Werners von Straßburg, Enthebung Bischof Heinrichs von Speyer von den Verrichtungen des bischöflichen und priesterlichen Amtes und Androhung des gleichen Vorgehens gegen Bischof Hermann von Bamberg –, sondern vor allem der zum ersten Mal auf dieser Synode erhobene Anspruch des Papstes, daß ihm allein das Recht der Bischofsinvestitur zustehe und seine Ausübung daher künftig dem König und anderen Laien untersagt sei: »Der obengenannte Papst hielt in Rom eine Synode ab und untersagte es in aller Öffentlichkeit dem Kaiser, in Zukunft das Recht auszuüben, Bistümer zu vergeben, und entfernte überhaupt alle weltlichen Personen von den kirchlichen Investituren.«[4] So schreibt der Chronist Arnulf von Mailand.

Eine Anerkennung dieses Grundsatzes hätte für den Kaiser den Verzicht auf ein wichtiges Vorrecht und einen beträchtlichen Machtverlust bedeutet, außerdem hätte er gegenüber einem Mann Schwäche gezeigt, der zwar an sich hohe Achtung verdiente, den er aber für unbefugt hielt, sich in Reichsangelegenheiten einzumischen und den er als Rangniederen ansah, der es wagte, von sich aus durch einen diktatorischen Akt – der später mit dem *Dictatus papae* gleichgesetzt wurde – das Kräfteverhältnis zwischen den beiden größten irdischen Mächten auf den Kopf zu stellen.

Während der Kaiser daher formell Rom gegenüber Gehorsam bezeugte und dem Anschein nach beste Beziehungen zwischen ihm und dem Papst bestanden, bereitete sich Heinrich IV. auf eine entschiedene Stellungnahme vor.

Nach dem Sieg über die Sachsen vom 9. Juni 1075 sandte Gregor VII. ihm ein Glückwunschschreiben (20. Juli). Danach erkrankte der Papst und verließ Rom, wohin er erst nach seiner Genesung im September zurückkehrte. Währenddessen erreichte Heinrich IV. die endgültige Kapitulation der Sachsen (25. Oktober). Dies gab ihm die Möglichkeit, sich voll und ganz der Regelung seiner Angelegenheiten mit der Kirche zu widmen.

Ohne irgendwelche Rücksicht auf die Dekrete der römischen Synode zu nehmen, ernannte Heinrich den neuen Erzbischof von Mailand – eine Stadt, in der die Frage der bischöflichen Investitur besonders brisant war –, und zwar den Mailänder Kleriker Tedald, sowie die Bischöfe von Bamberg und Köln. Die Reaktion Gregors VII. ließ nicht auf sich warten: Am 8. Dezember schickte der Papst Gesandte mit einem Brief voll ernster Ermahnungen zu ihm. Er erinnerte ihn an seine Versprechungen, sich dem Heiligen Stuhl zu beugen und zu gehorchen, rief ihm die Bestimmungen der letzten Synode ins Gedächtnis, warf ihm die Ernennungen, die er durchgeführt hatte, vor – in erster Linie diejenige des Erzbischofs von Mailand – und forderte ihn mit Entschiedenheit auf, sich zu bessern und Gehorsam zu üben; dabei ließ er ihm sogar die Möglichkeit offen, Verhandlungen, die zu einer Aussöhnung führen sollten, zu beginnen, und erklärte sich bereit, die erlassenen Dekrete in einigen Punkten zu modifizieren.

Gregor VII. wollte die Situation nicht bis zum offenen Bruch eskalieren lassen. Er hätte keine Vorteile davon gehabt. Aus diesem Grund ist es ein Irrtum, den *Dictatus papae* auf Anfang 1075 zu datieren. Denn dieser Text ist ein Zeugnis des vollzogenen Bruchs, der – gestützt auf die Kanonessammlungen – das Recht des Papstes, den Kaiser abzusetzen, beweisen will. Bis Ende 1075 wollte es Gregor VII. jedoch anscheinend vermeiden, einen derart gravierenden Schritt zu tun.[5]

In der Christnacht 1075 wurde Gregor VII., während er in

der römischen Basilika Santa Maria Maggiore die Messe zelebrierte, von Cencius, dem Sohn des Präfekten Stephanus, angegriffen, verwundet und in dessen Turm gefangengesetzt. Seine Rettung verdankte er nur dem sofortigen Eingreifen des römischen Stadtvolks. Man hat verschiedene Vermutungen über die Drahtzieher dieses Attentats angestellt. Anscheinend waren andere mächtige Persönlichkeiten wie Hugo Candidus und Erzbischof Wibert von Ravenna, der spätere Gegenpapst Clemens III., nicht unbeteiligt daran. Man hat auch gemutmaßt, daß die Normannen eine Rolle dabei gespielt haben. Diese Episode bestätigt jedenfalls ganz deutlich, wie ein besonderer Kenner dieser Zeit, Ovidio Capitani, betont hat, daß Gregor VII. zu diesem Zeitpunkt als unbequemer Papst betrachtet wurde, unbequem nicht nur für die deutschen Bischöfe. Man kann aber mit ziemlicher Sicherheit ausschließen, daß der Kaiser bei diesem Attentat irgendwie seine Hand im Spiel hatte. Mit Sicherheit konnte er jedoch aus der von Schrecken und Erbitterung gekennzeichneten Atmosphäre, die nun entstanden war, seinen Vorteil ziehen.

Der Investiturstreit

Am 24. Januar 1076 tagte unter dem Vorsitz des Kaisers in Worms eine Reichsversammlung, an der die Mehrheit des deutschen Episkopats teilnahm. Erklärtes Ziel dieser Versammlung, bei der auch einige der höchsten Lehnsträger des Reichs anwesend waren, darunter Gottfried der Bucklige, war die Absetzung Gregors VII.

In dem Brief der deutschen Bischöfe an den Papst, den sie nun bezeichnenderweise nur »Hildebrand« nennen, werden die ihm zur Last gelegten Vergehen aufgezählt, durch die seine Wahl ungültig geworden sei: Vor allem sei seine Ernennung gegen jede Regel erfolgt; er habe die Leitung der Kirche in Mißachtung des Papstwahldekrets von 1059, an dem er selbst mitgewirkt hatte, an sich gerissen. Sie hätten nur deswegen bis jetzt darüber geschwiegen, weil sie auf seine Reue und Besserung hofften. Durch sein Verhalten habe er aber Zwietracht gesät, den Bischöfen alle Gewalt entrissen und an sich gezogen, habe sich selbst zum Richter über alle erhoben und den Rat einer Frau, mit der er zusammenlebe und eine verdächtige Vertraulichkeit pflege – eine deutliche Anspielung auf Mathilde –, dem Rat der Bischöfe vorgezogen; ferner habe er persönlich Neuerungen in der Kirche eingeführt, d.h. den Primat Roms über alle anderen Kirchen; es sei daher nicht mehr zu ertragen, daß er weiterhin auf dem Thron des heiligen Petrus sitze. Die deutschen Bischöfe (sechsundzwanzig, die den wichtigsten deutschen Bistümern vorstanden wie Mainz, Trier, Utrecht, Speyer, Köln, Würzburg, Straßburg, Osnabrück, Konstanz, Bamberg, Regensburg, Lausanne usw.), zu denen auch Bruno von Verona zählte, schlossen ihr Schreiben mit folgenden Worten:

»... weil also Dein Eintritt in das Amt mit so argen Eidbrüchen begonnen worden ist und die Kirche Gottes in einem so schweren Ungemach durch den in Deinen Forderungen liegenden Mißbrauch Gefahr läuft, und weil Du Dein Leben und Deinen Wandel durch so vielfache Schmach verunehrt hast, tun wir Dir zu wissen, daß wir den Gehorsam, den wir Dir in keiner Weise versprochen haben, auch in Zukunft nicht irgendwie bewahren werden, und weil, wie Du öffentlich verkündigst, keiner von uns Dir bis zur Stunde als ein Bischof gegolten hat, wirst auch Du fortan für keinen von uns als Papst gelten.«[1]

Diesem Brief folgten zwei weitere, ein Manifest Heinrichs IV. an die Römer, in dem Hildebrand als Usurpator des Throns des heiligen Petrus bezeichnet wird, und ein Schreiben des Kaisers an den Papst, in dem er ihm kraft seines Amtes als Schutzherr der Kirche gebietet, vom apostolischen Stuhl herabzusteigen: »Wir Heinrich, durch Gottes Gnade König, sagen dir zusammen mit allen unseren Bischöfen: ›Steig herab, steig herab, o du ewig Verabscheuungswürdiger!‹[2]

Das war also ein offener Angriff auf den Papst, seine Politik und seine Anhänger; ein von Heinrich IV., der wahrscheinlich einen Augenblick der Schwäche Gregors VII. ausnutzen wollte, absichtlich herbeigeführter Konflikt. Der Investiturstreit, d. h. die Auseinandersetzung zwischen Königtum und Papsttum, wem die Ernennung der Bischöfe zustehe, die auch weltliche Hoheitsrechte und vom König oder Kaiser verliehene Güter hatten, nahm damit seinen Lauf.

»Auch Papst Gregor berief ein Konzil ein, und bei dessen
Eröffnung brachte man ihm ein Hühnerei, das auf der Schale
einen Schild und eine schwarze Schlange hatte, die den Kopf vorstreckte,
aber von einem Hieb getroffen, konnte sie ihn nicht von neuem heben,
sie senkte deshalb den Kopf auf den Bauch

und ringelte ihren Schwanz in dreifachem Kreis:
Dies war nicht gemalt, sondern wie ein Relief gemeißelt:
In die Synode wurde es gebracht, niemals vorher hatte
man so etwas vorgeführt.
Während man dies nun bewundert, tritt der genannte
Rolandus
in die Mitte und beginnt so zum Papst zu sprechen:
›Der König der Erde befahl, es befahlen die Bischöfe,
daß du den Thron verläßt, denn du bist seiner nicht
würdig.‹
[...]
Kaum war die Versammlung verstummt, da sprach
der heilige Vater, durchglüht von himmlischem Feuer:
›Laßt euch nicht verwirren, meine Söhne,
denn für die heilige Kirche kommen nun Zeiten
voll Erniedrigung und großen Gefahren:
Erfüllen muß sich die Ungemach, die in der Schrift ver-
zeichnet ist.
[...]
Von Christus entfernen soll uns nicht die Bedrängnis
dieser Zeiten,
hingeben wollen wir unseren Nacken und unsere Glieder
dem Martyrium:
Vom Wort des Glaubens sei geschlagen die Schlange,
die sich gezeigt hat, die den Schild führt und das Schwert
gegen die Mutter Kirche, die römische und katholische,
die rot ist von Christi gnadenreichem Blut.‹«[3]

Das ist Donizos Version von der Ankündigung der Absetzung, die dem Papst während der Fastensynode des Jahres 1076 überbracht wurde.

Nach der Reichsversammlung in Worms hatte der Kaiser versucht, auch die oberitalienischen Bischöfe auf seine Seite zu ziehen. Er berief eine Versammlung nach Piacenza ein und sandte einen Kleriker aus Parma namens Roland – kein anderer hatte eine solche Aufgabe übernehmen wollen – mit den Briefen, die Gregor VII. für abgesetzt erklärten, nach Rom.

Der Gesandte des Kaisers traf zwischen dem 14. und dem 20. Februar 1076 in Rom ein, während im Lateran eine Synode abgehalten wurde. Er hoffte wahrscheinlich, die Römer für seine Sache gewinnen zu können, sah sich darin aber schwer enttäuscht: Man legte Hand an ihn und hätte ihn beinahe umgebracht; nur das persönliche Eingreifen des Papstes rettete ihm das Leben. Am 22. Februar, dem Tag, an dem die Kirche das Fest Petri Stuhlfeier begeht, verhängte Gregor VII. den Kirchenbann über den Kaiser:

> »Heiliger Petrus, Du Fürst der Apostel, neige, ich bitte Dich, Dein Gehör liebevoll zu uns und höre mich, Deinen Knecht, den Du von Kindheit an genährt und bis zu diesem Tag aus der Hand der Ungerechten befreit hast, welche mich wegen der Dir bewiesenen Treue gehaßt haben und hassen. [...] Und somit glaube ich [...], daß mir um Deinetwillen von Gott die Vollmacht gegeben ist, zu binden und zu lösen im Himmel und auf der Erde. Demnach widersage ich, im Vertrauen auf diese Zuversicht, zur Ehre und Verteidigung Deiner Kirche, im Namen des allmächtigen Gottes, Vaters, Sohnes und des heiligen Geistes, kraft Deiner Macht und Gewalt, dem König Heinrich, dem Sohn des Kaisers Heinrich, der in unerhörtem Übermut gegen Deine Kirche sich erhoben hat, die Leitung des ganzen Reichs der Deutschen und von Italien, und löse alle Christen von dem Band des Eidschwurs, den sie ihm geleistet haben oder leisten werden, und ich untersage, daß irgend jemand ihm als einem König diene.«[4]

Bekräftigt wird die Haltung des Papstes in dem berühmten *Dictatus papae*, einer Reihe von Leitsätzen, die auf der Grundlage der Schriften der Kirchenväter dem Papst das Recht zusprachen, auch den Kaiser abzusetzen und ihn als die höchste irdische Autorität deklarierten. Es handelt sich dabei, wie festgestellt werden konnte, wohl um den Index der Kapitel einer Kirchenrechtssammlung, die wahrscheinlich nie zustande gekommen ist. Aber gerade in dieser lakonischen Form gewinnt der

Dictatus papae äußerste Präzision und Schärfe und zeigt deutlich theokratische Vorstellungen: Im Grunde ist der »wahre Kaiser der Papst«, nur er darf die kaiserlichen Insignien tragen, er ist heilig, ihm steht das Recht zu, den Herrscher zu weihen und abzusetzen.

Heinrich erfuhr von der Exkommunikation ungefähr Ende März 1076, als er in Utrecht weilte. Die Nachricht verbreitete sich im ganzen christlichen Abendland wie ein Lauffeuer, erregte Unruhe und Furcht und veranlaßte so manchen zum politischen Seitenwechsel. Bonizo von Sutri, der Parteigänger Gregors VII., berichtet, daß die ganze römische Welt in ihren Grundfesten erzitterte, als die Nachricht von der Exkommunikation des Kaisers bekannt wurde. Die Verhängung des Kirchenbanns über einen Kaiser war in der Tat ein unerhörtes, noch nie dagewesenes Ereignis, auch wenn Gregor VII. in dem Schreiben an Bischof Hermann von Metz versuchte, sein Vorgehen mit anderen päpstlichen Interventionen gegen Herrscher zu vergleichen. So habe etwa Papst Zacharias der Absetzung des letzten Merowingerkönigs zugestimmt und der heilige Ambrosius habe Kaiser Theodosius nach der blutigen Unterdrückung des Aufstands in Thessaloniki verboten, die Kirche zu betreten. Aber diese Präzedenzfälle waren völlig anders gelagert und besaßen eine geringere Tragweite. Die Reaktion auf Gregors Vorgehen war daher sehr stark; mehrere Parteigänger Heinrichs IV. wurden verunsichert und fielen von ihm ab.

Auch für Mathilde stand jenes Jahr 1076 unter keinem guten Stern. Am 26. Februar fiel ja ihr Gemahl Gottfried einem Mordanschlag zum Opfer. Sie mußte nun das Erbe ihres Mannes antreten, das aus dem Herzogtum Niederlothringen mit Holland und dem Hennegau, der Mark Antwerpen, der Grafschaft Verdun und einer Reihe von Allodialgütern in diesen Landstrichen bestand, darunter Stenay und Mosay.

Am 18. April starb in Pisa auch ihre Mutter, Beatrix von Lothringen, und wurde in der Kathedrale Santa Reparata zu Grabe getragen. Mathilde mußte nun ganz allein die Last der Herrschaft über ein riesiges, multinationales Territorium tragen und ihre äußerst schwierige politische Rolle bewältigen: In der heißesten Phase des Konflikts stand sie zwischen einem Kaiser, an den sie durch Verwandtschaftsbande und Lehnseide gebunden war, und einem Papst, mit dem sie nicht nur als seine Tochter in Christo und Anhängerin seiner Reformideen, sondern durch tiefe Zuneigung und die Notwendigkeit, sich gegenseitig zu stützen, verbunden war.

Als erste Reaktion auf den Kirchenbann berief Heinrich IV. für Pfingsten 1076 eine neue Versammlung der deutschen Bischöfe nach Worms ein, um eine Entgegnung für den Papst zu formulieren. Diese Versammlung war jedoch ein Fehlschlag, erst auf einer zweiten, am 29. Juni in Mainz tagenden Reichssynode wurde die Exkommunikation, die der Papst über den Kaiser verhängt hatte, für ungültig erklärt. Der Erzbischof von Trier verteidigte jedoch offen das Vorgehen des Papstes, und an der Versammlung nahmen weder Adalbero von Würzburg noch Hermann von Metz teil. Die Herzöge Rudolf von Schwaben, Welf von Bayern und Berthold von Kärnten rückten bereits vom Kaiser ab. Das Autonomiestreben der deutschen Reichsfürsten begann sichtbar zu werden. Wie R. Morghen scharfsichtig bemerkt hatte, setzte sich eine oligarchische Staatsauffassung durch, »gegründet auf eine Föderation von Fürsten, eher Verbündeten als Untergebenen des Königs, die ihn als *primus inter pares* gewählt hatten.«[5] Eine Konzeption, die stärker in der Tradition des Kriegeradels der germanischen Welt verwurzelt war als die Idee einer Zentralmacht, die von Karl dem Großen weitgehend realisiert und von den Ottonen wieder aufgenommen worden war.

Gregor VII. versuchte, diese Bewegung mit seinem Rundschreiben vom 25. Juli 1076 zu fördern, in dem er sein Vorgehen mit der Notwendigkeit rechtfertigte, die Einheit der Kirche zu schützen. Er erwarte die Reue und Buße des Herrschers und kündige allen früheren Anhängern des Königs, die zur Umkehr und Besserung bereit wären, Verzeihung an.

In jenem Sommer traf Mathilde, die wahrscheinlich zwischen Italien und Lothringen hin und her reiste, um die Probleme des

Erbes ihres verstorbenen Mannes zu lösen, mit Hermann von Metz, Abt Hugo von Cluny, Bischof Theoderich von Verdun und der Kaiserinmutter Agnes zusammen.[6]

Heinrich IV. geriet zusehends in Isolation, und es trat das ein, was er am meisten zu fürchten hatte, eine Annäherung der Selbständigkeitsbestrebungen der Reichsfürsten und der päpstlichen Politik. Dies wird deutlich aus dem im September in Ulm stattfindenden Treffen der bereits genannten süddeutschen Herzöge Rudolf von Schwaben, Welf von Bayern und Berthold von Kärnten und der papsttreuen Bischöfe Adalbert von Worms und Adalbero von Würzburg sowie aus dem im Oktober abgehaltenen Fürstentag zu Tribur, an dem außer den Reichsfürsten auch Gesandte Papst Gregors VII. teilnahmen. Auf dieser Versammlung kamen die deutschen Fürsten und die päpstlichen Legaten überein, einen Reichstag in Augsburg anzuberaumen, auf dem Gregor VII. den Vorsitz führen und Heinrich sich dem Gericht stellen sollte. Es wurde sogar das Datum dieser Versammlung festgesetzt, der 2. Februar 1077, das Fest Mariä Lichtmeß.

Heinrich IV. blieb nichts anderes übrig, als mit dem Papst Verhandlungen aufzunehmen. So sandte er von seiner Pfalz Oppenheim auf dem anderen Rheinufer Unterhändler zu den in Tribur versammelten päpstlichen Legaten, vor allem zu Abt Hugo von Cluny.

Aber die Zeit drängte, denn Gregor VII. traf Vorbereitungen für seine Reise nach Deutschland, obwohl ihm viele davon abrieten. Nur Mathilde, die in den Quellen zusammen mit der Kaiserinmutter Agnes als eine der Triebkräfte der Entscheidung von Tribur genannt wird, unterstützte ihn bei diesem Entschluß.

Diesen in die Tat umzusetzen, war jedoch nicht einfach. Robert Guiscard hatte im Dezember 1076 mit seinen Normannen den mit dem Papst verbündeten Langobardenfürsten Gisulf besiegt und Salerno erobert. Es bestand die Gefahr, daß Rom, wo der Normanne viele Freunde, Gregor VII. hingegen viele Feinde hatte – man denke nur an das Attentat vom Vorjahr –, in Roberts Hände fiel, wenn der Papst sich für längere Zeit aus der Stadt entfernte. Außerdem waren die Gefahren der Reise zu bedenken. Es war einer der strengsten Winter jenes Jahrhunderts; ein Großteil des Gebiets, durch das der Papst ziehen mußte, war unwegsam und in Feindeshand, und er konnte eigentlich nur auf den Geleitschutz der Markgräfin Mathilde zählen.

Der Gang nach Canossa

Der Winter 1076/77 war einer der kältesten des ganzen Jahrhunderts. Der sogenannte Annalista Saxo berichtet, daß von Ende November bis in die zweite Märzhälfte hinein alle Flüsse zugefroren waren, und dies nicht nur in Mitteleuropa. Der Mönch Berthold von Reichenau (gestorben 1088) schreibt in seiner Chronik:

> »Nach dem Ende des Fürstentags von Tribur begannen um den ersten November herum ungewöhnlich starke Schneefälle und überzogen überall die Erde mit einer weißen Decke. Es erregte große Furcht und wurde als Vorzeichen für kommendes Unheil gedeutet, daß der Schnee nicht nur in den Ländern diesseits der Alpen fiel, sondern in nie gesehener Menge auch ganz Norditalien bedeckte. Infolge der starken Kälte froren sowohl der Rhein als auch der Po zu, ganz zu schweigen von den anderen Flüssen, so daß sie den Reisenden eine Straße aus Eis boten, die den Landstraßen glich. Der Winter dauerte mit dieser strengen Kälte und dem grimmigen Frost bis zu den Iden des März, das heißt von dem Tag in Tribur bis zu der Versammlung, die die Großen des Reichs in Forchheim abhielten.«[1]

Die Aufmerksamkeit, die der Annalist den Naturphänomenen schenkt, und ihre symbolische Deutung sind nichts Ungewöhnliches. Es ist aber auf jeden Fall lohnend, sich mit diesen nur scheinbar marginalen Aspekten der Geschichte zu beschäftigen; weniger, um herauszufinden, ob Heinrichs Buße real oder fingiert war, sondern um die Vergangenheit auch in ihrem Alltag zu erfassen.

Im Lauf des 11. Jahrhunderts kam es zu mehreren Klimaschwankungen. Ein Temperaturanstieg um die Jahrhundertmitte brachte in den Jahren 1056 und 1066 extrem milde Winter, während im letzten Drittel des Jahrhunderts die Temperaturen wieder zurückgingen. Überliefert wird, daß die Jahre 1069, 1070, 1076/77, 1080, 1092 und 1100 sehr kalte Winter aufwiesen. Am schlimmsten soll die Zeit von Anfang November 1076 bis Anfang März 1077 gewesen sein. Von den Schrecken dieses Winters berichten vierundzwanzig Quellen.[2]

Unter einem derart strengen und harten Winter hatten die Menschen zu leiden, vor allem Bevölkerungsschichten, die ihm weitgehend wehrlos ausgeliefert waren wie die Armen und die sozialen Randgruppen, die in Klöstern und Kirchen Zuflucht suchten und ein äußerst hohes Risiko eingingen, die extreme Kälte nicht zu überleben. Noch schutzloser war die einfache Landbevölkerung, die in selbstgebauten Häusern lebte, die kaum besser als Hütten waren, Holzbauten, in denen die Wände aus Flechtwerk hochgezogen wurden, das mit Lehm abgedichtet wurde und das Dach zumeist mit Stroh gedeckt war. Holz war damals in Europa der wichtigste Rohstoff; zog sich der Winter aber in die Länge, begann es auch daran zu mangeln. Man konnte gewiß nicht das Holz der Zäune, die die Häuser von den Feldern und die bebauten Felder vom unbebauten Land abtrennten, zum Heizen hernehmen, wenn infolge der Kälte das Wild aus den Wäldern auf Nahrungssuche bis zu den Wällen und Mauern der Siedlungen kam und, falls es einen Durchschlupf fand, sogar bis in das ummauerte Areal hinein – wie die Wölfe, von denen die Stadtchroniken (von Parma und Vicenza) mehrmals berichten. Als erste unmittelbare Folge dieser strengen Winter erfroren die Weinstöcke. Die Schneeschmelze ließ hingegen häufig die Flüsse und Bäche über die Ufer treten und führte zu verheerenden Überschwemmungen, so im Jahr 1085 zur Hochwasserkatastrophe am Po.

Unsere Vorfahren im Mittelalter waren allerdings allein aufgrund der natürlichen Auslese, die bereits von der Zeugung und Geburt an erfolgte, sicher starke und kraftvolle Menschen und wehrten sich, so gut es ging, gegen die Unbilden des Wetters, die der Lehre der Kleriker zufolge als Ausdruck des göttlichen Willens zu deuten waren. Ein so bedeutendes Ereignis wie der Streit zwischen Papst und Kaiser verlangte ja geradezu nach einem sichtbaren Eingreifen Gottes. Die extreme Kälte jenes Winters erschien daher als Folge der menschlichen Sündhaftigkeit, des Hochmuts eines Kaisers, der sich gegen den Stellvertreter Christi empört hatte. Sobald er abgesetzt und ein neuer römisch-deutscher König in der Gestalt Rudolfs von Rheinfelden (bzw. von Schwaben) gewählt worden war, besserte sich das Wetter wie durch Zauberschlag: »Die dicke Schneedecke, die in jenem Jahr die ganze Erde bedeckt hatte, begann am Tag der Wahl des neuen Königs endlich zu schmelzen«, schreibt ein anderer Chronist, Bernold von Konstanz (oder von Sankt Blasien), Mönch und Sohn eines verheirateten Priesters, ein Augenzeuge dieser Ereignisse (er starb 1100), nachdem er von der Reichsversammlung von Forchheim berichtet hatte.[3]

Anfang Dezember brach Gregor VII., eskortiert von Mathildes Truppen, aus Rom in Richtung Augsburg auf. Er war fest entschlossen, die Angelegenheit ein für allemal zu regeln, entweder durch eine Buße Heinrichs IV. oder, falls dieser dazu nicht bereit wäre, durch die Wahl eines neuen papsttreuen Königs/Kaisers. Auf eine Aussöhnung arbeitete währenddessen wahrscheinlich Hugo von Cluny hin, der einerseits infolge der engen Romabhängigkeit der berühmten burgundischen Abtei und durch seine Reformorientierung an den Papst gebunden war, andererseits auch persönliche Beziehungen zu Heinrich IV., dessen Taufpate er war, und zu Mathilde von Canossa hatte.

Auf seiner Reise nach Deutschland wollte Gregor VII. durch die Länder der Canossa und dann über französisches Gebiet ziehen, um Anhänger zu sammeln. Er durchquerte zuerst das Kernland der Canossaherrschaft und machte in Siena, Marturi (bei Poggibonsi) und Florenz halt. Ende Dezember war er in Lucca bei seinem Anhänger Anselm; am 8. Januar hielt er sich in Mantua auf, um auf die Eskorte der Reichsfürsten zu warten, die ihn über die Alpen zu der auf den 2. Februar anberaumten Reichsversammlung in Augsburg geleiten sollten.

Aber statt der Truppen seiner Anhänger erreichte ihn die Nachricht, Heinrich IV. sei nach Italien aufgebrochen. Das war ein unerwarteter und für den Papst gefährlicher Schachzug, denn der Kaiser konnte gerade in Italien die Unterstützung finden, an der es ihm in Deutschland gefehlt hatte, vor allem bei den lombardischen Bischöfen, die Gregor VII. und der neuen Politik Roms feindlich gegenüberstanden.

»Der König feierte das Weihnachtsfest in Besançon in Burgund, wo er nicht einmal einen Tag verweilte. Dann führte er seine Gemahlin und seinen Sohn mit sich, setzte mit seinem ganzen Gefolge und Apparat bei Genf über die Rhône, wie er es schon vorher beschlossen hatte, überquerte die Alpen, was die größten Anstrengungen erforderte, zog durch das Bistum Turin und betrat somit italienischen Boden. Danach versammelte er so viele Anhänger wie möglich, band in Pavia die Schar der exkommunizierten Bischöfe Oberitaliens an sich und versprach ihnen – als besäße er irgendeine Würde, die ihn berechtigte, sich zu ihrem Anwalt zu machen –, er werde sich zum Papst begeben, nicht, um in erster Linie wegen der Sentenz, die ihn selbst betraf, sondern wegen ihrer so ungerechtfertigten Exkommunikation zu verhandeln.«[4]

Wie der philogregorianische Chronist Berthold von Reichenau betont, war Heinrich IV. also nicht nach Italien gezogen, um seine bußfertige Gesinnung vor dem Papst zu zeigen, sondern um den Kampf wieder aufzunehmen und sich dabei auf die lombardischen Bischöfe zu stützen, die zwar von Gregor VII. exkommuniziert waren, ihre gefestigte Position in ihren Bistümern aber noch beibehalten konnten.

Auch andere Chronisten bezeugen, daß der König für einen Krieg gerüstet war, wenn sie von dem »großen Heer« sprechen, mit dem er in Italien einzog oder das er dort aufbot. Sie schreiben ihm sogar die Absicht zu, wie dies Bonizo ausdrücklich tut, Gregor VII. gefangenzunehmen.

Mit seinem Italienzug ergriff Heinrich IV. die Initiative und durchkreuzte die Pläne des Papstes und seiner Anhänger. Welche Verwirrung damals geherrscht haben muß, zeigt sich darin, daß Gregor VII. Mantua verließ und auf die Burg Canossa auswich, die besser geschützt und leichter zu verteidigen war.

Beide Seiten verstärkten ihre militärischen Rüstungen und intensivierten andererseits die Friedensverhandlungen. Es waren Tage fieberhafter Aktivität und Spannung, die auch von den Zeitgenossen als außergewöhnlich empfunden wurden. Zum ersten Mal standen sich ein Kaiser und ein Papst im Streit gegenüber. Jeder zeitgenössische Chronist, Geschichtsschreiber oder Dichter wollte seine eigene Version dieser Ereignisse geben, häufig eine Version, die unter dem Eindruck der späteren Ereignisse stand oder durch die Interessen und politischen Standpunkte der jeweiligen Verfasser eine subjektive Färbung erhielt. Das epische Moment überwog dabei, der Gang nach Canossa wurde zum Symbol der Erniedrigung und Demütigung eines Menschen, der zur Buße und Änderung gezwungen ist.[5]

Hält man sich jedoch nur an die Fakten und setzt sie mit den Ereignissen vor und nach der berühmten Zusammenkunft vom 28. Januar 1077 in Beziehung, so war die vorgebliche Reue Heinrichs IV. nur das geeignetste Mittel, sein Ziel, die Wiedereinsetzung in seine Macht, zu erreichen. Wenn es der Reue und Buße bedurfte, so hätte sie in Augsburg vollzogen werden müssen, wie es vereinbart war und wie es Heinrich scheinbar akzeptiert hatte. Mit seinem Italienzug, auf dem er die Gegner Gregors VII. von neuem zu einem festen Block zusammengeschweißt und ein starkes Heer versammelt hatte, zeigte der Kaiser jedoch, daß er nicht nur selbst dem Willen des Papstes keinen Gehorsam leistete, sondern imstande war, seinen eigenen Willen durchzusetzen. Mit seinem raschen Entschluß, nach Italien zu ziehen (und zudem begünstigt durch die witterungsbedingten Kommunikationsschwierigkeiten), sprengte er faktisch das Bündnis, das sich in Ulm und in Tribur zwischen dem hohen deutschen Lehnsadel und der gregorianischen Partei gebildet

Heinrich IV. bittet den Abt von Cluny und Mathilde
um Fürsprache bei Gregor VII. in Canossa.
(Biblioteca Apostolica Vaticana, Ms. Vat. Lat. 4922, f. 49r)

hatte, und baute eine andere Allianz wieder auf, die in Worms die Absetzung Gregors VII. befürwortet hatte. Er war allerdings ein so kluger Taktiker, daß er sehr wohl erkannte, daß es für ihn kein Zurück mehr gab. Eile tat not, denn am 2. Februar würde auf jeden Fall die Synode in Augsburg zusammentreten. Einen Krieg zu führen, wäre schwierig, zeitraubend und risikoreich gewesen; es war also besser, die Vermittlung einflußreicher Persönlichkeiten, auf die er sich verlassen konnte, in Anspruch zu nehmen – Hugo von Cluny, Mathilde, Adelheid von Turin – und sich der notwendigen Buße zu unterziehen, um die Verzeihung des Papstes zu erlangen.

Bis zum letzten Moment verwandte Heinrich IV. dennoch sein Heer als Druckmittel gegen Gregor VII. Am 20. Januar führte er seine Bewaffneten in die Nähe von Canossa, dann traf er mit Mathilde und Hugo von Cluny in Montezane zusammen, einer der vier Bergkuppen, die das malerische Ensemble der »Quattro Castella«, wenige Meilen von Canossa entfernt, bilden. Es ist anzunehmen, daß er erst nach diesem Zusammentreffen das Büßergewand angelegt hat. Er verließ das Lager bei Bianello und begab sich mit einem kleinen Gefolge nach Canossa zu dem Gang, den man seine »Erniedrigung« genannt hat. Am 25. Januar traf er vor den Toren der Burgsiedlung ein, in der sich Gregor VII. aufhielt, um die Rolle des Büßers vollendet zu spielen, unter der er körperlich wie seelisch bestimmt litt, über deren Erfolg er sich aber sicher war.

Gregor VII. konnte in der Tat einem Sünder die Absolution nicht verweigern, sobald er sich von der Aufrichtigkeit seiner Reue überzeugt hatte, wie Ovidio Capitani zu Recht betont.[6] Als Priester mußte er sich dementsprechend verhalten. Es war allerdings klar, daß er den Kaiser, wenn er ihn von der Sünde der Rebellion gegen die Kirche lossprach, nicht automatisch wieder in seine Herrscherfunktion einsetzte. Heinrich genügte es jedoch schon, »in die Gemeinschaft der Heiligen« wiederaufgenommen zu werden, aus der er durch die Exkommunikation entfernt worden war, die alle ihm geleisteten Treueide ungültig und sündhaft werden ließ. Alles weitere würde seine Sache sein.

Gregor VII. und seinen Anhängern blieb nur ein Mittel, um zu verbergen, daß sie diesem taktischen Schachzug nichts entgegenzusetzen hatten: Sie mußten diese Buße und Reue (die sich später als fingiert herausstellen sollte) möglichst publik machen.

So schrieb Gregor VII. Ende Januar an die deutschen Reichsfürsten, um sie von der Absolution in Kenntnis zu setzen und ihnen den Wortlaut von Heinrichs Eid zu übermitteln. Sein Brief ist das unmittelbarste Zeugnis dieser Ereignisse:

»Wie es mit den Boten, die ihr uns gesandt habt, vereinbart war, kamen wir ungefähr zwanzig Tage vor dem Zeitpunkt in die Lombardei, an dem einige der Herzöge uns bei der Veroneser Klause [Comune Volargne] entgegenkommen sollten, und warteten auf ihre Ankunft, um dann mit ihnen nach Deutschland zu ziehen. Nach Ablauf des vereinbarten Datums erhielten wir jedoch die Mitteilung, daß es wegen vieler Schwierigkeiten, die es zu dieser Zeit gab – was wir gern glauben wollen – nicht möglich sei, uns ein Geleit entgegenzusenden. [...] Währenddessen erfuhren wir, daß der König in großer Eile heranzöge. Bevor er italienischen Boden betrat, hatte er Boten mit Bittbriefen zu uns gesandt, in denen er versprach, er werde Gott, dem heiligen Petrus und uns Genugtuung leisten, seine Lebensführung bessern und uns in allem gehorsam sein, um von uns die Gnade der Absolution und des apostolischen Segens zu erwirken. Wir haben lange Zeit und nach vielen Beratschlagungen die Entscheidung darüber aufgeschoben und ihn mit scharfen Worten wegen seiner Exzesse getadelt, durch alle Boten, die zwischen uns hin und her gingen, bis er direkt mit einem kleinen Gefolge, ohne jegliche Feindseligkeit oder Ungehörigkeit zur Burg Canossa kam, wo wir uns aufhielten. Dort stand er drei Tage vor dem Burgtor, nachdem er alle königlichen Herrschaftszeichen abgelegt hatte, in kläglichem Aufzug, barfuß und in einem Wollhemd, und hörte nicht eher auf, mit vielen Tränen die Hilfe und die Tröstung des apostolischen Erbarmens zu erflehen, bis alle Anwesenden, zu denen diese Rufe gelangten, von soviel Milde und Mitleid erfüllt wurden, daß sie sich mit vielen Bitten und Tränen für ihn bei uns verwandten und sich alle über die ungewöhnliche Härte unseres Sinns verwunderten; und einige sagten, unsere Haltung sei nicht der Ernst eines strengen Papstes, sondern beinahe die Grausamkeit eines wilden Tyrannen. Überwunden von dem Drängen seiner Reue und von den flehentlichen Bitten aller, die zugegen waren, haben wir schließlich die Fessel des Kirchenbanns gelöst und ihn wieder in die Gnade der Gemeinschaft der Heiligen und in den Schoß der heiligen Mutter Kirche aufgenommen, nachdem wir von ihm die Zusicherungen erhalten hatten, die unten verzeichnet sind. Verbürgt für diese Zusicherungen haben sich der Abt von Cluny und unsere Töchter Mathilde und Gräfin Adelheid [die Schwiegermutter Heinrichs IV., Adelheid von Turin] und andere Fürsten, Bischöfe und Laien, die bei dieser Gelegenheit ihre Hilfe boten. Nachdem wir dies vollzogen haben, möchten wir dennoch in euer Land kommen, sobald dies möglich ist, um gemeinsam, wie wir es schon lange ersehnen, vollständiger mit Gottes Hilfe für den Frieden der Kirche und die Eintracht im Reich zu wirken.«[7]

Heinrich IV. hatte eine Versöhnung erzwungen, von deren Aufrichtigkeit der Papst nicht überzeugt war, und Gregor VII. entschuldigte sich beinahe bei den deutschen Reichsfürsten, daß er sie gewährt hatte. Für ihn war das Problem damit nicht aus der Welt geschafft; offen blieb für ihn auch immer die Frage der Wahl eines neuen römisch-deutschen Königs bzw. Kaisers, über die es in Augsburg zu einer Entscheidung hätte kommen sollen. Er hatte daher die Absicht, in jedem Fall und sobald wie möglich seine Reise nach Deutschland fortzusetzen. Aber diese Reise kam nie zustande. Auch deswegen kann man mit Ovidio Capitani abschließend sagen: »Immer mehr gelangt man zu der Überzeugung: Canossa war der größte Sieg Heinrichs IV.«[8]

Nach der Aussöhnung

Die Aussöhnung wurde mit einem feierlichen Gottesdienst besiegelt, an dem die hochrangigen Persönlichkeiten, die nach Canossa gekommen waren, teilnahmen: die schismatischen Bischöfe, die die Absolution erlangt hatten, die Äbte, die beim Bußgang Heinrichs IV. präsent gewesen waren, die weltlichen Herren, die den Kaiser um Verzeihung gebeten hatten. Heinrich IV. wurde also wieder zum Empfang der Kommunion zugelassen. Der Chronist Berthold von Reichenau berichtet dazu jedoch folgendes:

> »Der König wandte ein, er sei nicht würdig, an der Eucharistiefeier teilzunehmen und stieg die Altarstufen hinunter, ohne die Kommunion empfangen zu haben. Dies deutete der Papst in kluger Voraussicht als Zeichen einer verstockten Gesinnung und verborgenen Heuchelei. Durch die Offenbarungen des Heiligen Geistes glaubte er deshalb in Zukunft nicht mehr an seine Versprechungen.«[1]

Auf die Eucharistiefeier folgte ein schlichtes und würdiges Versöhnungsmahl. Die Szene wird von Ranger geschildert:

> »Schweigsam ist der König und starrt gedankenvoll vor sich hin.
> Verhaßt ist ihm die Speise, mit hängenden Schultern
> sitzt er vor dem Tisch und greift nicht zu.
> Gregor sieht dies, und bereits reut ihn sein Tun,
> und er ermahnt den König, vernünftig zu handeln.
> Füchse haben ihren Bau und Vögel ihre Nester,
> aber der Mann Christi hat keinen Ort zur Ruhe ...«[2]

Ranger ist nicht dabeigewesen. Er hat den Bericht eines Augenzeugen oder eine Erzählung aus dritter Hand übernommen. Seine lebensechte Schilderung gibt jedoch die Atmosphäre einer Begegnung wirklichkeitsgetreu wieder, die nur als Kampfpause in einem Konflikt zu bezeichnen ist, der noch lange nicht beendet war.

Nachdem der Kaiser den Segen des Papstes empfangen hatte, verließ er den kleinen befestigten Ort, der durch die gleichzeitige Anwesenheit des Papstes und des weltlichen Herrschers sich einen Augenblick lang als neues Rom empfand, und zog mit seinem Heer in die Ebene hinunter, nach Reggio Emilia, wo die lombardischen Bischöfe zusammengetreten waren, die sich dem Papst nicht gebeugt hatten. Diejenigen, die dies getan hatten, waren in Canossa geblieben, um in der Haft ihre Schuld abzubüßen, solange es Gregor VII. beliebte. So berichtet Berthold.

Wie der Papst gegenüber den deutschen Lehnsherren, die auf seiner Seite standen, zu einer Erklärung gezwungen war, so mußte auch Heinrich sein Verhalten vor den Bischöfen rechtfertigen, die ihn unterstützt und ihm Waffenhilfe geleistet hatten, um den Mann gefangenzunehmen und vom Thron zu stoßen, der in ihren Augen ein falscher Papst, ein Usurpator des Stuhls Petri war und den sie deswegen im Vorjahr in Worms abgesetzt hatten. Sie waren nach Reggio Emilia gekommen, da der dortige Bischof Gandulf ein Parteigänger Heinrichs IV. war. Die Nachricht von der Demütigung, die der Kaiser auf sich nehmen mußte, hatte sie gewiß überrascht und alarmiert, deshalb begab sich Heinrich IV. zu ihnen.

Über die Handlungen des Kaisers in den Tagen unmittelbar nach dem Gang nach Canossa geben die Quellen widersprüchliche Berichte. Am ausführlichsten läßt Donizo sich darüber aus, da er aber bestimmte Einzelheiten als einziger schildert, kann man ihm nicht uneingeschränkt Glauben schenken. Aus anderen Quellen (Bernold und der anonyme Verfasser der Vita des Bischofs Anselm von Lucca) erfahren wir, daß Heinrichs IV. bußfertiges Verhalten nur zwei Wochen andauerte, die notwendige Zeit für die Verhandlungen, von denen Donizo spricht.

Heinrich IV. begab sich also nach Reggio, um die Verbitterten und Enttäuschten zu beruhigen. Um dies zu erreichen, mußte er eine Kompromißlösung finden, die es diesen Bischöfen ermöglichte, ihre Diözesen ohne Schwierigkeiten zu behalten. Daraus entwickelte sich der Plan, dem Papst die Einberufung einer Synode des ganzen oberitalienischen Episkopats vorzuschlagen, die in der Lombardei stattfinden sollte, wahrscheinlich um ihren Verlauf besser unter Kontrolle haben zu können. Mit diesem Vorschlag kehrte Heinrich IV. kurz darauf – nach Donizos Zeugnis am 3. Februar – zu einem Treffen mit Gregor VII. nach Bianello (im Apennin) zurück, wo das kaiserliche Hauptquartier lag. Gregor VII. bezeichnete Mantua als Tagungsort der Synode und setzte wahrscheinlich einen nahen Termin dafür an. Er hatte in der Tat die Absicht, nach Deutschland zu reisen; Mantua bot sich sowohl in geographischer Hinsicht als Haltepunkt auf halber Strecke an als auch als der geeignete Ort, um die Beziehungen zwischen *regnum* und *sacerdotium*, wie man damals das Reich und die Kirche definierte, zu regeln.

Mantua hatte in diesem Jahrhundert bereits als Tagungsort für zwei Synoden gedient und bot durch seine zentrale Lage in der Poebene die besten Voraussetzungen dafür. Da es in der Hand der Canossa war, konnte der Papst hoffen, daß dieses Zusammentreffen unter für ihn günstigen Umständen ablaufen würde. Das angesetzte Datum mußte innerhalb dieser zwei Wochen liegen, die von den Chronisten als die Zeitspanne der Loyalität Heinrichs bezeichnet wird – danach brach er den Eid –, also etwa Mitte Februar:

> »Der König überquerte als erster vergeblich den Po,
> und plante mit wenigen Männern, den Papst gefangenzunehmen,
> und auch, wenn es ihm gelänge, die Gräfin.
> Dieses abscheuliche Verbrechen gedachte er,
> durch den Vorwand eines Gerichtstags auszuführen,

aber Christus, der alles sieht, verhinderte dieses Verbrechen:
Der Papst und die edle Mathilde mit ihm setzte über den Po
und hoffte, einen wahren Frieden zu schließen.
Da kam ein Bote zu der edlen und umsichtigen Herrin,
der den heimlichen Plan König Heinrichs enthüllte,
der den Papst, wie er sagte, verraten wolle.
Als dies die kluge Herrin vernahm, zog sie sich schnell
mit den Ihren und mit dem Papst in die Berge zurück.
Entdeckt und vereitelt wurde der Hinterhalt des Königs,
der den Papst und Mathilde nie wiedersehen sollte.«[3]

Daß es wieder zum Bruch gekommen war, wird durch eine Maßnahme Heinrichs IV. bestätigt: Er ließ in Piacenza die Bischöfe Anselm von Lucca und Gerhard von Ostia gefangennehmen, die der Papst zur Regelung der Nachfolge von Bischof Wido von Velate nach Mailand gesandt hatte. Anselm wurde jedoch sogleich wieder freigelassen. Er gehörte zu den Bischöfen, die Gregor VII. besonders nahestanden, und der Kaiser wollte die angespannte Situation nicht weiter verschärfen.

In Piacenza traf Heinrich IV. Mitte Februar mit seiner Mutter Agnes zusammen, die möglicherweise einen letzten verzweifelten Vermittlungsversuch unternahm. Heinrich IV. war jedoch in jenen Wochen damit beschäftigt, seine Krönung zum König von Italien in Pavia vorzubereiten, der Hauptstadt des Regnum Italiae seit der Langobardenherrschaft. Während er sich dort aufhielt, trafen aus Deutschland beunruhigende Nachrichten ein.

Nach dem Scheitern der Versammlung in Augsburg beschlossen die deutschen Reichsfürsten, sich Mitte März in

Forchheim zu versammeln, um einen neuen König zu wählen. Inzwischen war jedoch die Front gegen Heinrich ins Schwanken geraten. Nicht alle, die auf dem Fürstentag zu Tribur für die Wahl eines neuen Königs bzw. Kaisers eingetreten waren, blieben bei dieser Meinung. Schließlich war Heinrich IV., wenn auch nicht in seine Herrschergewalten wieder eingesetzt, so doch von neuem in die Gemeinschaft der Christen aufgenommen worden, und der ihm einst geleistete Lehns- und Treueid behielt daher seine Gültigkeit. Außerdem erregte der Plan, einen neuen König bzw. Kaiser aus dem hohen deutschen Lehnsadel zu wählen, Unzufriedenheit bei denen, die sich auf die Seite gedrängt fühlten, und nicht zuletzt hatte der Papst selbst seine Zustimmung zu einer derartigen Wahl zurückgezogen.

Die Maßgebenden der Versammlung zu Forchheim (Lampert von Hersfeld nennt die Bischöfe von Mainz, Würzburg und Metz und die Herzöge Welf von Bayern und Berthold von Kärnten) hatten den Papst schriftlich benachrichtigt, damit er – »durch die Tücke des Kaisers gehindert«, am 2. Februar, wie man festgesetzt hatte, in Augsburg zu sein – wenigstens am 13. März in Forchheim zugegen sein konnte. Gregor VII. versuchte, Heinrich IV. zu bewegen, ihm Geleit zu geben und mit ihm zu der Reichsversammlung zu ziehen. Da der Kaiser jedoch seine früheren Versprechen nicht einhielt, blieb Gregor VII. lieber in den befestigten Burgen in Canossa und dessen Umgebung und ließ die Gesandten der Reichsfürsten am 28. Februar nach Deutschland zurückreisen, ohne sich ihnen anzuschließen.

Vom 1. bis zum 6. März war Gregor VII. in Carpineti, am 19. März zog er nach Carpi hinunter, an der Straße nach Mantua und Verona, aber am 21. war er wieder im Apennin, in Bianello, wo er sich bis zum 6. April aufhielt. Vielleicht läßt dieser häufige Ortswechsel darauf schließen, daß er einen halbherzigen Versuch machte, zu den deutschen Fürsten zu gelangen, ihn aber infolge der Nachricht von Truppenbewegungen Heinrichs IV., der sich noch in Italien aufhielt, wieder abbrach. Mathilde war bei ihm und gab ihm das Geleit.[4]

In der Zwischenzeit wählten die Bischöfe und Fürsten in Forchheim Rudolf von Schwaben zum Gegenkönig. Diese radikale Entscheidung konnten die anwesenden päpstlichen Legaten, Kardinal Bernhard und der Abt von Saint-Victor in Marseille, nicht verhindern, zumal sie keine diesbezüglichen Instruktionen hatten, vielleicht, weil nicht vorauszusehen war, daß die Fürsten in Abwesenheit des Papstes so weit gehen würden. Doch diese versuchten, eine Rückkehr Heinrichs IV. auf den Thron mit allen Mitteln zu verhindern, und nahmen auf dessen Absolution in Canossa keine Rücksicht, während Gregor VII. den Weg zu einem Kompromiß offen lassen wollte, obgleich er (wie er in dem Brief vom 28. Februar schrieb) an der Aufrichtigkeit des Königs und seiner Versprechen zweifelte.

So notwendig und verbindlich die Kategorien der politischen Logik auch sein mögen, zum Verständnis des Mittelalters reichen sie nicht immer aus, denn für die germanische wie die früh- und hochmittelalterliche Welt war der Herrscher Träger einer Sakralität, die mit seinem Herrschertum verbunden war. Deshalb bedeutete der Investiturstreit einen Konflikt zwischen zwei Mächten, die beide Sakralitätsträger waren. Die Königssalbung, die, von den Westgoten eingeführt, bei den Franken zur Tradition wurde, war ein Sakrament, das der Herrschergewalt erhabene Heiligkeit verlieh. Das feierliche Krönungszeremoniell, die Pracht der Ornate und Waffen, die hieratischen Darstellungen der Herrscher waren Ausdruck der Teilhabe der Königswürde an einer höheren, heiligen, numinosen Sphäre. In den – ganz wenigen – Fällen, in denen Könige und Kaiser sich demütigten und Buße taten, wurde die Person von der königlichen Funktion, die sie repräsentierte, unterschieden: *Die zwei Körper des Königs* – wie das berühmte Buch von E. Kantorowicz heißt – wurden getrennt. Der sich Demütigende oder Büßende legte die Insignien der weltlichen Macht ab und schritt als einfacher, sündiger Mensch – wie Heinrich IV. in Canossa – zu seiner Buße. Der Herrscher unterwarf sich der kirchlichen Gewalt nicht in seiner Königswürde, sondern als Individuum. Sobald er die Buße erfüllt und durch Anlegen der königlichen Insignien seine Herrscherfunktion wieder übernommen hatte, erlangte der gedemütigte König seine Heiligkeit zurück und übte die Macht dieser Sakralität von neuem aus.

All dessen war sich Gregor VII. wahrscheinlich wohl bewußt, als er darauf bestand, Heinrich IV. nicht wieder in seine Königsgewalt eingesetzt zu haben, wie er den deutschen Fürsten gleich nach Canossa schrieb und im Jahr 1080 wiederholte, dennoch in seinen offiziellen Briefen Heinrich weiterhin mit dem Königstitel ansprach und auf der Synode des Jahres 1078 Heinrichs Gesandte mit allen Ehren empfing, die den Gesandten eines Herrschers zustanden.

Aus Achtung vor der Sakralität des Herrschers, nicht nur aus politischen Motiven, konnte Gregor VII. die in Forchheim durchgeführte Wahl eines neuen Königs nicht akzeptieren, eine Wahl, für die er keine Empfehlungen abgegeben hatte und die ihn desavouierte, da sie seine Bemühungen um eine Befriedung Deutschlands und der ganzen Christenheit vereitelte. Als Rudolf von Rheinfelden am 26. März, dem Sonntag Laetare, gekrönt wurde, hielt sich Gregor VII. noch in Mathildes Herrschaftsgebiet auf. Vom 13. bis zum 28. April finden wir ihn zur Feier des Osterfestes in Nonantola, der großen Abtei in der Poebene. Wahrscheinlich war Mathilde an seiner Seite.

Heinrich IV. hatte die Wahrnehmung seiner Interessen in Italien dem von ihm ernannten – mit der Exkommunikation belegten – Erzbischof Tedald von Mailand übertragen und Ende März Italien verlassen. Von Verona zog er über Kärnten nach Deutschland, um seine Krone zu verteidigen.

Gregor VII. blieb noch einige Monate im Gebiet der Canossa und traf erst im Spätsommer in Rom ein.

Anselm

Die Verfolgung der politischen Ereignisse und der großen historischen Zusammenhänge hat in den vorangegangenen Kapiteln die Familiengeschichte der Canossa ein wenig in den Hintergrund treten lassen. Mathilde scheint bei allen diesen Ereignissen entweder nicht präsent, wie im Großteil der deutschen Chroniken, oder aber ihre Rolle wird ins Gigantische gesteigert: In der Originalminiatur des Donizo-Codex kniet Heinrich IV. vor ihr. Was sie in dieser Zeit jedoch wirklich erlebt und empfunden hat, entzieht sich weitgehend unserer Kenntnis. Die Kette wichtiger Ereignisse in ihrem Leben riß nicht ab, so daß sie wohl kaum innehalten und Atem schöpfen konnte, obwohl sie in diesem Augenblick angesichts der großen Verantwortung, die sie nun übernehmen mußte, eine Denkpause besonders nötig gehabt hätte.

Sie war jetzt Anfang Dreißig; ihre Angehörigen waren einer nach dem anderen gestorben, zuletzt ihre Mutter. Wahrscheinlich war es gerade in diesen Monaten, in Canossa selbst oder bei seinem Aufbruch aus Mathildes Territorium, daß Gregor VII. sie Bischof Anselm von Lucca als Seelenführer anvertraute, »so wie Christus am Kreuz die jungfräuliche Mutter seinem jungfräulichen Jünger anvertraute«,[1] um ihr über die emotionale Vereinsamung hinwegzuhelfen und ihr einen fähigen und absolut verläßlichen persönlichen Ratgeber zur Seite zu stellen.

Anselm wurde um 1035 in Baggio (westlich von Mailand) als Sproß einer Adelsfamilie geboren, aus der Papst Alexander II., sein Onkel, hervorgegangen war. Wie dieser wuchs er im geistigen Klima der Patariabewegung heran und wurde durch ihre Ideale geformt. In seiner Jugend studierte er – wahrscheinlich in

Frankreich – Grammatik, Rhetorik und Theologie. Sein in der Forschung bisweilen behaupteter Eintritt in das Kloster Polirone ist nicht gesichert. 1073 designierte ihn sein Onkel Alexander II. vor seinem Tod als seinen Nachfolger im Bistum Lucca, dessen Titel der Papst beibehalten hatte. Um seiner Wahl die volle Gültigkeit zu verleihen, bedurfte es nach der damaligen Gesetzgebung und Praxis der Investitur durch den Kaiser. Die Beziehungen Heinrichs IV. zum Papst waren jedoch gerade in diesem Jahr sehr gespannt, und die ihm besonders ergebenen Bischöfe waren exkommuniziert.

In dieser Situation befand sich Anselm, als Gregor VII. den Thron Petri bestieg, und der neue Papst wußte selbst noch nicht recht, wie er sich verhalten sollte. In seinem ersten, bereits erwähnten Brief an Beatrix und Mathilde vom 24. Juni 1073 sprach er von diesem Problem, das die Markgräfinnen direkt anging, da sich Lucca in ihrem Herrschaftsgebiet befand:

> »Hinsichtlich des Bischofelekts von Lucca können wir euch nichts anderes sagen, als daß er, wie wir erkannt haben, eine so umfassende Kenntnis der heiligen Schriften und eine so scharfe Urteilsgabe besitzt, daß er gewiß die linke Seite von der rechten unterscheiden kann. Wenn er die rechte wählt, so werden wir uns von Herzen freuen, wenn er aber – was Gott verhüten möge – die linke Seite wählt, wird uns dies betrüben. Wir werden aber der Ruchlosigkeit von wem auch immer nicht durch Bezeugung unseres Wohlwollens unsere Zustimmung geben.«[2]

Nachdem der anfängliche Konflikt zwischen Heinrich IV. und dem Papst beigelegt war, konnte Anselm im April 1074 endlich nach Deutschland reisen, vom König/Kaiser den Bischofsring und Krummstab empfangen und zum Bischof von Lucca geweiht werden (Ende 1074 / Anfang 1075). Unmittelbar danach verurteilte die Fastensynode des Jahres 1075 jedoch alle von Laien vorgenommenen Investituren in kirchliche Ämter. Anselm, dem der Papst bereits am 1. September 1073 untersagt hatte, die Investitur vom Kaiser entgegenzunehmen, fühlte sich nun schuldig und zog sich zur Buße in das Cluniazenserkloster Saint-Gilles im unteren Rhônetal zurück. Er hielt sich jedoch nur kurze Zeit dort auf, da Papst Gregor VII. ihn selbst zurückrief und ihn wieder mit dem Bistum Lucca investierte, nachdem er die vorangegangene Ordination widerrufen hatte.

In dieser schwierigen Phase der Kirchengeschichte war die Praxis, Ordinationen zu wiederholen, nicht unüblich. Sie erwies sich als probates Mittel, um integre Prälaten, die aus irgendeinem Grund – vor allem aber, da dies vor 1075 nicht als unerlaubt gegolten hatte – vom Kaiser investiert worden waren, vor dem Verlust ihrer Ämter zu bewahren und gleichzeitig am Prinzip festzuhalten, daß eine Laieninvestitur ungültig sei.

Sobald Anselm wieder in seine Funktion in einer der wichtigsten Diözesen des canossanischen Herrschaftsgebiets eingesetzt war, nahm er eine Reform seiner Kirche in Angriff, die unweigerlich auf Widerstand stoßen mußte: Es ging dabei um die Realisierung eines der Grundprinzipien der neuen Auffassung vom Klerikerstand, d. h. um die Einführung des gemeinschaftlichen Lebens des Weltklerus. Dieses Ideal und seine Umsetzung in die Praxis waren keine Neuheit: Erste Ansätze dazu gab es bereits in der Karolingerzeit; die Reformpäpste hatten dieses Prinzip unter dem Einfluß der Theologen und der zeitgenössischen Volksbewegungen wie der Pataria wieder propagiert. Sie sahen in einem gemeinschaftlichen Leben der Priester, die im Kanonikerhaus wohnten, schliefen, die Mahlzeiten gemeinsam einnahmen und zusammen beteten, das Mittel, um die Sitten der Geistlichen zu reformieren. Auf diese Weise konnten sie nämlich keine Frauen und Kinder haben, kein Privatvermögen besitzen und unterstanden zwangsläufig Tag und Nacht einer gegenseitigen Kontrolle, was bei einem Leben in privatem Rahmen undenkbar gewesen wäre. Im Grunde wurde also ein monastisches Modell auf das Leben des Weltklerus angewandt, der aufgrund seiner Traditionen und seiner gottesdienstlichen und seelsorgerischen Aufgaben dafür wenig geeignet war und dies auch nur ungern ertrug.

In Lucca war die Kanonikerreform seit der Zeit Leos IX. eingeführt worden, aber da es keinen dort residierenden Bischof gab – Alexander II. hatte, wie gesagt, gleichzeitig den Bischofssitz von Lucca und den Stuhl Petri inne –, und da die beträchtlichen Güter der Kirche von Lucca für den lokalen Feudaladel von großem Interesse waren, kam es so gut wie nie zur Verwirklichung des gemeinschaftlichen Lebens des Klerus.

Anselm versuchte nun, diese Praxis wieder einzuführen und schuf sich dadurch, wie sich bald zeigen sollte, Feinde. Mathilde stand jedoch auf seiner Seite und unterstützte ihn in den Monaten, die auf das Treffen von Canossa folgten, bei seiner Aktion.

Aus der gegenseitigen Hochachtung, die Anselm und Hildebrand vom ersten Augenblick an füreinander empfunden hatten, entwickelte sich im Lauf der Jahre, je schwieriger die Lage der Reformpartei wurde, eine enge Zusammenarbeit. Hildebrand trat am 1. September 1074 seine Besitztümer in Montecatini (Teile des Hügels, der Burg und der Burgsiedlung) sowie ein Sechstel der umliegenden Felder und der Burgkirche Sant' Angelo an Anselm und die Kirche von Lucca ab. Damit gab er ihm die Möglichkeit, das Gebiet besser kontrollieren zu können. Anselm selbst erwarb im Frühjahr des folgenden Jahres andere Burgen wie San Gervasio in Val d'Era.[3]

Ende Dezember 1076 fungierte Anselm als Gastgeber Gregors VII. in Lucca und begleitete ihn aller Wahrscheinlichkeit nach auf seinem Zug nach Mantua und Canossa. Die Quellen berichten immer, daß Mathilde, Hugo von Cluny und Adelheid von Turin sich in Canossa mit anderen Bischöfen und Fürsten versammelten, nennen jedoch deren Namen nicht. Es ist aber anzunehmen, daß Anselm zu ihnen gehörte.

Unter den verschiedenen wichtigen Entscheidungen, die während dieser Zusammenkunft getroffen wurden, war wahrscheinlich die folgende besonders bedeutsam: Die Abtei San Benedetto Polirone wurde Cluny unterstellt. Mathilde schenkte sie dem Papst, und dieser verfügte in Anwesenheit des Abtes Hugo ihre Affiliation an Cluny. Wahrscheinlich war dies ein Vorgriff der Schenkung ihrer Güter an die Römische Kirche, die

Mathilde später tätigte. Zu diesem Zeitpunkt wurden auch die Grundlagen zu der späteren engen Verbundenheit zwischen Anselm und Mathilde gelegt, die seiner geistlichen Obhut anvertraut wurde. Auf engem Raum kamen hochrangige und verantwortungsreiche Persönlichkeiten zusammen, hatten dadurch die Gelegenheit, sich jeden Tag zu sehen, miteinander Gespräche zu führen und Gedanken auszutauschen, die Mahlzeiten gemeinsam einzunehmen und gemeinsam zu beten, während sie Entscheidungen treffen mußten, die für die Zukunft der Christenheit sehr wichtig waren.

Am 6. Juni 1077 hielt Mathilde in Florenz einen Gerichtstag ab, auf dem sie den Besitz der Burg Montecatini Anselm zusprach. Am 21. Juni äußerte sich die Markgräfin in Papiana erneut in dieser Angelegenheit zugunsten des Bischofs von Lucca. Der Besitz dieser Burg, eines Knotenpunkts auf der Straße nach Pistoia, war für das Bistum Lucca von großer Bedeutung. Die stärkste Unterstützung erhielt Anselm von Mathilde und Gregor VII. jedoch bei seinem Kampf gegen die Kleriker, die sich weigerten, als Kanoniker zu leben:

»Die Priester wurden zum Apostolischen Stuhl beordert [Synode vom 25. Februar bis 3. März 1078], dort wurde aufgedeckt, daß sie sich gegen ihren eigenen Bischof verschworen hatten und ihm einen Hinterhalt stellen wollten. [...] Die getreue und kluge Markgräfin [von Tuszien] Mathilde erklärte, daß sie ihre Untertanen seien und berief sie vor ihr Hofgericht. Darüber maßlos erbittert, begannen diese, wo sie nur konnten, auch gegen sie zu konspirieren. Da traten mehrere Bischöfe in San Ginese zusammen, einer befestigten Siedlung bei Lucca, unter ihnen Petrus Igneus [der Vallombrosaner, der die Feuerprobe von Settimo Fiorentino bestanden hatte], der als Vertreter des Papstes fungierte. Zusammen mit dem Bischof von Lucca, dem heiligen Anselm, und mit allen anderen Bischöfen sprach er gegen sie die Exkommunikation wegen aufrührerischer Bestrebungen aus. Voll Groll und Zorn über diese Entscheidung hetzten sie die ganze Bevölkerung auf, unterstützt durch eine verlorene Seele, die einst König Heinrich genannt wurde, vertrieben ihren frommen Bischof aus der

> Stadt und rebellierten auch gegen Mathilde. Anführer dieses Aufstands war ein gewisser Petrus, ein Kanoniker, der ein falsches Gelübde abgelegt hatte, der zu seiner Verdammnis zum Subdiakon ordiniert war, ein Mann voll Hochmut und Maßlosigkeit, mit loser Zunge und unbeherrschtem Wesen, blutrünstig und bereit zu jeder Schandtat.«[4]

So berichtet der anonyme Priester (von dem man nur die Namensinitiale B kennt), der gleich nach Anselms Tod dessen Vita verfaßte, von dem Kampf, den der Heilige führte, um seinem Klerus die gemeinschaftliche Lebensform aufzuzwingen, von der Hilfe, die er von Gregor VII. und Mathilde empfing und vom Scheitern seiner Politik, die in seiner Vertreibung aus der Stadt mündete, nachdem die Kleriker in der Synode von San Ginese bei San Miniato von Petrus Igneus exkommuniziert worden waren. Wir sind nun schon beim Jahr 1080 angelangt, und andere Ereignisse hatten dazu beigetragen, daß die gregorianische Partei in diese Sackgasse geraten war. Anselm blieb nichts anderes übrig, als an den Hof Mathildes zu flüchten. Von da an begleitete er sie auf allen ihren Reisen. Gregor VII. erhob ihn zum päpstlichen Vikar für die Lombardei.

Das Verhältnis zwischen Anselm und Mathilde gestaltete sich immer enger. Wie es sein Hagiograph schildert, dem man durchaus Glauben schenken kann, war Anselm der planende Organisator und Mathilde die Ausführende bei dem Bestreben, den Ideen Gregors VII. zum Sieg zu verhelfen. Anselm trug auch als Kanonist nicht unwesentlich zur gregorianischen Reform bei. Er stellte eine *Collectio Canonum*, d. h. eine Sammlung päpstlicher Verfügungen, zusammen, in welcher der Primat Petri und die Zulässigkeit, daß der Papst Krieg führen könne, betont werden.[5] Dadurch waren die Voraussetzungen dafür geschaffen, eine direkte Beteiligung des Papstes an einem »gerechten Krieg« zur Verteidigung der Christenheit und des Patrimonium Petri zu rechtfertigen; der gerechte Krieg, den Mathilde zur Verteidigung der gregorianischen Kirche führte, erhielt damit seine Legitimierung, zudem wurden die Grundlagen für den Kreuzzugsgedanken gelegt. Derartige Vorstellungen waren in Mathildes Umkreis in jenen harten Kriegsjahren im Schwange, als die Markgräfin ihr Feldlager rastlos von einem Ort zum anderen verlegen mußte und Anselm sie stets begleitete, sie in militärischer wie in spiritueller Hinsicht beriet und seine thaumaturgischen Fähigkeiten anwandte, um einen Verwundeten zu heilen oder die Kopfschmerzen, an denen die Markgräfin häufig litt, zu vertreiben.

Anselm starb am 18. März 1086 in Mantua, knapp ein Jahr nach dem Tod Gregors VII. in Salerno. Mit ihnen verlor Mathilde die Bezugspersonen, die ihr Sicherheit gegeben und seit der Zeit, als sie allein die Herrschaft über die Mark der Canossa angetreten hatte, ihre Stütze gewesen waren. Welche Bedeutung beide für Mathilde gehabt hatten und wie groß ihre Einsamkeit und Hilflosigkeit nach deren Tod gewesen war, läßt sich an ihrem Entschluß ermessen, noch einmal zu heiraten, um jemanden zu haben, der ihr Schutz bieten konnte. Solange Anselm noch lebte, hatte sie dies trotz der großen Schwierigkeiten jener Jahre nie als notwendig erachtet. Nach Anselms Tod empfand sie eine zweite Ehe jedoch als dringlich erforderlich und unaufschiebbar.

Wibert

Gregor VII. – und mit ihm Mathilde – war auch in den Jahren 1078–1079 mit Briefen, Gesandtschaften und der Einberufung von Synoden um die Lösung des deutschen Problems bemüht, während Rudolf von Schwaben und Heinrich IV. ihren Kampf mit Waffengewalt austrugen. Da Heinrich eine beträchtliche Anzahl der Großen des Reichs auf seiner Seite hatte, begann sich die Situation allmählich zu seinen Gunsten zu wenden. Es wurde daher immer schwieriger, ihn zu zwingen, auf einer Synode zu erscheinen, wie es Gregor VII. vorhatte. Gestärkt durch seine militärischen Erfolge, verlangte Heinrich IV., sein Rivale Rudolf von Schwaben solle sich ihm noch vor der Reichsversammlung, die Gregor VII. anstrebte, unterwerfen. Dies zu akzeptieren, hätte für den Papst den völligen Bruch mit den Fürsten bedeutet, die seine Politik immer mitgetragen hatten. Als Alternative besaß Gregor VII. die Möglichkeit, über den Kaiser wieder den Kirchenbann zu verhängen, um ihn auf diese Weise in die Knie zu zwingen. Die Situation war aber nicht dieselbe wie vor vier Jahren, die Bündnisse waren brüchig geworden, und diese Waffe hatte ihre Schärfe verloren. Es blieb dem Papst daher nichts anderes übrig, als die kommenden Entwicklungen abzuwarten, und diese sollten sich als wenig vorteilhaft für die Gregorianische Partei erweisen.

Nach der für beide Seiten sehr verlustreichen Schlacht von Flarchheim vom 27. Januar 1080, in der Rudolf von Schwaben nur mit knapper Not einer schweren Verwundung entging, war deutlich zu erkennen, daß die Entscheidung nicht mit Waffengewalt herbeigeführt werden konnte. Man mußte wieder auf einer anderen Ebene agieren; da eine politische Intervention nicht möglich war, blieb dem Papst nur ein – wie wir wissen, begrenztes – Mittel, eine Intervention auf religiös-spiritueller Ebene in eindeutig politischer Absicht, die erneute Exkommunikation Heinrichs IV. und die Anerkennung Rudolfs als legitimen Herrscher. Dies geschah am 7. März 1080, während der jährlich stattfindenden Fastensynode, wobei Gregor VII. wie beim ersten Mal den Apostel Petrus anrief:

»Seliger Petrus, Fürst der Apostel, und Du, seliger Paulus, Lehrer der Völker, würdiget mich, ich bitte, Eure Ohren zu mir zu neigen und mich gnädig zu hören. [...] Denn Ihr wisset es, daß ich nicht gerne zu dem heiligen Stande herzugetreten und gegen meinen Willen über die Berge mit dem Herrn Papst Gregor [VI.] hinweggegangen bin, aber noch widerwilliger mit meinem Herrn, dem Papste Leo zu Eurer eigenen Kirche zurückkehrte, in der ich Euch wie nur immer gedient habe, dann sehr widerwillig mit vielem Schmerz und Seufzen und Klagen auf Euren Thron, sehr unwürdig, eingesetzt worden bin. Das sage ich deswegen, weil nicht ich Euch, sondern Ihr mich erwählt und das sehr schwere Gewicht Eurer Kirche auf mich gelegt habet. Und weil Ihr mir befohlen habt, auf den erhabenen Berg zu steigen [vgl. Isaias, 58,1] und zu rufen und dem Volke Gottes sein Verbrechen und den Söhnen der Kirche ihre Sünden auszukündigen, so haben die Glieder des Teufels begonnen, gegen mich sich zu erheben, und sich erfrecht, bis auf das Blut ihre Hände auf mich zu werfen. [...] Unter diesen hat besonders Heinrich, den sie König nennen, Kaiser Heinrichs Sohn, gegen Eure Kirche die Ferse erhoben, nachdem er mit vielen Bischöfen von jenseits der Alpen und von Italien eine Verschwörung angestiftet, mit dem Bemühen, die Kirche, indem er mich stürze, sich zu unterjochen. Seinem Übermut widerstand Eure Gewalt, und Eure Macht hat ihn zerstört. Dieser hat, als er zerschmettert und niedergebeugt zu mir nach der Lombardei kam, die Freisprechung vom Kirchenbanne von mir verlangt. Da ich ihn nun niedergebeugt sah, gab ich ihm, nachdem ich viele Versprechungen über die Besserung seines Lebens von ihm empfangen hatte, die Wiedervereinigung mit der Kirche allein zurück; nicht jedoch habe ich ihn in der Reichsregierung, von der ich ihn auf der römischen Synode abgesetzt hatte, wieder hergestellt. [Da er aber seine Versprechungen nicht einhielt, wählten die deutschen Bischöfe Rudolf zum König.] Inzwischen begann Heinrich mich zu bitten, daß ich ihn gegen den vorgenannten Rudolf unterstützen möchte. Ihm habe ich geantwortet, daß ich es gerne tue, wenn ich von beiden Teilen Rechenschaft würde vernommen haben, um zu wissen, wem das Recht günstiger sei. [Und der Papst begann mit der Vorbereitung einer Reichsversammlung.] Aber der vorgenannte Heinrich ist mit denen, die ihn begünstigen, da er die Gefahr des Ungehorsams, welche das Verbrechen der Abgötterei ist, nicht fürchtete, dadurch daß er das Gespräch hinderte, in die Exkommunikation verfallen und hat sich selbst mit der Fessel des Fluches gebunden.«[1]

Das Schreiben schloß mit einem weiteren Lehrsatz seiner theokratischen Doktrin: Da die Bischöfe die Gewalt hätten, geistliche Dinge zu binden und zu lösen, besäßen sie diese auch in weltlichen Dingen: »Wenn Ihr geistliche Dinge beurteilt, welche Macht müßt ihr nicht über die irdischen Dinge besitzen?«

Heinrichs IV. Reaktion ließ nicht auf sich warten. Die auf seiner Seite stehenden deutschen Kirchenfürsten, die Ostern 1080, am 12. April, in Bamberg zusammengetreten waren, verkündeten, daß sie Gregor VII. nicht mehr als Papst anerkennen wollten. Am 31. Mai, am Pfingstfest, versammelten sich in Mainz neunzehn deutsche Bischöfe, die die Absetzung Gregors VII. beschlossen. Am 25. Juni hielten die kaisertreuen Bischöfe in Brixen eine Synode ab, um einen neuen Papst zu wählen. Als erster Kandidat wurde Erzbischof Tedald von Mailand aufgestellt; als dieser ablehnte, fiel die Wahl auf Erzbischof Wibert von Ravenna, der den Namen Clemens III. annahm.

Aus Parma stammend wie der frühere Gegenpapst Cadalus-Honorius II., war Wibert ein Mitglied der Familie Da Correggio, die mit den Canossa verwandt war.[2] Sein Geburtsdatum fiel zwischen 1020 und 1030. Er machte schnell und erfolgreich Karriere. Zur Zeit der Kaiserin Agnes trat er in die Reichskanzlei ein und schloß sich sofort eng an Heinrich IV. an. 1073 wurde er zum Erzbischof von Ravenna erhoben, einem der bedeutendsten Metropolitansitze in Italien, der aber seit 1065 mit dem päpstlichen Interdikt belegt war. Anfangs hatte Wibert versucht, mit Rom friedliche Beziehungen herzustellen, das Verhältnis zu Gregor VII. verschlechterte sich jedoch sehr bald. 1078 wurde Wibert exkommuniziert, 1080 wurde der Kirchenbann erneut gegen ihn ausgesprochen.

Kurz danach als Gegenpapst aufgestellt, wurde er zur Zielscheibe der polemischen Publizistik der Kirchenreformer, die auf ihn und seine Anhänger ihre giftigsten Pfeile verschossen:

»Die falschen Bischöfe freuten sich darüber,
am meisten der genannte Wibert, der diesen Rat
dem König gab, weil er Petri würdigen Thron besetzen wollte,
ähnlich wie der schwarze Teufel,
der den himmlischen Thron zu besetzen versuchte.
Schlüpfrig und lügnerisch war dieser Wibert,
dem Irrtum verfallen, Mitwisser und Anstifter einiger Morde.
Niemand liebte weltlichen Prunk mehr als er,
ohne jede Religion, war er nicht einmal mehr imstande, sie zu lieben.
Diesen hielt der König für den Papst und verherrlichte ihn.«[3]

So äußerte sich Donizo, aber auch andere Chronisten versprühten ihr Gift.

Wiberts Anhänger schildern ihn hingegen als »Mann von Adel, sehr vornehm und klug, umsichtig und reich an Wissen, mit scharfer und wacher Auffassungsgabe.«[4]

In der Tat war Wibert, wie die jüngsten Untersuchungen gezeigt haben, ein gebildeter Mann, der eine eigene Vorstellung von der Reform der Kirche entwickelt hatte; er strebte eine Erneuerung der Sitten des Klerus an, die nicht mit dem Reich in

Konflikt geriet, dessen Sakralität und Recht, die Papstwahl zu entscheiden und die Bischöfe zu ernennen, er anerkannte. Die Reformer, die Anhänger des Kaisers waren, sahen zwar eine Erneuerung des religiösen Lebens als notwendig an, verbanden damit aber nicht den Anspruch Roms auf den Primat und die Infragestellung der Laieninvestitur.

Einer Reformidee in dieser Gestalt, deren Ansätze mindestens auf die Zeit Heinrichs III. zurückzuverfolgen sind, hingen viele Bischöfe in Norditalien an und nicht nur Wibert, der nach seinem Tod unter seinen Anhängern als Heiliger galt, so daß Bischof Petrus von Padua die Berichte von den Wundern, die sich an seinem Grab in Civita Castellana ereignet hatten, zu einer Sammlung vereinigte.[5]

Daß Wibert die Hochachtung auch seiner Gegner verdiente, läßt sich aus dem Traktat erkennen, den Anselm von Lucca gegen ihn verfaßte. Von der Schrift ist nur das zweite Buch erhalten, das zahlreiche Zitate aus der Bibel und aus den Schriften der Kirchenväter enthält und von tiefer Religiosität erfüllt ist. In Anselms Augen war Wibert von Heinrich IV. verleitet worden, deshalb beschwört er ihn, wieder zur Besinnung zu kommen und in den Schoß der Kirche zurückzukehren. Für die Datierung dieser Schrift wurden die Jahre 1084 oder 1085 vorgeschlagen, vorwiegend gestützt auf textinterne Querverweise, Parallelen zu anderen Traktaten und die Untersuchung vermuteter Quellen.[6]

Da die Absicht der erhaltenen Schrift aber darin besteht, Wibert zum Wechsel seiner Position zu veranlassen, und da ferner daraus hervorgeht, daß zwischen dem Gegenpapst und Mathilde Verhandlungen bestanden haben, können diese Verhandlungen eigentlich nur auf den Sommer 1080 datiert werden, als der eben gewählte Gegenpapst Wibert/Clemens III. versuchen mußte, Rom oder auch nur seinen Sitz in Ravenna zu erreichen, was nur über die Gebiete der Markgräfin möglich war. Daher bemühte er sich damals wahrscheinlich, mittels Anselm Mathilde die Gründe nahezubringen, weshalb er die päpstliche Tiara angenommen hatte, und sie auf seine Seite zu ziehen. Anselm dachte seinerseits, Wibert könne noch zur Umkehr gelangen und sich mit dem rechtmäßigen Papst versöhnen:

»Was den Umstand betrifft, daß Du, wie Du sagst, die Sorge für die gesamte Kirche auf Dich genommen hast, wenngleich nur widerwillig: Mußtest Du denn trotz Deiner Lebenserfahrung Dich zu einer so großen Untat verleiten lassen, zur Schändung des Bettes Deiner Mutter und Deines Vaters? Und wenn Du Ehebrecher schon diese Schändung begangen hast, warum kommst Du nicht endlich zur Einsicht? Was den Umstand betrifft, daß Du mich um Jesu willen beschwörst, nicht die edelste der Frauen zu umgarnen, zu enttäuschen und zu betrügen, so rufe ich Gott zum Zeugen an: Nichts Irdisches und nichts Fleischliches wünsche ich bei ihr und von ihr, und ich bete ohne Unterlaß, daß es mir schlechtem Menschen beschieden sein möge, rasch aus dieser Welt genommen zu werden, da es mir allzu großen Überdruß bereitet zu sehen, wie sich mein Aufenthalt in ihr verlängert, während ich Gott Tag und Nacht diene und jene Frau für meinen Gott und für die heilige Mutter Kirche behüte. [...] Du hingegen, denke daran, wie tief du gefallen bist und tu Buße, wenn Gott Dir je vergeben soll. [...] Komm zur betrübten und um dich klagenden Mutter Kirche, damit sie für Dich das unserem Herrn wohlgefällige Opfer darbringe. [...] Gott der Allmächtige, der niemandes Tod will, der die Sünder mehr als eine Mutter liebt, erleuchte Dein Herz mit dem Glanz seiner Gnade und führe Dich zurück auf den Weg des Heils, um seinen gütigen und vollkommenen Willen zu erfahren.«[7]

Diese edlen Worte konnten Wiberts politische Orientierung jedoch nicht verändern. Da er bei Mathilde nichts erreicht hatte, ging er zum bewaffneten Angriff über.

Der Krieg

»Gar sehr gefällt mir der Frühling,
der Blätter und Blumen sprießen läßt.
Ich freue mich an den Vögeln,
deren Gesang im Wald ertönt.
Gerne sehe ich auch auf den Wiesen
kleine und große Zelte aufragen,
und froh wird mir der Sinn,
wenn ich bemerke, wie über das Land
bewaffnete Ritter auf ihren Pferden
dahinjagen.«[1]

So beginnt ein bekanntes Lied des provenzalischen Troubadours Bertran de Born, das den Krieg preist. Wahrscheinlich traf es genau den Geschmack der Adligen im 12. Jahrhundert. In dieser Verherrlichung der Kraft der Natur und der Kraft des Menschen, die beide im Frühling ihren höchsten Ausdruck finden, erkannten sie die Ideale wieder, die ihrem Leben, das vorwiegend dem Kampf gewidmet war, seine Würde verliehen.

Frühling und Kriegszüge gingen damals für die Menschen eine derart enge Verbindung ein, daß sogar in den Monatsbildern auf den Portalen der romanischen Kathedralen der Mai durch einen Ritter oder einen einfachen Bewaffneten symbolisiert wird, der in den Krieg aufbricht.

Ein mit verschiedenen Konnotationen befrachtetes Thema wie der Krieg führt häufig zu Polarisierungen: Entweder wird der Krieg zum Ausdruck der Vitalität des Mannes, seines Mutes und seiner Kraft hochstilisiert und ideologisiert oder er wird als erniedrigend und destruktiv angesehen. Wie bekannt, teilten die mittelalterlichen Denker die Menschen in drei Kategorien ein: die Betenden, die Kämpfenden, die Arbeitenden. Die *bellatores* waren im wesentlichen die Adligen, die Angehörigen der Aristokratie, die sich zumeist aus den Nachkommen jener »barbarischen Völkerschaften« zusammensetzte, die das römische Abendland erobert hatten. Für sie bedeutete der Krieg die ständige Erprobung des eigenen Wertes, ein Element, das in erster Linie zur Anerkennung und Behauptung ihrer sozialen Gruppe beitrug und erst in zweiter Linie Ausdruck von Gewalttätigkeit war und Mittel, Herrschaftsgebiete zu vergrößern und die Bevölkerung zu unterwerfen.

Der Krieg war im Mittelalter für die Adligen so wichtig, daß sie in Friedenszeiten immer von ihm sprachen und phantastische Abenteuer suchten, um die eigenen Fähigkeiten zu erproben, die Kräfte zu messen und unter Beweis zu stellen. Es war die Kultur der *queste*, der Suche nach ritterlichen »Aventiuren«, die die höfischen Romane prägte, die man in den Bankettsälen und in den Zelten der Feldlager vortrug.

Die Dichter feiern den Krieg in Elegien, beschreiben Heereszüge, Waffen, Pferde, die weißschimmernden Zelte der Feldlager und das Stimmengewirr, das dort herrscht, ergehen sich in den Epen in der Schilderung kriegerischer Unternehmungen und in der Verherrlichung des gefährlichen Spiels mit dem Tod und schlagen tragische Töne an, wenn sie von Schlachten und Gefallenen und den traurigen Gesängen nach dem Kampf berichten.

Zu Mathildes Zeit wurde der Krieg vornehmlich von der Reiterei geführt. Die *milites* waren zumeist bewaffnete Ritter aus dem Adel, der einzigen Gesellschaftsschicht, die die Kosten für schwere Waffen aufbringen konnte – und der dies gestattet war – und die es sich leisten konnte, ein Schlachtroß und einen Knappen, der das Tier versorgen mußte, und was sonst noch alles dazugehörte, zu unterhalten.

Die Ritter trugen ein Wams aus dickem Stoff oder Leder, das mit lamellen- oder ringförmigen Metallstücken bedeckt war oder den sogenannten Halsberg, ein Ringelpanzerhemd aus einem beweglichen Geflecht kleiner genieteter Eisenringe. Ihr Kopf war durch einen Kegelhelm mit Naseneisen (Nasale) geschützt. Bewaffnet mit Schwert, Lanze und Schild, preschten sie auf ihren Schlachtrossen zum Sturmangriff los, gegen den das Fußvolk kaum etwas ausrichten konnte. Nur die Gegenattacke anderer Ritter konnte sie aufhalten. Beim Aufprall beider Heere erhob sich ein ohrenbetäubendes Getöse, Eisen klirrte und dröhnte, Teile zersplitterter Lanzen wirbelten durch die Luft; nach dem ersten Zusammenstoß saßen die Ritter ab und stritten Mann gegen Mann in blutigen Zweikämpfen, die Stunden dauern konnten.

Die Rüstung mußte einerseits ihre Schutzfunktion möglichst optimal erfüllen, durfte andererseits aber auch nicht zu schwer sein, um den Krieger nicht in seiner Bewegungsfreiheit zu hindern, denn beim Kampf kam es weniger auf die physische Kraft an als auf Reaktionsschnelligkeit, rasche Bewegungen und die Fähigkeit, jeden günstigen Moment auszunützen. Zur Zeit Mathildes und auch später gab es noch keine Uniformen oder einheitliche Rüstungen zur Unterscheidung von Heeren und Truppenteilen; ihre Funktion wurde von Fahnen erfüllt. Die Leitfahne des Heeres diente zudem als identifikationsstiftendes Symbol, ihr Verlust bedeutete notwendigerweise die Niederlage. In bezug auf die Rüstung folgte jeder Kriegsmann im Rahmen eines allgemeingültigen Standards seinem eigenen Gutdünken und Geschmack.

Den Hauptteil der militärischen Operationen machten Truppenbewegungen aus, die dazu dienten, die günstigste Stellung für den Angriff zu erreichen, oder manchmal auch, um über einen unvorbereiteten Feind herzufallen, wie es in der Schlacht Heinrichs IV. gegen die Sachsen bei Behringen der Fall war. Die Schlachten selbst gingen häufig verhältnismäßig schnell zu Ende, wenn sich die schwächere Seite ergab oder sich zur Flucht wandte. Natürlich gab es Tote und Verwundete, aber ihre Zahl war zumeist begrenzt, nicht zuletzt weil die Ritter als Exponenten einer Gruppe der Gesellschaft, die sich vorwiegend dem Waffenhandwerk widmete, ihre Gegner, die zwar im feindlichen Lager standen, aber sonst in allem ihnen ebenbürtig waren, mit einem gewissen Respekt behandelten.[2] Stand jedoch sehr viel auf dem Spiel, dann tobte die blutige Schlacht solange, bis der Feind gefallen war.

Die gregorianische Partei sah sich mit einer Eskalation der gegnerischen Initiativen konfrontiert, gegen die sie nur schwer standhalten konnte: Während Heinrich IV. in Deutschland versuchte, aus seinen militärischen Erfolgen, die er im Kampf gegen Rudolf von Rheinfelden (von Schwaben) erzielte, den größtmöglichen Vorteil zu ziehen, begann der Gegenpapst Wibert/Clemens III. seinen Zug nach Rom, um sich des Heiligen Stuhls zu bemächtigen.

An der Elster – dem Fluß, der durch Leipzig fließt – fügte Heinrich IV. dem Gegenkönig Rudolf von Rheinfelden eine weitere, diesmal definitive Niederlage zu. Rudolf wurde im Kampf schwer verwundet und starb am nächsten Tag. Er wurde in Merseburg bestattet. Am selben 15. Oktober schlugen nach Bertholds Bericht die Truppen der Machthaber fast ganz Norditaliens – zumeist Graf-Bischöfe – Mathildes Heer bei Volta Mantovana in die Flucht. Es war die erste schwere militärische Niederlage der Markgräfin in dem Krieg, den sie zur Verteidigung Gregors VII. und der Reform führte; eine Niederlage, die schwere Zeiten für ihre Partei befürchten ließ.

Nachdem das Königtum Heinrichs IV. nun unangefochten war, konnte er darangehen, ein für allemal seine Beziehungen zu Gregor VII. zu regeln. Es ist anzunehmen, daß er noch einmal den Weg des Kompromisses und der Aussöhnung versuchte und zu diesem Zweck die gleichen Personen vorschickte, die ihm schon einmal geholfen hatten. Wahrscheinlich wandte er sich auch an Mathilde, seine Cousine zweiten Grades. Allerdings wurde die Situation durch die Präsenz des Gegenpapstes Clemens III. kompliziert, den die Anhänger der Reform unmöglich anerkennen konnten. Während auf Gregor VII. intensiver Druck ausgeübt wurde, um ihn zu einer Übereinkunft mit dem Kaiser zu bewegen, knüpfte er wieder mit den Normannen Robert Guiscards – den er kaum zwei Jahre zuvor wegen seiner Einfälle in die Gebiete des Patrimonium Sancti Petri exkommuniziert hatte – gutnachbarliche Beziehungen an. Schon am 29. Juni 1080, wenige Tage nach der Synode von Brixen, hatte Gregor VII. durch Vermittlung von Abt Desiderius von Montecassino in Ceprano ein Abkommen mit Robert Guiscard geschlossen, in dem der Normanne dem Papst einen Treueid geschworen und sich als dessen Vasall erklärt hatte, entsprechend der Formel des Eides von Melfi des Jahres 1059, und daher zum Schutz und zur Verteidigung seines Lehnsherrn verpflichtet war. Der Papst glaubte sich offenbar noch in einer starken Position, denn auf der jährlichen römischen Synode, die im Februar 1081 abgehalten wurde, belegte er Heinrich IV. von neuem mit dem Kirchenbann und sandte zwei seiner Anhänger nach Deutschland – den Bischof von Albano, Petrus Igneus, und Gisulf von Salerno –, um den Peterspfennig einzusammeln und Empfehlungen für die Wahl eines Nachfolgers für den verstorbenen Gegenkönig zu geben.

Zur gleichen Zeit rüstete sich Heinrich, eilig mit einem starken Heer nach Italien zu ziehen, um sich zum Kaiser krönen zu lassen. Gregor VII. schrieb daher an Bischof Altmann von Passau und an Abt Wilhelm von Hirsau, sie sollten Mathilde Bewaffnete schicken, um sie in die Lage zu versetzen, Heinrich Widerstand zu leisten und die prokaiserlichen Aufstände in ihrer Mark zu unterdrücken.[3] Diese Waffenhilfe traf wahrscheinlich nie ein, hingegen rückten die Truppen Heinrichs IV. vor, die von den Graf-Bischöfen der wichtigsten Städte Norditaliens unterstützt wurden. Der Kaiser überquerte Ende März die Alpen. Am 4. April war er in Verona, zog dann nach Mailand, Pavia und Ravenna und wandte sich nach Rom. Wahrscheinlich begann er Verhandlungen mit Mathilde, um sie auf seine Seite zu ziehen. Die Markgräfin war als Lehnsträger des Reichs gehalten, dem Kaiser ein bewaffnetes Geleit zu geben, wenn er durch ihr Gebiet kam; es ist aber auszuschließen, daß Mathilde ihm auch nur die geringste Unterstützung geboten hatte, trotz der Drohungen, ihr die Lehen zu entziehen, die Heinrich IV. ihr gegenüber sicher ausgestoßen hat. Er vergaß ihr diese Haltung nicht, wie sich bald zeigen sollte.

Am 21. Mai erreichte der Kaiser zusammen mit Wibert Rom, fand aber die Stadttore verschlossen:

»Er kam also am Freitag vor Pfingsten, an dem festgelegten Tag, aber die pflichtvergessenen Römer hinderten ihn, seinen Einzug zu halten. Voll gerechten Zornes und Ingrimms befahl der König, das Lager auf dem Neronischen Feld aufzuschlagen. Prandellus [verächtliche Bezeichnung Gregors VII.], der die Römer verhext hatte, stieg auf die Burg des Crescentius [die heutige Engelsburg] und warnte die Römer, einen Ausfall zu wagen und sich zur Schlacht zu stellen. Dann fügte er hinzu: ›Wenn die Tore geschlossen sind, seid ihr sicher, denn zwischen euch und den Feinden liegen unbezwingbare Mauern. Am Tag des Paraklet [des Heiligen Geistes] wird Heinrich nicht die Krone auf sein Haupt setzen, wie er gehofft hat. In seinem trotzigen Vorhaben enttäuscht, wird er die Hoffnung aufgeben und beschämt abziehen.‹ [...] Am Vormittag des Parakletfestes versammelten sich die Erzbischöfe und Bischöfe vor dem Kaiser und sagten zueinander: ›Was sollen wir heute tun, Mitbrüder? Wir haben hier keine zwei Kirchen zur Verfügung, eine, in der unser Herr eingekleidet und gekrönt werden kann, und die andere, in die er nach der Krönung zieht und in der die Messe gefeiert wird. So sieht es das alte Krönungszeremoniell vor, das nicht geändert werden darf, ohne die Regeln zu verletzen.‹ Unter den illustren Anwesenden ist auch Erzbischof Manasses von Reims, gesandt von König Philipp von Frankreich. Er ist der Meinung, man solle zumindest ein feierliches Hochamt zelebrieren. Da erhebt sich Benzo, der schismatische Bischof von Alba, und schlägt vor, aus Zelten zwei Kirchen zu errichten und die Krönung dort zu vollziehen. Diese Idee wird sofort aufgegriffen, und Wibert, der Gegenpapst Clemens III., ordnet an: ›Man richte also zwei Zelte her; sobald Caesar im ersten gekrönt worden ist, ziehe er in einer Prozession zum zweiten Zelt; dies wird für die Engel und für die Menschen ein freudevoller und herrlicher Anblick sein.‹ Und so geschah es. Sogleich strömte die Menge aus dem befestigten Teil der Stadt herbei, um eine so große Feierlichkeit im Heerlager mitzufeiern. Das Volk wurde in einem großen Kreis aufgestellt, in dessen Mitte der Chor der Psalmensänger einziehen sollte. Sobald der König aus dem Zelt trat, die mit Diamanten und

Edelsteinen besetzte Krone auf seinem Haupt, stimmte der Klerus das *Veni creator Spiritus* an. Entsprechend ihren eigenen Gebräuchen ließ jede Nation Lobgesänge auf die Einheit des Vaters und des Sohnes erschallen und pries den Heiligen Geist. Von allen Seiten des Lagers ertönten helle Tuben und schmetternde Hörner, bei deren Klang der Sarabait [Hildebrand/Gregor VII.] und die Seinen totenbleich wurden. Als die Prozession zu Ende war, wurde ein feierliches Hochamt mit allen dazugehörigen Chorälen zelebriert, und voll Freude und Jubel lobte das ganze Volk Gott ohne Unterlaß.«[4]

So schildert Benzo von Alba die Kaiserkrönung Heinrichs IV., die in einem »neuen Rom«, das für diesen Anlaß aus Zelten und Pavillons errichtet worden war, stattfand, mit allen für diese Zeremonie wiederbelebten römischen Ämtern und Titulaturen.

Natürlich übertreibt Benzo von Alba die Rolle, die er selbst dabei gespielt hat und verherrlicht die kaiserliche Partei, der er anhängt, aber es ist durchaus glaubwürdig, daß das Volk aus der ummauerten Stadt herausgeströmt sei, um an den Feierlichkeiten der Kaiserkrönung teilzunehmen. Gegenüber einem Ereignis dieser Größenordnung mit seinem Symbolcharakter und seinem Pomp konnte man nicht gleichgültig bleiben. Die eigentliche Kaiserkrönung sollte jedoch erst 1084 stattfinden, als Heinrich IV. die Stadt endlich einnehmen konnte.

Während des Feldzugs des Jahres 1081 wurde Heinrich IV. bald klar, daß es ihm zu diesem Zeitpunkt nicht gelingen würde, in Rom einzuziehen. Vierzig Tage nach den geschilderten Ereignissen mußte er die Zelte abbrechen, da das Klima für sein Heer, das an die Kälte des Nordens gewöhnt war, unerträglich wurde. Er gab also für den Augenblick sein Vorhaben auf und machte sich statt dessen daran, mit Mathilde abzurechnen, »Mathilde zu vernichten«, wie es Benzo kurz und bündig ausdrückt.[5]

Die Schenkung

> »Während im Kloster sie weilte, verlor Mathilde so vieles, daß mir die Tinte nicht reicht, wollte ich alles berichten.«[1]

So faßt Benzo Mathildes Lage während der Phase des Krieges zusammen, in der Heinrich IV. gegen sie zu Felde zog. Was ihn dazu bewog, die Belagerung Roms abzubrechen und sich statt dessen mit der Markgräfin zu beschäftigen, war wohl – neben der extremen Sommerhitze – die Nachricht, daß mehrere Städte der Toskana sich gegen Mathilde erhoben hatten. Den Anfang machte wahrscheinlich Lucca, wo die Kanoniker im Oktober 1080 Anselm vertrieben und an seiner Stelle den schismatischen Bischof Petrus eingesetzt hatten. Dann folgte Pisa, die Lieblingsstadt von Mathildes Mutter Beatrix. Aus welchem Grund gerade Lucca und Pisa die Lunte zum Aufstand gegen die Herrschaft der Canossa entzündet hatten, ist leicht zu erklären, zieht man ihre geographische Lage in Betracht: Lucca war eines der wichtigsten Zentren an der Via Francigena / Romea, die letzte Etappe vor (bzw. – entsprechend dem Reiseziel – nach) dem Übergang über den Apennin in Richtung Berceto, den Monte Bardone und den Cisapaß; Pisa war vielleicht damals die größte Hafenstadt in Reichsitalien mit einer starken Präsenz aufstrebender neuer Gesellschaftsgruppen, zumeist Kaufleuten und Unternehmern – Städte also, in denen die aufsteigenden Schichten der Handeltreibenden und der Handwerker gemeinsam mit einem ›modernen‹ Feudaladel (der seine traditionellen, um den Grundbesitz kreisenden Interessen mit den neuen Perspektiven verband, die ihm der städtische Aufschwung bot) bereits frühzeitig die Voraussetzungen für die

Entstehung neuer politischer Organisationsformen, der Stadtkommunen, geschaffen hatten.[2]

Im Juli 1081 erklärte Heinrich IV. in Lucca Mathilde des Majestätsverbrechens schuldig und damit all ihrer öffentlichen Funktionen und Güter verlustig. Eine derart schwere Strafsanktion hatten die Kaiser bisher nur in den seltensten Fällen gegen aufrührerische und unverbesserliche Reichsvasallen verhängt. Mathilde hatte inzwischen die Toskana verlassen und sich in Begleitung ihrer Getreuen in ihre Apenninburgen geflüchtet. Ein Teil ihrer Grafen schloß sich jedoch dem Kaiser an.

Den kaisertreuen Städten Pisa und Lucca verlieh Heinrich IV. umfassende Autonomieprivilegien. Er ging sogar so weit, den Pisanern zu versprechen, er werde nur mit ihrer Zustimmung den neuen Markgrafen von Tuszien ernennen. In den folgenden Urkunden – die erste datiert vom 10. Juli in Siena – nannte er Mathilde ohne irgendeinen Titel, da sie in seinen Augen nunmehr alle ihre Herrschaftsrechte eingebüßt hatte.

Eine historiographische Tradition, die vor allem durch Donizo geprägt ist, betont den Mut der Markgräfin und ihre innere Kraft, nennt sie eine Frau mit »männlichen« Charaktereigenschaften, die unbeugsam und mit Entschlossenheit die Sache der Kirche verteidigt habe. Aber bei näherer Untersuchung der Quellen erscheint Mathilde nicht selten unsicher und verwirrt und bestrebt, den Kampf aufzugeben und sich zurückzuziehen, gleichsam als hätte ihr die Geschichte eine Rolle aufgedrängt, die sie selbst vielleicht gar nicht spielen wollte. Während der schwierigen Zeit, als sie ihren Mann verließ, nach der konfliktreichen Ehe und der unglücklich verlaufenen Niederkunft, hatte sie in dieser Gemütsverfassung an Gregor VII. geschrieben. Und in dieser Stimmung war sie wohl nach der Niederlage bei Volta Mantovana gewesen, als sie den gesamten lombardischen Lehnsadel und die meisten Bischöfe Norditaliens gegen sich hatte und als ihr klar wurde, daß sie nicht imstande sein würde, allein die ganze Last des Krieges mit dem Kaiser und dem Gegenpapst zu tragen.

Nach dem Bann von Lucca verschanzte sich Mathilde in ihren Burgen im Apennin, während die Truppen Heinrichs IV. ungehindert in ihren Ländereien umherzogen, sie plünderten und verwüsteten. Sie war völlig isoliert, nur Anselm von Lucca war bei ihr, spendete ihr Trost und gab ihr Ratschläge. Den besten Teil ihres Herrschaftsgebiets, die Mark Tuszien, hatte sie bereits eingebüßt. Sie mußte also eine Strategie einschlagen, mit der sie einerseits ihre gefährliche Isolation durchbrechen und andererseits Gregor VII. Hilfe bringen konnte. Auf diplomatischer Ebene knüpfte sie daher Kontakte mit den Personen an, die gemeinsam mit ihr die Versöhnung in Canossa betrieben hatten und gute Beziehungen zum Kaiser pflegten, in erster Linie Hugo von Cluny und Adelheid von Turin, die Schwiegermutter Heinrichs IV., um sich wieder mit dem Kaiser auszusöhnen, der seinerseits nie aufgehört hatte, sie in seinen Urkunden als seine Verwandte zu bezeichnen. Die Verhandlungen zogen sich aber in die Länge, und man forderte von ihr die Anerkennung des Gegenpapstes, worin sie unmöglich einwilligen konnte. Neben diesen Versuchen, den Schaden, den Heinrichs Truppen in ihrem Gebiet anrichteten, möglichst zu begrenzen, richtete sich Mathildes Politik weiterhin auf die Unterstützung des Reformpapsttums. Zwei ihrer Aktionen erwiesen sich dabei als besonders bedeutsam: Sie schenkte alle ihre Güter an die Kirche und übersandte Gregor VII. eine beträchtliche Menge an Gold und Edelsteinen.

Der genaue Zeitpunkt dieser ersten Schenkung ihrer Güter an die Kirche ist unter den Historikern umstritten, da die Schenkungsurkunde nicht erhalten ist und darum sichere Daten fehlen. Man setzt den Vorgang zwischen 1077, dem Bußgang Heinrichs nach Canossa, und 1081 an, Mathildes Bannung durch den Kaiser in Lucca.[3] Vor Canossa sei eine derartige Geste undenkbar gewesen, nach dem Bann habe die Markgräfin nicht über die Güter, die man konfisziert hatte, verfügen können. Letzteres Argument ist jedoch nur dann stichhaltig, wenn Mathilde die Gültigkeit des Bannes anerkannt hätte. Aber konnte in ihren Augen ein derartiger Akt eines exkommunizierten Kaisers überhaupt rechtskräftig sein? Sie schien im übrigen niemals ihre Enthebung von den Herrschaftsrechten als gültig angesehen zu haben, nicht einmal in bezug auf die lothringischen Territorien, die sie durch Erbschaft von ihrem Stiefvater (oder ihrem ersten Ehemann) erhalten hatte und die ihr von Bischof Theoderich von Verdun streitig gemacht worden waren.

Nach der Meinung aller Kommentatoren fand der Schenkungsakt in einer für den Papst und für seine Anhängerin Mathilde sehr kritischen Phase statt und gereichte beiden zum Vorteil. Er kann daher nur in die Zeit zwischen der Niederlage bei Volta Mantovana, Ende 1080, und dem Sommer 1081 angesetzt werden. Mit anderen Worten, dieser Akt war die Antwort auf die Reichsacht in Lucca: Wenn Heinrich IV. ihr die Güter entziehen wollte, gab Mathilde sie lieber freiwillig fort und schenkte sie an die Kirche, die sie ihr als Kirchenlehen *pro tempore* wieder zurückgab. Diese Ländereien waren also nicht mehr ihr persönliches Eigentum, nicht mehr konfiszierbarer Allodialbesitz, sondern Kirchengut, das sie nur temporär innehatte. Das war die mutige Tat einer Frau, die im übrigen trotz ihrer Jugend – 1081 war sie etwa fünfunddreißig – bereits darauf verzichtet hatte, je eigene Nachkommen zu haben, und sich völlig der Sache der Römischen Kirche verschrieben hatte.

Zum Schutz Gregors VII. mußten aber auch Waffen angeschafft und Truppen ausgerüstet werden; die Schenkung reichte da nicht aus. Man mußte also, wie stets in kritischen Phasen eines Krieges, auf gehortete Schätze zurückgreifen und alles Wertvolle zu Geld machen.

An das Kapitelverzeichnis von Donizos *Vita Mathildis* schließt in der Originalhandschrift ein »Breve« an (infolge eines Bindefehlers am Anfang des Codex), eine Notiz mit dem Titel »Der von der Kirche von Canossa nach Rom gesandte Schatz«, die mit folgenden Worten beginnt:

»Im Jahre des Herrn 1082. Gräfin Mathilde und Bischof Anselm, der in jener Zeit Vikar Gregors VII. in Oberitalien war, verlangten von Abt

> Gerhard, daß der Kirchenschatz von Canossa an den Papst gesandt werde, um für die Verteidigung der Römischen Kirche verwendet zu werden, die in jenen Jahren durch den Erzketzer Wibert arge Verfolgung erlitt. Der vorgenannte Abt und die Gemeinschaft seiner Mitbrüder, die dem Papst als dem Nachfolger des heiligen Petrus und der Römischen Kirche Treue und Liebe entgegenbrachten, gaben seinem Vikar und der Gräfin, die dies verlangt hatte, sogleich den Schatz heraus, der aus vierundzwanzig Kronen bestand, eine davon aus Gold und mit einem kleinen, ebenfalls goldenen Kreuz verziert, zwei silbernen Altartafeln, dem silbernen Deckel des Schreins vom Altar des heiligen Apollonius und einem sehr großen silbernen Weihrauchgefäß. Dies alles wurde in Canossa eingeschmolzen und erbrachte siebzig Pfund Silber und neun Pfund Gold.«[4]

Der Schatz der Abtei Nonantola und vermutlich auch die Schätze von San Benedetto Polirone, von San Prospero in Reggio Emilia und anderer Klöster im Herrschaftsbereich der Canossa wurden eingeschmolzen, um Gregor VII. rasch Hilfe zu bringen. Die Ereignisse begannen sich nun aber in gefährlicher Weise zu überstürzen. Im Frühjahr 1082 belagerte Heinrich IV. Rom zum zweiten Mal, anfangs jedoch noch erfolglos. Ein Versuch, die Petersbasilika in Brand zu stecken, wurde vom Papst vereitelt. Allmählich wurde aber die Widerstandskraft der Römer schwächer, die sich als Opfer eines Krieges zwischen Papst und Reich sahen, der ihnen im Grunde gleichgültig war; sie begannen, sogar die Interessen des Papstes für unvereinbar mit den Interessen der Stadt Rom anzusehen.

Im folgenden Jahr konnte Heinrich IV. nach siebenmonatiger Belagerung die Leostadt einnehmen – den römischen Stadtteil rund um den Vatikan, der von Papst Leo IV. 852 mit einer Mauer umgeben worden war –, während Robert Guiscard seine Kräfte auf den Kampf gegen die aufständischen Barone in Apulien konzentrieren mußte. Gregor VII. verschanzte sich in der Engelsburg und schickte durch Boten Hilferufe zu den Normannen. 1084 erhielt jedoch Heinrich IV. eine unverhoffte Unterstützung von dem byzantinischen Kaiser: Alexios Komnenos sandte ihm 144 000 Goldstücke für den Kampf gegen die Normannen. Dies ermöglichte Heinrich IV., die Stadt Rom völlig zu erobern. Gregor VII. blieb nur die Engelsburg, oder nach anderen Quellen, die Tiberinsel. Wibert, der Gegenpapst Clemens III., konnte daher feierlich vom Kaiser in den Besitz des Lateranpalastes gesetzt werden und empfing am Vorabend des Festes der Apostelfürsten Petrus und Paulus (28. Juni) die Weihe.

Bei diesem Stand der Dinge konnte Mathilde nicht mehr eingreifen; auch finanzielle Unterstützung – Donizo berichtet, sie habe dem Papst zwanzig Pfund Silber gesandt, gibt aber keinen genauen Zeitpunkt dafür an – war ihr nicht mehr möglich, da sie alle eigenen Ressourcen und diejenigen der reformtreuen Kirchen und Klöster aufgebraucht hatte. Sie war zu dieser Zeit nicht imstande, im Kampf der beiden Mächte eine große Rolle zu spielen; jetzt mußte sie zusehen, sich im Restgebiet ihres einstigen riesigen Territoriums – ihr war nur noch der Streifen Landes zwischen den Apenninburgen und Mantua geblieben – selbst zu verteidigen. Am 10. Mai 1083 übertrug sie dort einige Güter (ein Haus, einen Weingarten und verschiedene Grundstücke in Mantua und Umgebung) an die Kirche San Michele, vielleicht im Tausch gegen Wertsachen oder Bargeld, die sie für den Krieg brauchte. Inzwischen waren auch die Bischöfe von Modena und Reggio von ihr abgefallen.

Heribert von Modena gehörte zu den Bischöfen, die in Brixen Wibert/Clemens III. gewählt hatten. Zusammen mit den Bischöfen von Arezzo und Bologna, Guido und Siegfried, hatte er ihn dann in der Lateranbasilika feierlich zum Papst geweiht.

Auch anderswo stand die Sache für die päpstliche Partei nicht besser: In Deutschland hatten die Sachsen als Nachfolger für den Gegenkönig Rudolf von Rheinfelden den Grafen von Luxemburg, Hermann von Salm, gewählt, der am 26. Dezember 1081 in Goslar gekrönt wurde. Er war bestrebt, sich den Anhängern Heinrichs IV. entgegenzustellen, und versuchte auch, nach Italien zu ziehen, um dem Papst Hilfe zu leisten. Weihnachten

1082 kam er nach Schwaben, um von dort in die Lombardei weiterzuziehen, sah sich aber durch Nachrichten von Aufständen gezwungen, nach Sachsen zurückzukehren, um zumindest über diesen Reichsteil die Kontrolle zu behalten.

Die Normannen hätten eingreifen können, aber Robert Guiscard, der schon in einen Krieg mit dem Kaiser von Byzanz, Alexios Komnenos, verwickelt war, zögerte, sich mit Heinrich IV. anzulegen, der ja anfänglich versucht hatte, über eine Verbindung ihrer beider Familien durch die Verlobung seines Sohnes Konrad, der kurz zuvor zum König gewählt worden war, mit einer der beiden Töchter Robert Guiscards zu verhandeln. Von Mathilde davon in Kenntnis gesetzt, gab der Papst seiner Besorgnis darüber in einem Schreiben an Abt Desiderius von Montecassino Ausdruck. Robert Guiscard war außerdem in jenen Jahren intensiv mit der Verwirklichung seines Planes beschäftigt, ganz Süditalien unter seine Kontrolle zu bringen.

Während des ersten Feldzugs Heinrichs IV. gegen Rom im Jahr 1801 hatte Robert sich damit begnügt, eine Garnison seiner Truppen in der Stadt zu stationieren. Dann war er in den Osten gezogen und hatte seinen zeitweiligen Nachfolgern, seinem Sohn Roger und den Grafen Roberto di Loritello und Girardo di Buonalbergo die Aufgabe hinterlassen, dem Papst im Notfall zu Hilfe zu kommen. Als Heinrich IV. 1082 die Belagerung Roms wieder aufnahm, war Robert Guiscard sofort nach Italien zurückgekehrt, wurde aber in die Probleme der Rebellion der Grafen von Apulien und anderer interner Gegner verwickelt, so daß er trotz der drängenden Briefe des Papstes und der Vermittlung des Abtes Desiderius von Montecassino nicht selbst in den Kampf eingriff, sondern dem Papst nur finanzielle Hilfe in Form von 30 000 Soldi leistete. Er verhandelte statt dessen im kaiserlichen Lager in Albano mit Heinrich IV., was den zeitweiligen Abzug des Kaisers aus der Umgebung Roms zur Folge hatte. Kurz darauf wurde die Belagerung der Leostadt aber wieder aufgenommen, und Rom wurde, wie berichtet, im Juni 1083 eingenommen, während Robert Guiscard einen Krieg gegen Jordanus von Capua führte.

Salerno

Nach der Kaiserkrönung Heinrichs IV. im Jahre 1084 entschloß sich Robert Guiscard endlich, Anstalten für eine direkte militärische Konfrontation zu treffen, die die Entscheidung bringen sollte, und rüstete ein starkes Heer gegen den Kaiser aus. (Wido von Ferrara spricht von 30 000 Mann.) Desiderius von Montecassino setzte den Papst und den Kaiser davon in Kenntnis. Da Heinrich IV. einsah, er könne sich wegen der geringen Truppenstärke seines Heeres unmöglich gegen den Normannen behaupten, zog er seine Kontingente von Rom ab. Robert Guiscard brauchte nur einen einzigen Tag, um die Stadt zurückzuerobern. Er befreite den Papst und setzte sich in Rom fest. Sehr bald mußten die Römer erkennen, welch hohen Preis sie dafür zu zahlen hatten:

> »Als der ehrwürdige Gregor von der Unruhe der Römer erfuhr, verschanzte er sich in der Engelsburg. Der König rüstete nun alle Römer mit Waffen aus, damit sie diese belagern sollten. Er tat, als wüßte er nichts vom Heranrücken des starken Herzogs Robert, zerstörte das Kapitol, zog mit Wibert nach St. Peter und machte die Stadt, die Leo IV. gegründet hatte, dem Erdboden gleich. Dann hielt er eine Abschiedsansprache an die Römer und zog zusammen mit Wibert aus der Stadt ab. Er war noch nicht einmal in Siena angelangt, als der überaus starke Herzog Robert bereits Rom belagerte; allerdings nicht drei Jahre lang wie Heinrich, denn am Tag nach seiner Ankunft nahm er die treulose Stadt mit Gewalt ein, befreite den Papst und eroberte mit Feuer und Schwert alle umliegenden Stadtteile. Dann verweilte er viele Tage im Lateranpalast, verkaufte viele Tausende Römer, weil sie wie die Juden ihren Hirten verraten hätten, und führte viele andere als Gefangene nach Kalabrien.«[1]

So schildert Bonizo von Sutri die Geschehnisse. Hugo von Flavigny verbreitet sich über die schrecklichen Plünderungen und Verheerungen, die die Normannen in Rom anrichteten, als sie den Aufstand der Römer niederschlugen und dabei mit noch als barbarisch zu bezeichnender Wildheit gegen ein Gemeinwesen vorgingen, das mitten im Streit zwischen Kaiser und Papst bereits Ansätze zur Selbstverwaltung entwickelt hatte.[2]

»Da die Normannen in ihrer Grausamkeit in der eroberten und zur Plünderung freigegebenen Stadt entsetzliche Greueltaten anrichteten, die Töchter des römischen Adels schändeten, Schuldige und Unschuldige ohne Unterschied bestraften und kein Maßhalten kannten – wie es doch den Siegern anstehen sollte – beim Beutemachen, Plündern und barbarischen Wüten, fürchtete er [Gregor VII.], daß nach dem Abzug Herzog Roberts sich das treulose Verhalten der Römer noch krasser offenbaren würde als vorher. Er dachte, daß diejenigen, die einstmals gleichsam seine treuen Freunde gewesen waren, sich unter diesen Umständen als ungetreu erweisen würden, und begab sich deshalb nach Salerno. Der Kaiser suchte beim Heranrükken des Feindes sein Heil in der Flucht und führte das päpstliche Siegel, das er entwendet hatte, mit sich. [...] Da Mathilde fürchtete, die schlichteren Gemüter könnten sich aufgrund der List des Königs von dem Abdruck des Siegels täuschen lassen, kam sie seinem schlauen Plan zuvor und schickte einen Brief an die Anhänger Gregors VII., der folgenden Wortlaut hatte.«

Hugo von Flavigny führt nun den ersten der drei Briefe an, die von Mathilde erhalten sind:

»Mathilde, durch Gottes Gnade, wenn sie etwas ist, entbietet allen, die im Reich der Germanen wohnen, ihren Gruß. Wir geben euch bekannt, daß Heinrich, der falsche König, das Siegel des Herrn Papstes Gregor durch Diebstahl an sich gebracht hat. Wenn ihr also etwas hört, das von unserer Gesandtschaft abweicht, haltet es für falsch und stimmt seiner Falschheit nicht zu. Er führt außerdem den Bischof von Porto mit sich, da er einmal ein enger Vertrauter des Papstes war.

Wenn er also mit dessen Hilfe etwas mit euch oder gegen euch ins Werk setzen will, so zögert nicht, ihn als einen falschen Zeugen anzusehen. Traut keinem, der es wagt, etwas anderes als wir zu sagen. Ihr sollt wissen, daß der Papst bereits Sutri und Nepi zurückerobert hat. Jener Räuber Barabbas, d. h. Heinrichs Papst, ist auch geflohen. Lebt wohl und hütet euch vor Heinrichs Ränken.«[3]

So ergriff Mathilde wieder die Initiative. Auch auf dem Schlachtfeld brachte sie in ihrem Herrschaftsgebiet den Anhängern des Kaisers eine Niederlage bei, in Sorbara, zwischen Carpi und Nonantola, wo der schismatische Bischof von Reggio Emilia, Gandulf, die Demütigung erlebte, sich drei Tage lang nackt im Dornengestrüpp verstecken zu müssen. Kurz danach belagerte Mathilde die mächtige Abtei Nonantola und eroberte sie für den Papst zurück.

Aber das waren nur Augenblickssiege. Robert Guiscard gab nach dem vergeblichen Versuch, Tivoli einzunehmen, die Fortführung des Kampfes auf. Gregor VII. verweilte kurze Zeit in Rom und folgte dann dem Normannenherzog nach Salerno. Von dort sandte er seine letzte Enzyklika aus, in der er noch einmal den Primat der Römischen Kirche betonte.

Bald darauf verließ Robert Guiscard Italien, trug einen denkwürdigen Sieg über die Byzantiner davon und eroberte Korfu zurück. Ende 1084 zog der Gegenpapst Clemens III. wieder in Rom ein, von einem großen Teil der Einwohner freudig empfangen, und feierte dort das Weihnachtsfest.

Zermürbt von dem langen Kampf, starb Gregor VII. vereinsamt am 25. Mai 1085 im Exil. Seine Feinde konnten nun ein Triumphlied anstimmen, wie ein Jahr zuvor, als Heinrich IV. Rom erobert hatte:

»Fahl vor Mißgunst, o Hildebrand,
eines stinkenden Drachen Sohn,
stiegst du gierig auf Petri Thron,
listig täuschend alle im Land.

Was kam, du Blinder, dir in den Sinn,
nach des Königs Reich zu trachten,
voll Gier der Eide nicht zu achten?
Dein Siegestraum ist nun dahin!

Der König entriß dir deine Stadt,
siehe, er besitzt auch schon
des Apostelfürsten Thron,
den dir das Geld erkauft einst hat.

Stinkendes Aas, schämst du dich
nicht,
mit Mathilde zu leben im Bund,
zu unterdrücken das Erdenrund
mit deines üblen Geldes Gewicht?

Die Listen sind dir nicht mehr nütze,
die Fallen, die du gelegt hast,
vergebens die Hoffnung, die du
gehegt hast
auf Mathilde, die letzte Stütze.«[4]

Ein Mann voll großer Ideale und Energie, zugleich aber ein einsamer Mensch mit einem Hang zur Melancholie, wie seine Briefe zeigen und auch neuere Forschungen hervorgehoben haben,[5] scheiterte Gregor VII. an der schwankenden Haltung der Institution, an deren Spitze er stand: Die Kirche glich einem Schiff in der Gewalt gegensätzlicher Winde, hin und her gerissen zwischen der neuen Spiritualität des Reformgedankens und seiner Kompromittierung durch die wirtschaftlichen und politischen Interessen, die das theokratische Ideal erforderte. Zu dem äußeren Gegensatz von *regnum* und *sacerdotium* trat in dieser Zeit innerhalb der Kirche das Dilemma zwischen Spirituale und Temporale.

Einige Historiker wollen bei Gregor VII. einen Mangel an Festigkeit erkennen, ein allzu großes Vertrauen zu den Menschen, zu Leuten, die ihn später enttäuschen, ja sogar zu erbitterten Feinden werden sollten, wie dies bei Wibert der Fall war, den er zum Erzbischof von Ravenna ernannt hatte, oder bei den Bischöfen Dionysius von Piacenza und Werner von Straßburg, die 1074 von dem Kirchenbann gelöst wurden, die Mathilde in ihrem Herrschaftsgebiet festgehalten hatte und die im Folgejahr erneut exkommuniziert wurden. Dies gilt auch für Heinrich IV., den er in Canossa vom Kirchenbann gelöst hatte, und für die Römer selbst, die dem Bericht einiger Chronisten zufolge 1081 auf seiner Seite gestanden hatten und kurz darauf zum Kaiser übergetreten waren, weil Heinrich IV. sie bestochen hatte.

Die politische »Naivität« Gregors VII. ist wahrscheinlich darauf zurückzuführen, daß sein Weltbild von der Sicht des einfachen Mönchs und des Priesters geprägt war: Er sah die Christenheit als eine Familie an und jeden Christen als seinen Sohn, um so mehr, wenn er eine Regierungsverantwortung zu tragen hatte. Man sieht dies ganz deutlich in Canossa, wo der Papst in seiner Eigenschaft als Priester Heinrich IV. die Verzeihung gewährte, die dieser einforderte, begleitet von einem Heer, das nicht weit von dem Ort aufgestellt war, an dem er sich drei Tage lang der kanonischen Buße unterzog, die jeder andere als Gregor wahrscheinlich als reine Zweckhandlung angesehen hätte. Aber im Hinblick auf das Gute, das daraus erwachsen konnte, und wie es seiner Sicht von der Welt entsprach, gewährte Gregor VII. ihm die Absolution. Ganz erfüllt von der großen Utopie einer Theokratie, die ihm vor Augen schwebte, schenkte Gregor VII. dem alltäglichen Leben und seiner Misere zumeist wenig Beachtung. Seinem Handeln wurde aber durch die Ambivalenz – oder wenn man will, Ambiguität – der Kirche Schranken gesetzt, einer spirituellen Institution, die in der Welt agierte, ja sogar den Anspruch erhob, entsprechend dem Leitsatz »der wahre Kaiser ist der Papst«[6] die historischen Abläufe maßgeblich zu bestimmen. Um seine theokratische Utopie ohne Brüche und Widersprüche zu verwirklichen, hätte Gregor VII. die Kirche als politische Institution handeln lassen müssen, als

Staat. Aber Gregor VII. war kein weltlicher Herrscher wie Heinrich IV. Papst und Kaiser verkörperten zwei verschiedene Realitäten – die Menschen im Mittelalter wußten dies ganz genau –, verschiedene *ordines* mit einer unterschiedlichen Sicht von der Welt.

Will man sich ein Urteil über die Persönlichkeit Gregors VII. bilden, muß man auch seinen gesellschaftlichen und kulturellen Hintergrund in Betracht ziehen. Er stammte nicht aus der Führungsschicht seiner Zeit, er war kein Adliger. Die führende Rolle, die er errungen hatte, verdankte er dem Reformideal, das er verkörperte, einem Ideal, zu dem ihn zuerst die cluniazensischen Mönche in der römischen Abtei San Paolo fuori le mura (St. Paul vor den Mauern) hingeführt hatten und dann der Kreis von Kirchenreformern, der die intellektuell hervorragendsten Persönlichkeiten der damaligen Christenheit umfaßte, unter ihnen Humbert von Silva Candida, Petrus Damiani und Papst Alexander II.

Über die Art seiner Beziehungen zu Mathilde von Canossa hat man viele Diskussionen geführt. Historiographen, die gern geheiligte Leitbilder vom Sockel stürzen oder auch zur Scheinheiligkeit neigen, haben die Behauptungen der antigregorianischen Chronisten und der Synodalakten von Worms und Brixen aufgegriffen und zögern nicht, die Freundschaft zwischen dem Papst und der Markgräfin in ein schiefes Licht zu rücken. Voltaire stellt in seinem *Dictionnaire philosophique* die Hypothese auf, der Papst habe hin und wieder mit seinem Beichtkind etwas gehabt (»qui était femme, faible, et capricieuse; rien n'est plus commun dans l'ordre de choses humaines«). Aber mit dieser spitzzüngigen Bemerkung steht er nur in der Tradition der Reformation, die die Demütigung des Kaisers in Canossa, der »sich bückte, um die gichtige große Zehe des Papstes zu küssen« – so stellt zum Beispiel Federico Zuccari (1566) die Szene in Canossa in der Sala Regia des Vatikan dar –, gerne zum Anlaß für bissige Satire nahm.

Der häufige vertraute Umgang der Markgräfin mit dem Papst, vor allem in seinen ersten Pontifikatsjahren bis zum langen Aufenthalt Gregors VII. in den Territorien Mathildes im ersten Halbjahr 1077 gab der üblen Nachrede ihrer Gegner Nahrung, die es außerdem nicht ertragen konnten, daß eine Frau eine so wichtige politische Rolle spielte.

Jedenfalls öffnete der Umstand, daß Mathilde eine junge, vielleicht auch schöne Frau ohne Ehemann war, mißgünstigen Verdächtigungen Tür und Tor. Gregor und Mathilde waren sich dessen mit Sicherheit bewußt. In seinem Brief vom 16. Oktober 1074 an die Markgräfin spielt Gregor VII. eindeutig darauf an. In der Tat läßt sich aus vielen Wendungen, die der Papst in den Schreiben an die »carissima filia« Mathilde gebraucht (die von den gregorianischen Quellen als »sponsa Dei«, »sponsa Christi«, »filia Petri«, bezeichnet wird, von der die Gegner aber sagen, sie sei »durch Hildebrands geheime Reden hörig gemacht«[7]), erkennen, daß beide wohl eine tiefe Zuneigung füreinander hegten; ein Gefühl, das sich auf gemeinsame Ideale und Erfahrungen und wechselseitige Interessen gründete, das aber auch eine tiefe Sympathie zum Ausdruck brachte, die Verbundenheit zweier einsamer Menschen, die gemeinsam Pläne schmieden, miteinander Gedanken austauschen und an den Niederlagen des anderen mitfühlend Anteil nehmen.

Eine Zeitlang, in den Winter- und Frühjahrsmonaten 1077, lebten Mathilde und Gregor VII. in unmittelbarer Nähe. Ein Grund für Gregors ausgedehnten Aufenthalt in Mathildes Territorien, für den keine strategische oder politische Notwendigkeit bestand, kann auch die Freude an dieser vertrauten Nähe gewesen sein, die er nur ungern aufgeben wollte. Als Gregor nach Rom zurückkehrte, geleitete Mathilde ihn mit ihren Truppen bis vor die Tore der ewigen Stadt. Wahrscheinlich war dies für beide die glücklichste Zeit in ihrem Leben. Donizo, der seine Dichtung in erster Linie schrieb, um der Markgräfin eine Freude zu bereiten, erinnert mit folgenden poetischen Worten an den Augenblick ihres Abschieds:

> »Da er ahnte, daß bittere Zeiten kommen würden,
> ermutigte der Papst in seinen Reden die Gräfin,

sie solle gewappnet sein für kommendes Unheil.
[...]
Die Gräfin bewahrte im Herzen die Worte des Heiligen Vaters,
wie es die Königin von Saba mit König Salomons Regeln tat.
Nachdem er Abschied von Mathilde genommen hatte,
kam der Papst nach Rom, als der Mai eingezogen war.«[8]

Desiderius

»Als unser Herr, Papst Gregor seligen Angedenkens, in Salerno weilte, bereits von der schweren Krankheit, an der er sterben sollte, gezeichnet, kamen die Bischöfe und Kardinäle aus Rom und diejenigen, die sich bereits vor Ort befanden, zu ihm und fragten ihn, wen er zu seinem Nachfolger empfehlen wolle. Nachdem er lange mit sich zu Rate gegangen war, antwortete er: ›Wen immer von diesen dreien ihr haben könnt, den Bischof von Lucca, den von Ostia oder den Erzbischof von Lyon, wählt ihn zum Papst!‹«[1]

»Als er drei Tage vor seinem Tod von den Bischöfen und Kardinälen, die damals zusammen mit Abt Desiderius von Montecassino bei ihm waren, gefragt wurde, welche Bestimmungen er für die Besetzung des Heiligen Stuhls nach seinem Tod treffen wolle, antwortete er, falls es ihnen gelänge, sollten sie Desiderius für dieses Amt erwählen. Abgesehen von dem wichtigen Umstand, daß dieser damals bereits Kardinalpriester der Römischen Kirche war, zeichnete er sich durch große Mäßigung, durch eine besondere Spiritualität und die enge Freundschaft aus, die er mit den Fürsten der umliegenden Gebiete unterhielt. Falls sie ihn aber nicht zur Annahme der Wahl überreden konnten, sollten sie einen von diesen dreien – entweder Erzbischof Hugo von Lyon oder Bischof Odo von Ostia oder auch den Bischof von Lucca –, wen sie auch immer dafür gewinnen könnten, sobald wie möglich nach seinem Tod zum Papst wählen.«[2]

Die Nachfolge Gregors VII. war äußerst problematisch, da sich ja, während er im Exil in Salerno starb, auf dem Thron Petri Clemens III. niedergelassen hatte, der von den kaisertreuen Bischöfen 1080 in Brixen gewählte Gegenpapst.

Die beiden oben zitierten Quellen bieten widersprüchliche

Versionen des angeblichen Willens Gregors VII., und ihre mangelnde Übereinstimmung zeigt, daß die Anhänger der Reform sich selbst über die Wahl uneinig waren.

Dazu muß gesagt werden, daß im Normalfall eine Versammlung von Kardinälen die Wahl hätte vornehmen müssen, wie es die Dekretale *De ordinando pontefice* Nikolaus' II. aus dem Jahre 1059 vorsah. Aber diese Situation war alles andere als normal. Im übrigen war man nicht einmal bei Gregor VII., der bekanntlich durch Akklamation gewählt worden war, dieser Praxis gefolgt. Es entsprach auch nicht der Norm, daß ein Papst seinen Nachfolger designierte; dies ging vielmehr auf die cluniazensischen Gewohnheiten zurück. In jedem Fall war Gregor VII. kraft der spirituellen Autorität, die von ihm ausging, und durch die Opfer, die er im Kampf um die Durchsetzung seiner Konzeption der Kirche brachte, über die Normen und Gewohnheiten erhaben, so daß jeder, der seine Nachfolge anstrebte, hoffte, von ihm designiert zu werden.

Hinsichtlich der drei Namen – Hugo von Die, Erzbischof von Lyon, päpstlicher Legat in Frankreich, Odo von Ostia, ebenfalls ein Franzose, der spätere Papst Urban II., und Bischof Anselm von Lucca, der sich damals im Exil bei Markgräfin Mathilde aufhielt – stimmen die beiden Quellen überein. Dazu kommt noch eine dritte Quelle, ein »Breve« in einer zeitgenössischen Briefsammlung, das vom Tod Gregors VII. in Salerno berichtet.[3] Die Chronik von Montecassino fügt Desiderius, den Abt des benediktinischen Mutterklosters, hinzu und setzt ihn an die erste Stelle der Wunschkandidaten. Daß Desiderius an der Seite Gregors VII. weilte, mit dem ihn eine lange Bekanntschaft verband und für den er bei den Normannen als Unterhändler fungiert hatte, um sie zur Waffenhilfe zu überreden, ist völlig unbestritten. Es ist jedoch sehr zweifelhaft, ob er wirklich von Gregor VII. designiert wurde und nicht die anderen drei Bischöfe und ob diese nur die »zweite Besetzung« waren. Unser Zweifel wird nicht allein dadurch begründet, daß nur eine Quelle von Desiderius' Designation berichtet, zwei andere dagegen nicht (die beiden anderen könnten voneinander abhängen und somit das Verhältnis auf eins zu eins reduzieren), sondern daß der Chronist von Montecassino die weiteren Ereignisse genau kannte und offenbar vorwegnahm (d. h. zur Zeit der Abfassung seines Werks war Desiderius bereits Papst), er antizipiert jedoch diese äußerst schwierige Wahl und gibt sie als eine von Gregor VII. vorgenommene Investitur aus.

Für den Historiker bietet die Rekonstruktion der Fakten weniger Schwierigkeiten als ihre Interpretation. An das Sterbebett des Papstes eilten die Menschen, die ihm nahestanden, oder, besser gesagt, diejenigen von ihnen, die durch den Krieg nicht daran gehindert wurden. Mit Sicherheit war Desiderius bei ihm, ebenso gewiß andere Bischöfe aus Süditalien, jedoch keiner von den drei Designierten. Die Lage war so ernst, daß eine Vakanz des apostolischen Stuhls unbedingt vermieden werden mußte. Deshalb ergriff Gregor VII. die Initiative, um seine Nachfolge vorzubereiten in der Hoffnung, es bliebe ihm noch die Zeit, zumindest einen der drei designierten Nachfolger nach Salerno kommen zu lassen. Desiderius zählte vermutlich nicht zu der Gruppe der Kandidaten. Er war in erster Linie ein kontemplativer Mann; ihm fehlten die Härte und Durchsetzungskraft, um ein derart risikoreiches Werk fortzusetzen. Man brauchte jemanden, der sich als kampferprobt erwiesen hatte. Desiderius war dies nicht, mochte er auch auf Reisen und Gesandtschaften für die Kirche gewirkt haben.

Aber Gregor VII. hatte keine Möglichkeit mehr, seinen Plan zu vollenden. Er starb im Kreis seiner Getreuen, die seine letzten, zur Legende gewordenen Worte entgegennahmen: »Ich habe die Gerechtigkeit geliebt und das Unrecht gehaßt, deswegen sterbe ich im Exil.« Sie sind nur in der Vita des Anselm von Lucca und in dem erwähnten »Breve« überliefert. Das Machtvakuum war unvermeidlich, denn aus leicht verständlichen Gründen gelang es keinem der Designierten, Rom zu erreichen. Die Normannen versuchten, dieses Machtvakuum zu füllen, ließen Desiderius zum Papst wählen und verbreiteten überall, sein Name habe an der Spitze der Liste der Designierten gestanden, da er der Wunschkandidat Gregors VII. gewesen sei. Dies schreibt auch der Chronist, wobei er die Designation mit der unbezweifelbaren moralischen Integrität des Abtes von Montecassino rechtfertigt und als weiteren Pluspunkt angibt, daß er die Würden (als Kardinalpriester) besessen habe, um den Thron Petri zu besteigen. Er läßt sich aber auch noch zu einer anderen, sehr menschlichen und für die Situation bezeichnenden Bemerkung hinreißen: Ausschlaggebend für die Wahl seien auch Desiderius' freundschaftliche Beziehungen zu den Normannenherzögen gewesen, unter deren Schutz Gregor VII. die letzte Zeit seines Lebens verbracht hatte.

Desiderius besaß zudem noch viele andere Vorzüge: Er war hochgebildet, liebte die Literatur und die Künste und hatte für den Ausbau und die Verschönerung seiner Abtei gesorgt. Im Kampf um die Kirchenreform hatte er mit Intelligenz und Diskretion vor allem eine Mittlerrolle gespielt und war deshalb vielleicht den Anhängern Gregors ebenso willkommen wie den Parteigängern Heinrichs IV.

Mit Desiderius wurde die Papstwahl wieder zu einer politischen Angelegenheit – was sie im Grunde stets gewesen war –, die unter der Kontrolle der jeweils dominierenden Macht stand. Anfänglich war dies der römische Adel gewesen, dann fiel diese Rolle dem Kaiser zu. Es gab auch einen Augenblick, in dem die Canossa entscheidenden Einfluß auf die Papstwahl ausgeübt hatten. Nun beherrschten die Normannen die Szene.

Und Mathilde? Mindestens zwei der drei Designierten hatten engen Kontakt zu ihr. Anselm lebte an ihrem Hof, Hugo von Die, ein persönlicher Freund Anselms, war mehrmals im Herrschaftsgebiet der Markgräfin gewesen und stand mit ihr in einem vertrauten Verhältnis. Setzte sich Mathilde also für sie ein?

Mathilde führte den Kampf gegen die Truppen ihrer Gegner fort, die in ihre Länder eingedrungen waren – 1084 besiegte sie die Feinde bei Sorbara und verjagte sie aus Nonantola –, und unterstützte weiterhin die Anhänger der Kirchenreform. Zuletzt hatte Bischof Bonizo von Sutri sich zu ihr geflüchtet, wahrscheinlich nach Mantua, nachdem man ihn im Frühjahr 1085 aus seinem Bistum vertrieben hatte. Während seines Aufenthalts an ihrem Hof, etwa bis 1086, schrieb er seinen *Liber ad amicum*, vielleicht mit der Absicht, ihr das Buch zu widmen.

Am Hof der Markgräfin in Mantua und im nahen Benediktinerkloster San Benedetto Polirone entfaltete sich reges kulturelles Leben: In Polirone war bereits ein Skriptorium tätig, in dem kostbare Handschriften hergestellt wurden, von denen einige heute noch erhalten sind. In Mantua wirkten Intellektuelle und bedeutende Lehrer wie Johannes von Mantua, der Verfasser eines zwischen 1081 und 1083 entstandenen *Tractatus in Cantica Canticorum* und eines *Liber de sancta Maria*, die er beide der Markgräfin widmete; in Reggio verfaßte der neue Bischof Heribert einen Kommentar zu den Bußpsalmen. Einen Psalmenkommentar, der unvollendet blieb, schrieb auch Anselm, der außerdem verschiedene Predigten (über die christliche Liebe, über die Gottesmutter), Briefe und die bereits erwähnten Werke *Liber contra Wibertum* und *Collectio canonum* hinterlassen hat; Donizo arbeitete in Canossa nicht nur an der *Vita Mathildis*, sondern auch an einer *Enarratio Genesis*. Alle diese Werke bezeugen eine kontinuierliche, intensive kulturelle Aktivität in Mathildes engster Umgebung, die sich vor allem mit der Heiligen Schrift und theologischen Themen im allgemeinen befaßte.[4]

In militärischer Hinsicht nützte Mathilde weiterhin die Abwesenheit Heinrichs IV., um die Rückeroberung der ihren Feinden in die Hände gefallenen Gebiete zu betreiben. Dies gelang ihr nur in ihren oberitalienischen Herrschaftsgebieten, während sie die lothringischen Gebiete, das Erbe Gottfrieds des Buckligen, endgültig verlor. Am 1. Juni 1085 schenkte Heinrich IV. in Metz die Mathildischen Güter Stenay und Mosay, die er nach der Ächtung Mathildes in Lucca eingezogen hatte, Bischof Theoderich von Verdun.

Desiderius ergriff selbst die Initiative, um die päpstliche Nachfolge zu regeln: Er traf, wahrscheinlich in Montecassino, mit zwei Anhängern Gregors VII. zusammen, die aus Rom gekommen waren, mit dem Bischof Ubald von Sabina und Gratian; ferner bat er Jordanus von Capua und Rainulf von Aversa um Hilfe, damit die Voraussetzungen für eine Synode in Rom geschaffen werden konnten, und sandte einen Brief an Mathilde, sie möge sich dafür einsetzen, daß die von Gregor VII. designierten Bischöfe und so viele für die neue Papstwahl geeignete Personen wie möglich unverzüglich nach Rom kämen – zumindest berichtet dies der Chronist von Montecassino.

Da die Quellen kein objektives Bild bieten, ist nicht klar erkennbar, was zwischen Anfang Juni 1085 und dem 24. Mai 1086, dem Tag, an dem Desiderius zum Papst gewählt wurde, vor sich ging.[5]

Unumstößliche Fakten sind zwei Briefe Hugos von Die an Mathilde von Canossa, in denen sich der Erzbischof von Lyon beklagt, er habe nicht rechtzeitig zur Papstwahl nach Rom kommen können, und der Tod Anselms am 18. März 1086 in Mantua, der im Exil erfolgte, wie bei Gregor VII.

Inzwischen war auch Robert Guiscard gestorben (am 17. Juli 1085), und der Gegenpapst Clemens III. hatte Rom verlassen und war nach Ravenna zurückgekehrt.

In jenem Jahr der Vakanz des apostolischen Stuhls muß es zu einem Zusammenstoß zwischen einer extremen Richtung, die die Verwirklichung der Reform nach den gregorianischen Prinzipien fortsetzen wollte, und einer gemäßigten Richtung gekommen sein, die zu einer Kompromißlösung des Konflikts neigte. Dem »mathildischen« Flügel der Reformer, repräsentiert durch Anselm und Hugo von Die, stand die »benediktinisch-cluniazensische« Richtung gegenüber mit Abt Desiderius von Montecassino und dem früheren Cluniazensermönch Odo von Champagne.

Die extreme Richtung innerhalb der Reform, die einen Kollisionskurs betrieben hatte, stand damals auf der Verliererseite, da sich dieser Streit als Fehlschlag für die Kirche und als eine wahre Katastrophe für Rom erwiesen hatte. Ein anonymer Dichter beschreibt die Situation in knappen, aber sehr treffenden Worten:

»Der Papst, der möchte den König aus seinem Reich verjagen,
der König wütet und will dem Papst das Papstsein untersagen.
Stünde doch einer dazwischen, der den Streit beilegen könnte,
dann behielte der Papst sein Papsttum und der König sein Reich,
und das wäre von beiden Übeln die beste Lösung sogleich.«[6]

Wahrscheinlich liefen Geheimverhandlungen zwischen den Parteigängern Heinrichs und den Normannen, um einen Kompromiß zu finden, der den Kampf beenden könnte. Vielleicht diskutierte man 1086 darüber auf der Synode der Anhänger Wiberts/Clemens' III. in Ravenna. Tatsache ist jedenfalls, daß in Rom die dort versammelten Kardinäle und Bischöfe – vor allem die römischen und süditalienischen Kirchenfürsten – unter dem Schutz des Fürsten Jordanus von Capua Desiderius zum Papst wählten, keinen Mann des Krieges, sondern einen Mönch und Asketen, der den Streit kaum so auf die Spitze treiben würde, wie es Gregor VII. getan hatte. Um seinen Wunsch nach einer politischen Kursveränderung zu demonstrieren, nahm er einen Namen an, den zuletzt ein deutscher Papst getragen hatte (und den auch achtzig Jahre später der von Friedrich Barbarossa unterstützte Gegenpapst tragen würde): Desiderius nannte sich Viktor III.

Papst Viktor III. war jedoch ein kranker Mann in bereits vorgerücktem Alter, der sich mehr nach dem Frieden des Klosters sehnte, als sich mit den Intrigen der Kirchenpolitik zu beschäftigen wünschte. Deshalb verließ er kurz nach seiner Wahl – noch nicht zum Papst geweiht – Rom und begab sich nach Montecassino, wo er eine Synode einberief.

Diese Situation machten sich Clemens III. und seine Parteigänger zunutze, um Rom erneut in Besitz zu nehmen. Hier trat Markgräfin Mathilde wieder auf den Plan. Sie schenkte den Invektiven Hugos von Die kein Gehör, weil sie erkannte, daß ein unerbittliches Verhalten nicht zum Ziel führte, und verbündete sich mit dem neuen Papst. Da sie ihre militärische Stärke zurückgewonnen hatte, war sie imstande, das Recht oder Privileg, dem Papst das Geleit zu geben, wieder auszuüben, das in den vergangenen Jahrzehnten bereits zum Monopol der Canossa-Dynastie geworden war. Sie kam nach Rom, wurde vom Präfekten Cencius ehrenvoll empfangen und ließ sich dort nieder. Dann schickte sie Gesandte nach Montecassino, um die Rückkehr des Papstes auf den Thron Petri in die Wege zu leiten. Trotz seiner Krankheit reiste Viktor III. zu Schiff nach Ostia und wurde von Mathilde in die Stadt geleitet, die in zwei Parteien zerfiel, die Anhänger der Reform und die Parteigänger Wiberts. Viktor III. ließ sich Anfang Juni mit Mathildes Hilfe in St. Peter nieder, während der Gegenpapst in die Kirche Sancta Maria ad Martyres (das Pantheon) flüchtete. Am Vorabend des Festes der Apostelfürsten griffen die Parteigänger Wiberts jedoch an und zwangen die Anhänger Viktors III., nach Trastevere zurückzuweichen. Am 29. Juni konnte keiner der beiden Päpste das Fest des heiligen Petrus feiern; erst am folgenden Tag las Viktor III. in der Peterskirche die Messe und übernahm am 1. Juli von neuem die Kontrolle über die Stadt.

Die Sommerhitze und seine schwache Gesundheit veranlaßten den Papst jedoch, Rom Mitte Juli zu verlassen und sich nach Montecassino zu begeben. Von dort reiste er im August zur Synode von Benevent, auf der er von neuem den Gegenpapst mit dem Kirchenbann belegte und auch diejenigen, die seine Wahl nicht anerkannt hatten, wie Hugo von Die und Richard von Marseille, exkommunizierte. Kurz danach, am 16. September 1087, ereilte ihn in Montecassino der Tod.[7]

Welf

Die Nachfolge Viktors III. warf weniger Probleme auf als die, die nach dem Tod Gregors VII. aufgetreten waren, obgleich es zu einer sechsmonatigen Vakanz des apostolischen Stuhles kam.

Der Kaiser war so stark vom Krieg gegen die aufrührerischen Sachsen in Atem gehalten, die ihm unweit von Würzburg am 11. August 1086 eine schwierige Niederlage beigebracht hatten, und derart damit beschäftigt, ein Netz internationaler Allianzen aufzubauen, daß er nicht direkt in die römischen Angelegenheiten eingreifen konnte. In Deutschland verzeichnete er eine Reihe von Erfolgen: Der Gegenkönig Hermann von Salm gab auf und zog sich nach Lothringen zurück, wo er im September 1088 starb.

Anselm, ein Mitglied der Dreiergruppe, für die Gregor VII. Wahlempfehlungen abgegeben hatte, war bereits tot; Hugo von Lyon kam aufgrund seiner Exkommunikation durch Viktor III. nicht mehr in Frage; so blieb nur der dritte übrig, Odo von Champagne bzw. von Châtillon, der Bischof von Ostia. Da es keine Alternativen gab, fiel die Wahl der Kardinäle und der philogregorianischen Kleriker – darunter auch die Gesandten Mathildes von Canossa –, die sich am 12. März 1088 in Terracina versammelt hatten, auf ihn. Er wurde am Tag seiner Wahl sofort geweiht.

Mathilde kannte Odo seit 1077, als er Hugo von Cluny nach Canossa begleitet hatte und danach im Gefolge Gregors VII. geblieben war. Odo stammte aus einer adligen Familie: Sein Vater war Graf von Lagery bei Châtillon-sur-Marne. Odo hatte in Reims studiert und war dort zum Diakon und Archidiakon geweiht worden. Dann war er in Cluny eingetreten und schließlich nach Italien gelangt, wo ihn Gregor VII. 1078 zum Bischof von Ostia ernannte.

Odo von Champagne, der als Papst den Namen Urban II. wählte, nahm nicht sofort das Problem seiner Niederlassung in Rom in Angriff, wo Clemens III. noch Widerstand leistete, sondern bemühte sich zunächst, neue Anhänger für die Reform zu gewinnen. Er bewies, daß er sich im Süden wie im Norden Italiens ungehindert bewegen konnte, in Gebieten, die ihm treu ergeben waren – wie den von den Normannen besetzten Regionen –, ebenso wie in Gebieten, die eigentlich seinem Gegner hätten treu sein sollen. Erst im November 1093 kam er nach Rom und zog dort auf friedliche Weise ein, ganz ohne Blutvergießen, was selten genug vorgekommen war. Obgleich sich sehr viele Anhänger Wiberts in der Stadt befanden, konnte er sich bald der Achtung und des Respekts der Bevölkerung erfreuen.[1] Er vertrat eine gemäßigte Richtung und bemühte sich, die Wogen des Investiturstreits zu glätten, der beide Parteien bereits zermürbt hatte. Auch das Ideal der Heiligkeit, das sich in seinem Pontifikat durchsetzte, glich nicht mehr einem Ariald oder Erlembald, die ihren Kampf kompromißlos bis zum Martyrium fortgeführt hatten; als heilig galten nun maßvollere Persönlichkeiten, die ihr Charisma zur Beilegung des Konflikts einsetzten und daran arbeiteten, zum Wohl der Kirche die entstandenen Spaltungen zu kitten.[2]

Mathilde sah sich hingegen mit einem neuen Italienzug Heinrichs IV. konfrontiert. Vielleicht auf den Rat Urbans II. hin versuchte sie der drohenden Gefahr durch eine in politischer wie privater Hinsicht äußerst heikle Entscheidung zu begegnen: Sie faßte den Entschluß, eine neue Ehe einzugehen. Solange Persönlichkeiten wie Gregor VII. und Anselm von Lucca an ihrer Seite gestanden hatten, hatte sie es nicht nötig gehabt, anderswo Verbündete und Unterstützung zu suchen. Jetzt hatte der Papst jedoch die enge Verbindung zwischen dem Heiligen Stuhl und den Canossa aufgelöst, so daß Mathilde einen neuen Bundesgenossen finden mußte. Ihre Wahl fiel auf ein

Mitglied der Welfen, der Bayernherzöge, die zu den größten Gegnern Heinrichs IV. im Reich zählten. So schlossen sich zwei Feinde des Kaisers zu einem Ehebund zusammen, der dem Papsttum zum Vorteil gereichte. Es läßt sich nicht eindeutig feststellen, von wem die Initiative ausgegangen war, ob vom Vater des Bräutigams, dem mächtigen Welf IV., oder von Mathilde selbst oder auch von Urban II., wie Bernold von Konstanz in seinem *Chronicon* schreibt:

> »In Italien vermählte sich die edle Herzogin Mathilde, Tochter des Markgrafen Bonifaz und Witwe Herzog Gottfrieds, mit Herzog Welf, dem Sohn Herzog Welfs, und dies geschah nicht aus Zügellosigkeit, sondern aus Gehorsam gegenüber dem römischen Papst, um mit größerer Schlagkraft der heiligen Römischen Kirche gegen die Exkommunizierten zu Hilfe kommen zu können. Diese fielen in der Tat sofort über ihren Gemahl her, konnten ihm aber nicht die Stirn bieten und erwirkten durch die Fürsprache seiner Gemahlin einen Waffenstillstand bis Ostern. Heinrich, der sich König nennen ließ, war über diesen Ehebund sehr verärgert. Er, der zu einem Sachsenfeldzug aufgebrochen war, mußte schimpflich den Rückzug antreten. Petrus Igneus, der Bischof von Albano, der zu den eifrigsten Verfechtern der Sache des heiligen Petrus gehörte, ist zum Herrn heimgegangen.«[3]

Bernold datiert diese Ereignisse auf 1089. In einem Mantuaner Dokument vom 14. November 1088 ist jedoch von einem Gemahl, einem Sohn und Enkel der Markgräfin die Rede: Mathilde tritt darin den Fronhof (»curtis«) Barbasso mit allen Pertinenzen an Bischof Ubald von Mantua ab und erhält dafür 200 »gute« Mailänder Denare. Über diesen Verkauf sind zwei Zeugnisse erhalten, die Urkunde selbst und ein Breve. In der Urkunde ist von einem Gemahl Mathildes nicht die Rede. Sie agiert allein und vollführt direkt die Symbolhandlungen, die den salischen Veräußerungsvertrag begleiten, d. h. sie hebt Messer und Span, Zeichen für die Gewalt zu schneiden und zu binden, sowie Erdscholle und Zweig, die das veräußerte Grundstück symbolisieren. In dem Breve wird auf das Recht der Markgräfin, ihres Gemahls, Sohns oder Enkels hingewiesen, innerhalb von zehn Jahren die veräußerten Güter zurückzukaufen. Keines dieser Zeugnisse ist im Original überliefert. Im ersten Fall handelt es sich um eine kurz nach dem Original entstandene authentische Abschrift. Das zweite, jüngere Dokument zeigt Ungereimtheiten der Datierung – es gibt als Datum Sonntag, den 14. November 1088 an, während dieser Tag in Wirklichkeit ein Dienstag war –; weitere Einzelheiten weisen darauf hin, daß es in späterer Zeit nach einem Muster oder Formelbuch erstellt worden ist, so daß es möglicherweise keine reale und aktuelle Situation der Markgräfin Mathilde widerspiegelt. Ich tendiere daher eher zu der Annahme, daß dieses Zeugnis, zumindest was Ehe und Familienangehörige Mathildes betrifft, nicht verläßlich ist.

Dieser Verkauf von Gütern, um Bargeld zu erhalten, zeigt deutlich, daß sich Mathilde in einer schwierigen Lage befand und sich für einen künftigen Krieg rüsten mußte. Ähnlich verfuhr auch Beatrix in der Zeit ihrer Witwenschaft, bevor sie mit Gottfried dem Bärtigen in den Hafen der Ehe einlief. Diese Heirat, die mehr als dreißig Jahre vorher stattgefunden hatte, wies in mancher Hinsicht Ähnlichkeiten mit Mathildes Eheschließung auf: Beide Ehen waren sozusagen in Geheimverhandlungen vereinbart worden und genossen die Zustimmung des Papstes, wurden aber vom Kaiser abgelehnt; gemeinsam war ihnen auch der Umstand, daß beide verwitwete Frauen – und für Mathilde wog der Verlust ihrer geistlichen Beistände, Gregor VII. und Anselm von Lucca, durch den sie sozusagen im übertragenen Sinn zur Witwe wurde, schwerer als ihre Witwenschaft durch den Tod Gottfried des Buckligen – einen Mann suchten, der genug Macht besaß, sie zu schützen und ihnen zu helfen, eine Herrschaft zu bewahren, die für sie allein zu groß war und die von allen Seiten bedroht wurde. Die süddeutschen Fürsten brachten mit dieser Verbindung die mächtigsten Gegner Heinrichs IV. zusammen in der Hoffnung, ihn dadurch endgültig zu besiegen und einen der Ihren auf den deutschen Thron zu heben. Außerdem lockte sie natürlich die wirtschaftliche und politische Macht der Canossa-Herrschaft. Man kann also kaum Klarheit darüber gewinnen, von wem die Initiative zu diesem Heiratsbündnis ausging, da die Quellen keine genauen Angaben darüber machen. Mit Sicherheit konnte auch der Heilige Stuhl von einer derartigen Verbindung Vorteile ziehen: Werden aber mit besonderem Nachdruck idealistische Motive geltend gemacht, so verbergen sich dahinter häufig materielle Beweggründe. Darum kann man nicht alles wortwörtlich nehmen, was Bernold sagt. Der Mönch von Konstanz hatte die darauffolgenden Ereignisse vor Augen, den Krieg, mit dem Heinrich IV. wiederum die Mathildischen Territorien überzog. Außerdem schwächt er die Rolle der Markgräfin – einer Frau! – ab und betont die Bedeutung ihres Mannes, wie schon der zitierte Passus zeigt. Als Kirchenmann sieht er in dieser Heirat den Willen des Papstes verwirklicht. Gewiß war dieser damit einverstanden und hat sie vielleicht sogar gefördert, aber wohl kaum selbst vermittelt, da dies nicht zu seinen Aufgaben gehörte.

Urban II. ist also auszuschließen. Wahrscheinlich waren aber weder der junge Welf V. noch Mathilde selbst die Urheber eines so kühnen und ehrgeizigen Projekts. Diese Idee mußte von Welf IV., dem Vater des Bräutigams, kommen, der beherrschenden Persönlichkeit der Welfendynastie.

Es war zweifellos eine Ehe, die aus dem Rahmen fiel: 1089 war der junge Welf erst kürzlich großjährig geworden und sollte nun, mit vermutlich sechzehn Jahren, den Ehemann einer reifen Frau von zweiundvierzig oder dreiundvierzig Jahren spielen, einer Frau, die für ihre Willensstärke und Entschlossenheit bekannt war und die bereits ein Leben voller ungewöhnlicher Ereignisse hinter sich hatte.

Was dachten aber die Zeitgenossen über Mathilde? Gregor VII. oder der Verfasser der *Vita* des Anselm von Lucca nannten sie »Tochter des heiligen Petrus« und »Magd des Herrn«, ihre Gegner sagten ihr jedoch moralisch unerlaubte Beziehungen zu Gregor VII. und Anselm nach, klagten darüber, daß die Kirche von einer Frau regiert werde, und beschuldigten Mathilde, ihren ersten Mann auf fürchterliche Weise ermordet zu haben; ja sie gingen sogar so weit, sie wie Benzo von Alba »Fotzenloch« *(os vaginae)* zu nennen.[4] Diese Polemik, die vor nichts zurückscheut, war im Investiturstreit unter Gegnern üblich. Was dachte man aber anderswo über sie, in Frankreich, in England, in den osteuropäischen Reichen? Die Meinung, die man über jene Heirat hatte, kann nicht gerade als erbaulich bezeichnet werden. Das Thema eignete sich ja bestens für üble Nachrede und Gelächter, so daß man sich nicht wundern mußte, wenn an allen Höfen darüber geklatscht wurde. Als Frau, die eine männliche Funktion hatte, wurde sie noch stärker zur Zielscheibe von Spott und Hohn. Heiratete eine Frau in reiferem Alter einen blutjungen Burschen, so war dies an sich schon ein Anlaß, darüber Witze zu machen. Man lachte im Mittelalter gern und oft an den Höfen, auf den Märkten und in den Klöstern ebenso wie in den Städten oder auf den Straßen.

Ein unparteiischer Autor, Cosmas von Prag, der Verfasser des *Chronicon Boemorum*, schreibt über Mathilde, die interveniert hatte, um Bischof Gebhard von Würzburg wieder in sein Bistum einzusetzen:

»Da wir gerade von Mathilde sprechen, will ich, um den Leser nicht zu langweilen, in kurzen Worten erzählen, wie mutig und mannhaft sie einmal gehandelt hat. Als jene Jungfrau, die in vielen Kriegen immer siegreich geblieben war und nach dem Tod des Vaters ein eheloses Leben geführt hatte, nun allein ein allzu großes Reich in der Langobardia regieren mußte, hielten es die Fürsten, die Grafen und Bischöfe des Landes für angebracht, sie zu überreden, sich zu verehelichen, damit das Reich nicht Schaden erleide, falls ein Erbe fehlte. Sie gab ihren Ratschlägen Gehör und schrieb an den Herzog von Schwaben namens Welf einen Brief, der in knappen Worten viel Wichtiges enthielt: ›Nicht aus weiblichem Leichtsinn oder aus Unüberlegtheit, sondern um des Wohles meines ganzen Reiches willen sende ich dir diesen Brief. Wenn du ihn annimmst, so nimmst du meine Hand an und die Herrschaft über die Langobardia. Ich werde dir viele Städte, viele Burgen, viel Edle geben und Paläste, Gold und Silber im Übermaß und vor allem wirst du einen ruhmvollen Namen tragen, wenn du meine

Liebe und Achtung gewinnst. Zeige nicht mit dem Finger auf mich wegen meiner Kühnheit, daß ich als erste dich mit diesem Vorschlag überfalle. Es ist ja dem männlichen und dem weiblichen Geschlecht gestattet, nach einer legitimen Eheverbindung zu streben, und es macht keinen Unterschied, ob der Mann oder die Frau in der Liebe den ersten Schritt tut; wichtig ist allein, daß man zu einer stabilen, unauflöslichen Ehe gelangt, was nur möglich ist, wenn beide Partner sich einig sind. Leb wohl.‹ Wollte nun jemand wissen, was Herzog Welf geantwortet hat oder was ihn dazu bewog, seine Zustimmung zu geben, und wie viele Tausende Bewaffnete die Gräfin Mathilde dem Herzog als Geleit an die Grenze der Langobardia entgegensandte und mit welchen Ehrenbezeigungen sie ihn empfing und wie prunkvoll und aufwendig sie die Hochzeitstafel ausrichtete, wenn jemand dies alles wissen wollte, würde der Tag zu Ende gehen, bevor er mit dem Lesen fertig wäre. Vor Neid erblassen würden der Assyrerkönig und sein Hof, er, der hundertzwanzig Tage lang seinem Heer ein prachtvolles Gelage gab; die Königin von Saba würde aufhören, die Tafel und die erlesenen Gerichte König Salomos zu bewundern, denn was bei jenem Bankett aufgetischt wurde, war in jeder Hinsicht hundertmal großartiger. Aber ich will es kurz machen: Es war Nacht geworden, das frischvermählte Paar zieht sich in das Brautgemach zurück und legt sich auf das Lager: Herzog Welf ohne Venus und die jungfräuliche Mathilde.

Als nun geschah, was in solchen Fällen und in solchen Situationen vorkommen kann, sagt Herzog Welf: ›Frau, was wolltest du eigentlich? Warum hast du mich hergeholt? Um dich über mich lustig zu machen und mich der üblen Nachrede der Leute und der Lächerlichkeit preiszugeben? Du bringst eher Schande über dich selbst, wenn du mich beschämen willst. Sicher ist im Bett oder in deinen Kleidern irgendein Zaubermittel versteckt, das du selbst in Auftrag gegeben hast oder das eine deiner Dienerinnen verfertigt hat.‹ Da der Herzog in der ersten und auch in der zweiten Nacht diese Vorwürfe erhob, führte sie selbst, ohne Begleitung von Dienerinnen, den Herzog in das Brautgemach. Sie stellt zwei Stützen in die Mitte und legt eine Tischplatte darauf. Dann zeigt sie sich ihm nackt, wie sie aus dem Mutterschoß gekommen war, und sagt: ›Sieh her, was sonst verborgen ist, liegt nun alles vor deinen Augen, und es gibt keine Stelle, wo ein Zaubermittel versteckt sein könnte.‹ Aber er stand da und ließ die Ohren hängen, wie ein störrischer Esel oder ein Metzger, der sich im Schlachthaus mit geschärftem Messer über eine abgehäutete fette Kuh beugt, um sie in zwei Hälften zu zerteilen. Die Frau saß lange auf der Tischplatte und bewegte sich hin und her wie eine Gans, die mit dem Bürzel wackelnd eine Nestkuhle macht. Aber alles war vergeblich. Wütend sprang sie schließlich auf, splitternackt wie sie war, packte mit der Linken den Kopf dieses Versagers, spuckte in die Rechte, versetzte ihm eine schallende Ohrfeige und jagte ihn mit diesen Worten davon:

›Weg mit dir, du Ungeheuer,
beschmutze unser Reich nicht mehr.
Feiger bist du als ein Wurm
scheußlicher als fauliger Tang.
Kommst du morgen noch vor mein Angesicht,
ereilt dich der Tod als Strafgericht.‹

Völlig aus der Fassung gebracht, flüchtete Herzog Welf zu seinen Leuten und behielt seine Verwirrung für immer bei. Das soll als kurzer Bericht genügen, und ich wollte, ich hätte es gar nicht erzählt.«[5]

Es handelt sich offensichtlich um eine im Mittelalter weitverbreitete Sage, die man sogar bei Giovanni Villani im 14. Jahrhundert wiederfindet. Die Erzählung scheint dem Vorbild eines Bühnentextes zu folgen, einer Farce über Mathildes Ehe. Deutlich wird dies im Dialog, der die Szene belebt, in den anschaulichen Beschreibungen und dem grotesken Kontrast zwischen einer gehobenen Sprache, die sich mit klassischen Zitaten aus der lateinischen Dichtung schmückt (Horaz, Vergil), und der Lächerlichkeit der beschriebenen Situation.

Man kann also annehmen, daß Cosmas einen ihm bekannten Text wiedergibt, dessen Aufführung er beigewohnt hat, und partiell in seine Chronik aufnimmt, weil diese Episode sich gut eignet, die erlahmende Aufmerksamkeit des Lesers wachzurütteln.

Mathildes Geschichte bereichert diese Erzählung nicht mit sicheren Fakten. Biographen wie Overmann, Tondelli und Grimaldi halten sie jeder ernsthaften Betrachtung für unwürdig, während Ghirardini den Text – wohl aus Prüderie – auf lateinisch in einer Anmerkung zitiert.[6]

Dieser Text dokumentiert aber, daß man über Mathilde und ihre zweite Ehe auch auf dieser Ebene sprach. Außerdem führt er Motive ein, die nicht weit entfernt von der Realität sind, wie den Wunsch Mathildes, das Geschlecht der Canossa nicht versiegen zu lassen, und die Impotenz ihres jungen Ehemanns, der in der Tat kinderlos starb, wie die *Genealogia Welforum* bezeugt: »Welf [IV.] ging mit Erzbischof Tiemon nach Jerusalem und starb auf der Reise. Durch sein Betreiben vermählte sich Herzog Welf [V.], nachdem er großjährig geworden war, mit Mathilde, Gräfin der Langobardia, und starb kinderlos.«

Diese Quelle gibt weder einen Hinweis auf die Trennung der beiden noch Gründe dafür an, während Cosmas sich ausführlich und überdies ungenau darüber ausläßt. Es wäre allzu vereinfachend, wollte man die Trennung, die erst 1095, nach einigen Ehejahren, erfolgte, auf sexuelle Probleme oder auf die Kinderlosigkeit zurückführen. Auch die Schilderung der Hochzeit von Mathilde und Welf trägt eindeutig topische Züge. Vermählungsfeierlichkeiten des Adels wurden immer auf diese Weise beschrieben, so beispielsweise in Donizos Erzählung das Hochzeitsfest, das Bonifaz und Beatrix in Marengo feierten. Ist es in jenem Fall glaubhaft, daß das Fest lange dauerte und mit großer Feierlichkeit und Prachtentfaltung begangen wurde angesichts des Größenwahns des Protagonisten und der günstigeren Umstände, so erscheinen bei Mathildes zweiter Ehe prunkvolle Feiern als unangebracht. Zwar handelte es sich dabei nicht gerade um eine heimliche Trauung, aber die Zahl der Anwesenden muß sich, in Anbetracht der Umstände und Zeitläufte, doch in Grenzen gehalten haben, und man trieb wohl keinen großen Aufwand. Die Reaktion Heinrichs IV. ließ jedenfalls nicht lange auf sich warten.

Madonna della Battaglia

Kurz nach dieser Hochzeit brach Heinrich IV. zu seinem dritten Italienzug auf. Heinrich hatte den letzten seiner sächsischen Gegner, Ekbert von Meißen, besiegt und wollte nun in Italien einen Keil zwischen seine beiden mächtigsten Feinde treiben und der Partei der Kirchenreformer eine vernichtende Niederlage beibringen.

Der Reiseweg des Kaisers führte wie üblich über den Brenner nach Verona, das immer mit ihm verbündet geblieben war, obwohl – oder vielleicht gerade weil – die Besitztümer der Canossa bis an die Stadttore reichten und Mathilde im Contado, vor allem im Veroneser Unterland, Herrschaftsrechte besaß. 1088 hatte sie allerdings die Kirche San Silvestro von Nogara mit allen Rechten, die ihr und ihren Vorfahren zustanden, an die Abtei Nonantola abgetreten, vielleicht weil sie befürchtete, sie nicht mehr kontrollieren zu können.

Von Verona, wo ein urkundlicher Beleg vom 10. April 1090 vorliegt, zog Heinrich IV. gegen Mantua und begann im Mai mit der Belagerung der Stadt. Mathilde und Welf verteidigten Mantua gemeinsam, aber ihre Aufgabe war sicher nicht leicht. Als es in Mantua keine Grafengewalt gab, hatte die Stadt eine gewisse Freiheit genossen und beträchtliche Abgabenbefreiungen durch Kaiser Heinrich II. (1014) und Heinrich III. (1055) erhalten, besonders im Hinblick auf Ufer- und Markzölle. Aus langer Erfahrung wußten die Canossa sehr wohl, daß ohne die Unterstützung der städtischen Arimannen von Mantua ihre Herrschaft in Gefahr wäre. Deshalb versuchten sie, ihre eigene Machtposition zu stärken, indem sie ihnen ein Privileg zugestanden, das ihre erworbenen Rechte bestätigte und ihnen weitere verlieh. Die Urkunde datiert vom 27. Juni 1090:

> »Welf, durch Gottes Gnade Herzog und Markgraf, Mathilde durch Gottes Gnade wenn sie etwas ist. Es geziemt unserer Macht, den berechtigten Wünschen zuzustimmen und diejenigen, die uns treu sind, in allem zu bestärken und ihre Würden und Vorrechte zu mehren. Deshalb [...] bestimmen wir, daß von nun an und in Zukunft alle ihnen unrechtmäßig auferlegten Abgaben und zugefügten Gewalttaten aufgehoben und abgeschafft werden sollen. [...] Wir geben ihnen alle Gemeingüter zurück, die ihren Vorfahren vom Kaiser übertragen worden waren: Sacca, Septingetole und Carpeneta und alles, was wir von Romanore innehatten, sowie die Fischereirechte auf beiden Ufern des Tartaro. Sie sollen freie Weiderechte genießen, das Recht haben, Holz zu sammeln, Bäume zu fällen und zu jagen und all das zu tun, wozu ihre Vorfahren berechtigt waren. [...] Die Bewohner der Stadt und der Vorstadt können sich in unserem Territorium frei bewegen, sowohl auf den Wasser- als auch auf den Landstraßen und brauchen dafür weder Marktzoll noch Uferzoll zu entrichten. Außerdem bestätigen wir ihnen jenes gute und billige Gewohnheitsrecht, das jede ausgezeichnete Stadt der Langobardia hat.«[1]

Der letzte Satz bietet einen Hinweis auf die ersten städtischen Freiheiten, in der Form von Abgabenbefreiungen, die die lombardischen Städte in jener Zeit allmählich errangen – eine Entwicklung, die zur Entstehung der ersten mittelalterlichen Kommunen führte. Das Zugeständnis der Privilegien an Mantua reichte jedoch nicht aus. Der Belagerungsring Heinrichs IV. schloß sich immer enger. Der Kaiser eroberte die Mathildischen Festungen Rivalta und Governolo und isolierte dadurch die Stadt, so daß Mantua vor den Ostertagen 1091 in seine Hände fiel.

In Donizos Augen konnte dies nur durch einen Verrat der Mantuaner geschehen sein, den er symbolisch auf die Nacht des Gründonnerstags datiert:

»Es war in der Tat die gleiche Nacht, in der Judas
Jesus verriet und verkaufte,
in der Mantua verraten wurde. [...]
O Verrat, wie bist du voll Tücke,
du bringst den zu Fall, der sich erhoben hat,
den Starken vernichtest du und wirfst den Sieger
zu Boden,
du stürzt die Herrscher und die edlen Herzöge,
und erschütterst jegliche Ordnung, o du schändlicher und abscheulicher.
Mantua, wärest du Mathilde ergeben geblieben,
so hättest du mit ihrer Hilfe zehn, ja zwanzig Jahre
furchtlos dem Feind widerstanden.«[2]

Was der Dichter nach den Regeln der epischen Poesie interpretiert, war in Wirklichkeit ein Parteiwechsel jener Arimannen, die die Canossa – vielleicht zu spät und nach zu häufigen Versuchen, ihnen ihre Rechte streitig zu machen – auf ihre Seite ziehen wollten – ein Umschwenken auf einen neuen politischen Kurs, das vielleicht schon seit der Ankunft Heinrichs IV. in der Luft lag und das durch das Privilegienzugeständnis Welfs und Mathildes nicht abgewendet werden konnte.

Die Vermutung, daß die Arimannen am Fall der Stadt maßgeblich beteiligt waren, wird durch das neue Privileg bestätigt, das Heinrich IV. im gleichen Jahr 1091 (Monat und Tag sind leider nicht bekannt) nach der Übergabe von Mantua für sie ausstellte. Mit diesem Privileg wurden ein weiteres Mal die Rechte und Freiheiten der Einwohner von Mantua vermehrt. Heinrich IV. nahm also die Stadt in seine Gewalt, vertrieb ihren Bischof Ubald, der sich zur Markgräfin nach Canossa flüchtete, und setzte einen seiner Leute, Cono / Kuno, zum Bischof ein. Dann eroberte er Teile des Contado, besetzte das Kloster San Benedetto Polirone, dessen Abt Wilhelm, ein Bayer aus Benediktbeuren, ebenfalls zu Mathilde floh. Mathilde und Welf blieb nichts anderes übrig, als sich in ihren Apenninburgen zu verschanzen und mittels ihrer Informanten den Gang der Ereignisse zu verfolgen.

Im August verwandte sich Mathildes mächtiger Schwiegervater, Welf IV., bei einem Treffen in Verona beim Kaiser für sie und schlug Friedensverhandlungen vor. Der Herzog erreichte jedoch nichts und mußte nach Deutschland zurückkehren, ohne seinem Sohn und seiner Schwiegertochter konkrete Hilfe gebracht zu haben.

Während Heinrich IV. Anstalten traf, den zweiten Winter in Italien zu verbringen, versuchte Mathilde, die Gelegenheit zu nutzen, als er sich ohne Begleitmannschaft auf das andere Etschufer begeben hatte, um ihn mit List in ihre Gewalt zu bringen. Aber einer ihrer Kapitane, Ugo del Manso aus der Familie Este, verriet sie an den Kaiser, so daß dieser seine Truppen zusammenziehen konnte, die der Markgräfin bei Trecontai im Gebiet von Padua eine schwere Niederlage beibrachten. Auf beiden Seiten gab es viele Gefallene; viele Adlige, treue Gefolgsleute der Canossa, wurden gefangengenommen, unter ihnen Manfred, der Sohn Alberts, auf den das Geschlecht der »filii Manfredi«, der Manfredsöhne, zurückgeht, von dem sich die Familien Pico della Mirandola und Pio di Carpi herleiten.

Als der Frühling kam, nahm Heinrich IV. die Kriegshandlungen wieder auf, mit der bewährten Taktik, der Markgräfin eines ihrer Gebiete nach dem anderen zu entreißen, um sie zur Kapitulation zu zwingen. Danach wollte er den Zug nach Rom fortsetzen. Er eroberte das Gebiet von Modena und schob sich bis zu den Mathilde besonders ergebenen Burgen im Apennin vor (unter anderem Monte Morello und Mont' Alfredo). Dann griff er im Osten der Grafschaft an und belagerte die Burg Monteveglio, die heute zum Gebiet von Bologna gehört. Die Belagerung war Donizo zufolge lang und schwierig und nahm die kaiserlichen Truppen den ganzen Sommer des Jahres 1092 in Anspruch. Inzwischen festigte der Kaiser seinen Bund mit dem Gegenpapst Clemens III. Mit Sicherheit hinderte die Belagerung Heinrich IV. nicht daran, andere Angriffe gegen die Gebiete der Canossa zu führen, mit den Vasallen der Markgräfin zu verhandeln und durch Friedensangebote die Front der Anhänger Mathildes zu spalten.

Auf einer Versammlung der Vasallen der Canossa und der reformtreuen Kleriker, die vermutlich Ende des Sommers 1092 in Carpineti stattfand, zeigten sich die Teilnehmer bereits geneigt, das Friedensangebot Heinrichs IV. anzunehmen, als sich der in der Einsiedelei Marola lebende Eremit Johannes erhob und mit Worten, die sich später als prophetisch erweisen sollten, dafür eintrat, daß der Kampf fortgesetzt werden müsse.[3] Und der Krieg ging weiter.

Im Herbst brach Heinrich IV. die vergebliche Belagerung von Monteveglio ab, wo er ein Belagerungsgerät und laut Donizo einen illegitimen Sohn verloren hatte, zog nach Mantua, das schon auf seiner Seite stand, und von dort nach Reggio Emilia.

In kluger Taktik ließ er das Gerücht ausstreuen, er wolle Richtung Parma marschieren, nahm aber dann mit seinem Heer den Weg durch das Enza-Tal in den Apennin. Er durchquerte Ciano d' Enza und marschierte auf Canossa zu, um es zu erobern und für die Schmach von 1077 Rache zu nehmen. Mathilde hatte jedoch die Verteidigung von Monteveglio abgebrochen und war durch den Modeneser Apennin nach Canossa zurückgekehrt, um dort die Verteidigung zu organisieren.

Donizo berichtet:

»In Canossa war Mathilde mit ihrem Heer schon eingetroffen;
als sie erfuhr, daß der Kaiser in Ciano war,
ließ sie einen Teil ihrer Männer auf der Burg zurück
und führte die anderen nach Bianello,
[...]
Als sie beim Giumegnaberg war, zogen die Feinde
in dichter Folge mit aller Vorsicht zum Monte della Fontana.
So nahe sind diese Bergkuppen,
daß mit klopfendem Herzen die Gegner einander hörten.
Das Heer der Markgräfin kehrte eilig nach Bianello zurück,
die Schar des Königs richtete ihr Banner gegen Canossa.
Viele Anführer verließen Mathilde und kehrten zurück,
und Heinrichs Truppen forderten sie zum Kampf heraus.
Sie wollten sich aber nicht zur Schlacht stellen,

sondern lieber zu den Gefährten stoßen,
die zum Schutz der Burg zurückgeblieben waren.
Als sie sich aber mit ihnen vereinigt hatten,
begannen sie getrost mit dem Kampf.
Laut ertönt das Geschmetter der Hörner, und Abt Johannes
singt Psalmen mit den Mönchen
und ruft alle Heiligen an, sie mögen Canossa vor Heinrich
retten.
Plötzlich senkt sich ein dichter Nebel herab:
Der Abt ist im Gebet versunken, und die Leute kämpfen.
Die Männer des Königs werden von Pfeilen getroffen und verwundet,
ein einziger Verteidiger wurde mit Sicherheit getötet, das weiß
ich,
nachdem er mit seiner Lanze viele feindliche Arme gebrochen.
[...]
Als dies geschah, war es Oktober, und man pflügte die Felder.
Der König verbrachte voll Trauer eine Nacht in Bibbiano,
am Morgen brach er auf zum Po, den er am folgenden Tag
überquerte.
Von hier nahm Heinrichs Untergang seinen Anfang.«[4]

Über diese entscheidende Schlacht im Krieg zwischen Heinrich und Mathilde berichtet nur Donizo, der das größte Interesse daran hat, sie in seinen Bericht aufzunehmen. Von dem furchtbaren Krieg zwischen den beiden und von dem großen Schaden, den Heinrichs Truppen Welf und Mathilde zufügten, sprechen aber auch andere Chronisten.

Die Erzählung des Mönchs von Canossa enthält auch Episches und Legendenhaftes: so etwa der dichte Nebel, der wie durch ein Wunder plötzlich einfällt und einen Teil der Kämpfenden den Blicken ihrer Feinde entzieht, eine in Canossa sicher wohlbekannte Naturerscheinung, aber auch ein Topos in der Epik – er begegnet zum Beispiel schon in der *Ilias* – und in der Hagiographie, wie in der zweiten Legende des heiligen Geminianus, des Stadtpatrons von Modena. Fest steht jedenfalls, daß es Heinrich IV. nicht gelang, das Bollwerk der Mathildischen Burgen zu durchbrechen.

Das komplexe System von Türmen, befestigten Siedlungen und Burgen im Apenningebiet bei Reggio und Modena, auf das sich die Macht der Canossa seit Adalbert Atto gründete, hatte dem schwersten Angriff standgehalten, dem es je ausgesetzt gewesen war. Trotz der Kampfkraft eines Furcht und Schrecken verbreitenden, in zwanzig Kriegsjahren erprobten Heeres, kam Heinrich IV. nicht einmal so nahe an Canossa heran, daß er die Burg belagern konnte, sondern wurde zwischen der Burg Bianello und Canossa in die Zange genommen, neun Kilometer vor Mathildes Burg. Eine Marienwallfahrtskirche, die im Laufe der Jahrhunderte mehrmals umgebaut wurde, und der Name der Ortschaft bewahren die Erinnerung an diese Schlacht: Madonna della Battaglia.[5]

Aber nicht nur die Mauern und Türme hatten standgehalten; vor allem taten dies Mathildes Vasallen, die Lehnsträger, denen diese Burgen übertragen waren. Sie hatten zum Großteil an ihrer Gefolgschaftstreue zu den Canossa gegenüber einem derart furchtbaren Gegner, mochte er auch nun seiner Sakralität entkleidet sein, festgehalten.

Die Versuchung, nun Friedensverhandlungen einzuleiten, war für Mathilde sehr stark gewesen. Sogar Bischof Heribert von Reggio hatte als Sprachrohr des Kaisers fungiert und dessen Angebote unterbreitet, hatte sich jedoch infolge der Opposition der Mönche in Mathildes Beraterkreis nicht durchsetzen können. Die Markgräfin hatte sogar selbst an der Schlacht teilgenommen. So hatte eine kleine Schar treuer Kriegsleute, beflügelt von der Vorstellung, einen gerechten Krieg zu führen, und begünstigt durch ihre genaue Ortskenntnis, ihre Wendigkeit und die Schnelligkeit ihrer Kuriere und mit Hilfe ihrer Strategie, die höchstgelegenen Stellen des Schlachtfelds zu besetzen, die Oberhand über den mächtigen Heinrich IV. gewonnen.

Ausschlaggebend war die Taktik, die dem Zusammenstoß der Kampfgegner vorausging. Beide Heerscharen versuchten, als erste die Hügelkuppen zu besetzen, die Einheimischen waren jedoch dabei im Vorteil. Für sie war entscheidend, daß sie sich in zwei Kontingente aufgeteilt hatten und auf diese Weise ein für Heinrichs Truppen verhängnisvolles Umzingelungsmanöver einleiten konnten. Im Süden wurden diese von den Anhängern Mathildes, die von Canossa herunterkamen, angegriffen (Canossa liegt in 576, Madonna della Battaglia in 375 Metern Höhe), im Norden versperrten ihnen die Truppen aus Bianello den Weg, sie selbst waren von den hinter ihnen liegenden Gewaltmärschen erschöpft. Die Niederlage war also unvermeidlich; aber für Heinrich IV. bedeutete sie vielleicht mehr als eine verlorene Schlacht. Es wurde ihm bewußt, daß er ein so dichtes Verteidigungssystem nicht durchbrechen konnte. Dies waren nicht die weiten Ebenen Sachsens, hier hatte er nicht die Grenzen vor sich, die von den Flüssen Mitteleuropas gebildet wurden: Hier waren Steilhänge zu überwinden, schmale Waldsteige, Felsspalten, unwegsames Gelände, geschützt von Burgen und hoch aufragenden Türmen, von denen sich ein Pfeilhagel auf jeden Feind, der sich näherte, ergoß. Da der Krieg damals vor allem mit Wurfwaffen, d. h. mit Lanzen, Pfeilen und Speeren ausgetragen wurde, war daher derjenige im Vorteil, der einen höhergelegenen Standort hatte.

Während Heinrich IV. sich zum Überwintern nach Venetien, und zwar nach Verona zurückzog, wo es für ihn sicherer war, konnten Mathilde und ihre Anhänger ein wenig aufatmen und im Jahr darauf Governolo und Rivalta wieder in ihre Gewalt bringen, nicht jedoch Mantua, dessen Autonomie nun gefestigt war.

Statt seiner näherten sich der Markgräfin andere lombardische Städte – Mailand, Cremona, Lodi und Piacenza –, die sich dadurch der kaiserlichen Kontrolle entzogen.

Die Geschicke des Kaisers nahmen also eine negative Wendung, und Mathilde hatte wesentlich dazu beigetragen. Das erste Zeichen seines Untergangs war die Rebellion seines ältesten Sohnes Konrad, den er zu seinem Erben designiert und in Italien zurückgelassen hatte:

»Der Sohn des Kaisers, den der Vater aus Gründen, die wir genannt haben, in Italien zurückgelassen hatte, ließ sich von Mathilde überreden – welchen Mann könnte Weiberlist nicht verführen und betören? – und verbündete sich mit den Feinden seines Vaters; er ließ sich krönen, riß die Königsherrschaft an sich, verletzte das Recht, verwirrte die Ordnung und begehrte gegen alle Natur das Blut seines Vaters; denn nur dann hätte er herrschen können, wenn er das Blut seines Vaters vergoß.«

Der Mönch, der die *Vita Heinrici IV* verfaßt hat, bricht in Wehklagen aus, als er von einem so schwerwiegenden und seines Erachtens sinnlosen Geschehen berichtet. Konrad ließ sich von einer Frau (Mathilde) das geben, was er bereits besaß und was sein Vater selbst ihm übertragen hatte, und erhob sich im Widerspruch zu den Gesetzen der Natur gegen diesen:

»Es möge keine Ehen mehr geben, niemand soll sich einen Erben wünschen! Dein Erbe wird dein Feind sein, denn er nimmt dir nicht nur dein Haus und dein Gut, sondern will dir auch dein Leben nehmen.«[6]

Auf dieses private Unglück des Kaisers folgte als nächstes die Befreiung der Königin Praxedis durch Mathilde.

Nach dem Tod seiner ersten Frau Bertha von Turin im Jahr 1088 hatte Heinrich IV. Praxedis (Adelheid), die Tochter des Großfürsten von Kiew und Witwe des Grafen von Stade, geheiratet. Wie er sie behandelte, erfuhr man auf dem Konzil von Piacenza des Jahres 1095, wo sie die »unerhörten sexuellen Scheußlichkeiten«, die er von ihr verlangt hatte, vorbrachte. Da sie sich weigerte, hatte Heinrich IV. sie schließlich in Verona unter Bewachung gestellt.

1094 gelang es Praxedis, mit Mathildes Hilfe zu fliehen. Sie fand bei der Markgräfin und ihrem Gemahl Welf V. Zuflucht.

Es entstand also ein Konflikt innerhalb der kaiserlichen Familie, der Heinrich IV. zunehmend schwächte.

Auf der Gegenseite wuchsen die Stärke und der Mut der Reformer und Urbans II., der gerade in diesen Monaten ein Unternehmen vorbereitete, das den Konflikt, der noch schwelte, als sinnlos erweisen sollte.

Jerusalem

Das Bündnis zwischen Mathilde und Urban II. hatte zur Folge, daß Heinrich IV. noch stärker in die Isolation geriet, denn sein Sohn Konrad, der kurz davor zum König gewählt worden war, vermählte sich in Pisa mit Maximilla, der Tochter des Großgrafen von Sizilien, Roger I. Die Braut war noch ein Kind, aber das war bekanntlich nicht weiter von Bedeutung; wichtig war nur, eine enge Allianz zwischen den Anhängern des Papstes südlich und nördlich von Rom herzustellen. Dieses Bündnis wurde wieder im Kerngebiet der zurückeroberten Mathildischen Territorien besiegelt, diesmal in der den Canossa gegenüber oft ungetreuen Stadt Pisa.

Im Februar 1095 verließ Urban II. Rom, um in der Lombardei, die ihm nun nicht mehr feindlich gegenüberstand, eine Synode abzuhalten. Sicherlich gaben ihm die Truppen der Markgräfin das Geleit, wenn die Quellen dies auch nicht eigens erwähnen. Im März kamen in Piacenza eine große Zahl von Bischöfen und Klerikern (4000?) und Laien (30 000? gewiß übertriebene Zahlenangaben) aus dem ganzen christlichen Abendland zusammen, unter ihnen Gesandte des Königs von Frankreich, des Königs von Kastilien und des Kaisers von Byzanz, Alexios Komnenos. Die Quellen erwähnen Mathilde nicht. Falls sie nicht daran teilnahm (was aber nicht gesichert ist), so nur deswegen nicht, weil sie die Nordostgrenzen ihres Territoriums schützen mußte, die von Heinrich IV., der wieder in Venetien sein Winterlager aufgeschlagen hatte, bedroht wurden. Gewiß schickte sie ihre Gesandten nach Piacenza, und ebenso sicher nahm sie die Kreuzzugsidee, die dort propagiert und in der gesamten Christenheit verbreitet wurde, mit Begeisterung auf.

Jerusalem begegnet in der Gedankenwelt der Canossa mehrmals: Jerusalem hatte der heilige Simeon besucht, der in San Benedetto Polirone verstorbene armenische Einsiedler, der Bonifaz beriet; nach Jerusalem hätte sich Bonifaz auf Pilgerfahrt begeben müssen, um für die Sünde der Simonie, die er mehrmals begangen hatte, zu büßen; von seinem Traum, nach Jerusalem zu gehen, hatte Gregor VII. Mathilde, die ihn vielleicht begleitet hätte, in einem Brief erzählt. Eine großenteils legendäre apulische Überlieferung berichtet, Mathilde habe im Jahr 1089 eine Wallfahrt zur Grotte des Erzengels Michael auf dem Gargano unternommen, vielleicht eine Etappe auf einer in größere Fernen führenden Jerusalempilgerfahrt. Mathilde sei mit ihren Dienerinnen an der Küste von Lesina an Land gegangen. Normannische Ritter auf der Rückkehr von der Jagd sollen den Mädchen nachgestellt haben. Die Markgräfin habe daraufhin deren Kastell belagert und die Uferdämme dort befindlicher Wasserläufe durchstechen lassen, so daß die Übeltäter ertranken:

»In den Fluten von Lesina konnte Mathilde die Freier versenken
und der Venus Wogen mit anderen Wogen kühlen.
Von den Mägden der Gräfin ließ ab die geile Schar
und wurde selbst gefangen, wo sie zu fangen gehofft hatte.«[1]

Von Piacenza reiste Urban II. nach Frankreich. Ein dichter Regen von Sternschnuppen, der sich im April jenes Jahres am Himmel zeigte, schien die große Schar anzukündigen, die voll Mut aufbrechen wollte, um das Heilige Grab zu befreien. In Frankreich besuchte der Papst die wichtigsten Cluniazenserkirchen und eröffnete am 18. November in Clermont-Ferrand das denkwürdige Konzil, das zehn Tage später im berühmten Kreuzzugaufruf gipfelte. Urban II. wiederholte ihn mehrmals in den verschiedenen Kathedralen, die er während seines langen Aufenthalts in Frankreich besuchte: in Limoges, wo er Weihnachten verbrachte, in Poitiers, in Tours, wo er eine Synode abhielt, dann in Saintes, Bordeaux, Toulouse, wo er Ende Mai/

Anfang Juni weilte, schließlich Ende Juni in Nîmes. Ende Juli/Anfang August zog er nach Italien zurück. Inzwischen rüstete die Seerepublik Genua, die er eigens dazu aufgefordert hatte, schon zwölf Galeeren und ein Frachtschiff für den Kreuzzug aus.[2]

Bald wurde das gesamte Abendland von dem mystischen Funken der Begeisterung für dieses Unternehmen erfaßt. Die Cluniazenserklöster und Tausende Wanderprediger verbreiteten die Kreuzzugsidee, unter ihnen Petrus der Einsiedler, der als erster mit einem ungeordneten Heerhaufen enthusiastischer Menschen gegen das Heilige Land zog.

Das Leben des Christen wurde als Pilgerfahrt in diesem »Tal der Tränen« verstanden. Mit dieser Auffassung verband sich der Gedanke, man müsse die Stätten, an denen Christus lebte und starb, befreien, Stätten, die für das Heilsgeschehen der christlichen Religion zeichenhaft waren und in jenen Jahrzehnten in Hunderten von Bauwerken in Europa nachgeahmt wurden: runde Heiliggrabkirchen, in ihrer Mitte ein Altar in der Form von Golgotha, so etwa das Benediktinerkloster Santo Stefano in Bologna oder die Rundkirche San Lorenzo neben Sant' Andrea und zwei andere, heute nicht mehr erhaltene Rundbauten in Mantua.

Zu dem außergewöhnlichen Erfolg der Initiative – der vielleicht für den Papst selbst überraschend kam, der fürchten mußte, die Kontrolle über eine so riesige Menge von Befehlshabern, Kriegern und Volk zu verlieren – trugen verschiedene Faktoren bei, die wir hier nicht im einzelnen erläutern können, die aber ein breites Spektrum umfaßten, von der Resonanz auf Erzählungen der Pilger über Gewalttaten, die sie während der türkischen Eroberungszüge in Kleinasien erlitten hatten bis zur Abenteuerlust der neuen städtische Bevölkerungsschichten. Der Kreuzzug bot dem hohen und besonders dem niederen Adel die Möglichkeit, seine kriegerischen Fähigkeiten unter Beweis zu stellen und eventuell neue Herrschaftsgebiete zu gewinnen, denn im Abendland gab es kein herrenloses Land mehr.

Für die Kirche von Rom bedeutete die Koordinierung des Kreuzzugs, also eines Unternehmens von Weltrang, den faktischen Beweis für ihre Vorrangstellung und Überlegenheit gegenüber allen anderen religiösen und weltlichen Institutionen.

Das Kaisertum wurde von dieser Initiative völlig an den Rand gedrängt; Heinrich IV. selbst wurde von Vasallen im Stich gelassen, die bis dahin seine Gefolgsleute gewesen waren, wie Gottfried von Bouillon, der nach dem schrecklichen Ende seines Vetters, Gottfried des Buckligen, die Herrschaft Niederlothringens geerbt hatte. Anfänglich war der byzantinische Kaiser daran interessiert, den Feldzug zur Rückeroberung Jerusalems selbst zu leiten und die türkischen Seldschuken zu vertreiben. Als aber Bohemund von Tarent zu den Kreuzfahrern stieß, gewann bei den Byzantinern die Furcht die Oberhand, dieser Kreuzzug sei nur ein Vorwand, um in Territorien einzufallen, die zu ihrem Einflußgebiet gehörten.

Für die einfache Bevölkerung stellte der Kreuzzug eine große Herausforderung dar: Sie fand ein edles Ideal, für das zu kämpfen sich lohnte, oder auch eine Gelegenheit, einem kargen Leben voll Mühsal und Unsicherheit zu entfliehen und sich von den Bindungen und Grenzen, den »Ordnungen« und Kontrollen einer repressiven Gesellschaft zu befreien. Ein Brief Urbans II. an die Bolognesen, datiert vom 19. September 1096 in Pavia, ist in dieser Hinsicht besonders bezeichnend:

»Bischof Urban, Diener der Diener Gottes, den geliebten katholischen Söhnen im Klerus und im Stadtvolk von Bologna Heil und apostolischen Segen. Wir danken eurem loyalen Sinn, daß ihr, obgleich umgeben von Schismatikern und Häretikern, zu einem Teil immer am katholischen Glauben festgehalten habt, zum anderen Teil dank Gottes Gnade die Wahrheit erkannt und von den Irrwegen abgelassen habt und wieder den Lehren des katholischen Glaubens folgt. Wir fordern euch daher auf, Geliebte im Herrn, mannhaft auf dem Weg der Wahrheit voranzuschreiten und dafür Sorge zu tragen, auf einen guten Anfang eine noch bessere Fortsetzung folgen zu lassen. [...] Wir haben vernommen, daß viele von euch nach Jerusalem ziehen wollen. Wisset wohl, daß uns dies sehr große Freude bereitet. Ihr möget auch wissen, daß wir all jenen, die sich nicht aus dem Verlangen nach irdischem Vorteil dorthin begeben, sondern allein um ihres Seelenheils willen und zur Befreiung der Kirche, kraft unserer Autorität dank der Barmherzigkeit des allmächtigen Gottes und der Gebete der katholischen Kirche, sowohl unserer eigenen als auch der Kirchen fast aller Erzbischöfe und Bischöfe in Gallien, die vollkommene Vergebung der Sünden gewähren, über die sie eine aufrichtige und vollständige Beichte abgelegt haben, da sie aus Liebe zu Gott und zu den Nächsten Leben und Gut aufs Spiel setzen. Wir gestatten jedoch den Klerikern und den Mönchen nicht, sich ohne die Erlaubnis ihres jeweiligen Bischofs oder Abts auf die Reise zu begeben. Ferner soll jeder Bischof dafür Sorge tragen, daß keines seiner Pfarrkinder ohne den Rat der Kleriker und ohne die notwendigen Mittel für die Verpflegung aufbreche. Zudem ist darauf zu achten, daß verheiratete Männer nicht unüberlegt und ohne die Zustimmung ihrer Ehefrau losziehen.«[3]

Ganz offensichtlich lag es dem Papst besonders am Herzen, zu vermeiden, daß der Kreuzzug als Vorwand für andere Zwecke dienen und von dem eigentlichen Ziel abweichen könnte, dessentwegen er ihn propagiert hatte.

Ende des Jahres kehrte Urban II. nach Rom zurück. Mathilde konnte noch einmal jenes Vorrecht ihrer Vorfahren ausüben, dem Papst das Geleit zu geben, und eskortierte ihn bis zur ewigen Stadt. »Danke mit uns Gott dafür, wie wir uns jetzt befinden«, schreibt der Papst an den Erzbischof von Lyon, Hugo von Die, »denn wir sind mit der Gräfin Mathilde ohne Störung nach Rom gelangt und in die Stadt eingezogen. Der Zug, der vor uns einherschritt, war sehr lang. Der größte Teil der Stadt ist unter unserer Kontrolle. Wir haben eine feierliche Synode im Lateran abgehalten.«[4]

Diese Synode, an der vermutlich auch Mathilde teilnahm, fand im Januar 1097 statt. Unterstützt durch Urban II., war die Markgräfin bereits wieder in den vollen Besitz ihrer tuszischen Herrschaften gelangt. In Modena und Bologna agierten von neuem Bischöfe, die die Sache des Papstes vertraten. Mathilde konnte sich sogar wieder ihren Interessen in Lothringen zuwenden: Zwischen 1096 und 1100 schrieb sie einen – erst kürzlich aufgefundenen – Brief an einen Vasallen, der die Burg Briey verwaltete, in dem sie ihm ihren Dank aussprach und ihn ermutigte.[5]

Sie konnte jedoch nicht persönlich am Kreuzzug teilnehmen, da sie sonst ein gefährliches Machtvakuum hinterlassen hätte.

Mit der Jahrhundertwende trat auch ein Wechsel der Protagonisten dieser Phase der Geschichte ein. Anfang Juli 1099 konnten die Kreuzfahrer in Jerusalem eindringen und die Stadt erobern. Am 19. Juli starb Urban II., bevor ihn diese Nachricht erreicht hatte. 1100 verschied auch Wibert, der Gegenpapst Clemens III., und an seinem Grab in Civita Castellana geschahen Wunder. Es begann ein neues Jahrhundert mit alten Problemen und neuen Zielen.

Guido Guerra

Mathilde konnte sich offenbar nicht aus ihren Territorien entfernen, ohne dabei ein hohes Risiko einzugehen. Wir erkennen dies deutlich, wenn wir uns die urkundlich belegten Handlungen der Markgräfin vor Augen führen, die in erster Linie aus Schenkungen und Konzessionen an Reformklöster in der Toskana und am Po bestehen. Zwar stammt das Urkundenmaterial vorwiegend aus Archiven von Klöstern und Kirchen, so daß der Historiker immer ein einseitiges Bild der Wirklichkeit vor sich hat, aber man kann aus diesen Urkunden und aus einigen Ereignissen dieser Zeit schließen, daß sich die Lage der Markgräfin noch nicht völlig entspannt hatte.

Heinrich IV. verließ ohne weitere Aktionen nach sieben Jahren Krieg gegen Mathilde 1097 Italien und kehrte über den Brenner nach Deutschland zurück. Alles in allem konnte er gewisse Erfolge verzeichnen, es war ihm gelungen, das Bündnis der Markgräfin mit seinem bayerischen Gegner zu sprengen und die Ehe von Mathilde und Welf auseinanderzubringen. Auch in Mathildes Bündnis mit Heinrichs IV. rebellischem Sohn Konrad kam es zu einer kurzen Krise:

»Als Konrad in den Grafschaften der Lombardei weilte,
entstand ein Zwist zwischen ihm und Mathilde;
doch diese Zwietracht dauerte nicht lange:
Der König begab sich nämlich nach Tuszien,
und dort vertrieb einer der Edlen endlich seinen Zorn,
und er kehrte in einen dauerhaften Frieden mit der Gräfin zurück.

Nach diesem Frieden wurde der große Konrad vom
Fieber ergriffen und starb.
Es war Juli und das dritte Jahr, seit Urban, guten Angedenkens, dahingegangen war.
Heute noch hat die blühende Stadt Florenz seinen
Leichnam.«[1]

Die Gründe für diesen Konflikt werden nicht genannt, und Donizo ist der einzige, der davon berichtet. Aber Donizo war diesen Ereignissen zeitlich am nächsten, wie der Historiker Luigi Simeoni betont, denn sie fanden kaum zehn Jahre vor der Abfassungszeit seines Epos statt. Von einem anderen Geschehnis jener Jahre spricht Donizo jedoch nicht: von der Adoption des Grafen Guido Guerra, eines Mitglieds des Florentiner Adelsgeschlechts der Grafen Guidi, durch Mathilde.

Die Gründe, aus denen Donizo nicht von diesem Vorgang spricht, sind wahrscheinlich die gleichen, die ihn veranlaßten, über die beiden Ehen der Markgräfin zu schweigen. Denn auch diese Adoption sollte sich als Fehlschlag erweisen, und Donizo befürchtete, die Erinnerung daran könne Mathilde unangenehm sein. Die Spannung mit Konrad und die Adoption des Guido Guerra stehen in einem gewissen Zusammenhang, obgleich die einzigen Indizien dafür die Gleichzeitigkeit beider Ereignisse und ihr gleicher Schauplatz sind. Florenz, wo Konrad starb, war das Zentrum der Macht der Grafen Guidi, und eine der Städte, die Mathilde besonders treu ergeben waren. Das in Deutschland kursierende Gerücht, Mathilde sei für den Tod des Kaisersohns verantwortlich, sie habe ihn vergiftet, zeigt, wie sich der Konflikt zwischen der Markgräfin und ihrem neuen Souverän, der in Mailand gekrönt worden war, zugespitzt hatte – ein Streit, von dem jedoch Donizo berichtet, er habe rasch eine friedliche Lösung gefunden.

Stellt man nun zwischen den beiden Ereignissen einen Zusammenhang her, so wird auch der Grund für den Konflikt klar: die Frage der Erbschaft der Mathildischen Güter. Nach dem Tod der Markgräfin machte der Kaiser Verwandtschaftsbeziehungen mit den Canossa und damit Erbfolgerechte geltend. Angesichts eines Rechtsakts wie dieser Adoption verfielen derartige Rechte automatisch, und der Verlust war nicht gering zu achten.

Mathilde war nun über fünfzig Jahre alt und konnte nicht mehr auf eigene Nachkommenschaft hoffen, um ihre Dynastie fortzusetzen. Deshalb adoptierte sie ein Mitglied der Adelsfamilie, die ihr in jenen Jahren wohl die meiste Unterstützung geboten hatte, einen Mann, von dem sie hoffen konnte, er werde ihr Werk fortsetzen, den jungen Guido Guerra, der wahrscheinlich Anfang Zwanzig war. Als Zeuge erscheint er neben Mathilde am 20. Juni 1099 in Marturi im Florentiner Umland (Poggibonsi), um eine Schenkung an das Kloster San Michele zu bestätigen. In einer Urkunde, die Mathilde am 12. November 1099 für das Kloster San Genesio in Brescello ausstellt, wird Guido Guerra abermals »adoptivus filius« genannt.

Diese Urkunde ist nur in einer authentischen Abschrift aus dem Jahre 1319 erhalten:

»Inkarnationsjahr 1099, 12. November, 7. Indiktion. Ich, Mathilde, Gräfin und Herzogin, Tochter des verstorbenen Bonifaz, die ich nach langobardischem Recht lebe [sie war also zum Recht ihrer Ahnen zurückgekehrt und hatte das salische Recht ihres Ehemanns aufgegeben], will, daß das Kloster, das meine Vorfahren in der befestigten Ortschaft Brescello auf eigenem Besitz gegründet haben, das nun von dem Abt Tebald geleitet wird und das der heiligen Dreifaltigkeit, dem heiligen Erzengel Michael, den heiligen Aposteln Petrus und Paulus und dem heiligen Bekenner Christi Genesius geweiht ist, nach meinem Tod von allen Rechten frei sein soll, die meine Vorfahren sich selbst vorbehalten hatten und die ich jetzt innehabe, und daß es ganz der Gewalt der Römischen Kirche unterstehen soll, entsprechend der Schenkung, die ich seinerzeit vorgenommen habe. Alle Güter, die wir dem vorgenannten Kloster anvertraut haben, sollen von heute an Eigentum des Klosters sein, welche da sind: das befestigte Dorf Brescello mit dem Markt und dem Hafen am Po und mit den dazugehörigen Höfen in den Ortschaften und Fluren Boretto, Sacca, San Giorgio

> mit der Kapelle San Giorgio, Sorbola, Enzano und Banzola mit seinem Fischteich. [Es folgt ein genaues Verzeichnis der übereigneten Güter mit Umfängen, Pertinenzen, Empfängern, Grenzen, Charakteristik des Bodens und seiner Kulturen]. [...] Ausgestellt im Castrum Brescello, in einem Raum des Klosters. Ich, Graf Guido, genannt Guerra, Sohn des Grafen Guido, Adoptivsohn der Gräfin Mathilde, bezeuge dies. Mathilde, durch Gottes Gnade, wenn sie etwas ist, hat unterschrieben. Paganus, Kardinaldiakon der Heiligen Römischen Kirche, hat unterschrieben. Der Richter Ardericus hat unterschrieben. Handzeichen von Graf Albert, Sohn des Grafen Boso, Hugo, Sohn des verstorbenen Manfred, Azzo, Sohn des verstorbenen Ubald, Boso, Sohn des Wizelo, Albert, Sohn des Hugo von Roteglia, Bellenzo von Guastalla, Albertus Patarinus, Ariprand von Cremona, Vasallen des Grafen, als Zeugen. Johannes, Pfalzrichter und Vogt des vorgenannten Klosters, hat unterschrieben.«[2]

Aus dieser Urkunde geht hervor, daß die Canossa ihre Politik, die Benediktinerklöster zu schützen und zu fördern, fortsetzten; allerdings nun in veränderter Form, da die Dynastie auf die direkte Kontrolle über die Abtei, die dann kein Eigenkloster mehr war, verzichtete. Ferner wird auf die Schenkung an den Heiligen Stuhl verwiesen. In der gleichen Urkunde findet sich die Bestätigung durch den Adoptivsohn, der bei dieser Rechtshandlung die Funktion des Muntwalts erfüllt, das heißt des Garanten für die Verfügungen einer Frau, die gleiche Funktion, die nach langobardischem Recht die Ehemänner ausübten. Zahlreiche Vasallen Mathildes sind zugegen und erklären, daß sie dem Grafen unterstehen. Das ganze wirkt beinahe wie eine öffentliche Präsentation des Adoptivsohnes und künftigen Nachfolgers, so daß sich daraus die Anwesenheit so vieler Vasallen der Markgräfin in Brescello erklären könnte. Hervorzuheben sind unter ihnen Albert, Sohn des Boso, Graf von Montechiaro, der in weiteren elf Urkunden Mathildes fungiert und der Capitaneus Hugo aus der Dynastie der Manfredi, der im Gebiet von Modena kleinere Herrschaftsrechte innehatte. Andere bedeutende Vasallen Mathildes fehlen hingegen, etwa Saxo von

Bianello, der von 1088 bis 1115 sechsundzwanzigmal neben der Markgräfin auftritt, Arduin von Palude, der von 1100 bis 1115 zwanzigmal in den Urkunden begegnet, und Opizo von Gonzaga, der von 1100 bis 1115 vierzehnmal urkundlich genannt wird.[3]

Man gewinnt den Eindruck, daß die Präsenz all dieser Leute auch den Zweck hatte, die Gefolgschaft der Markgräfin fester an sie zu binden, im Hinblick auf eine Reaktion König Konrads, die nicht lange auf sich warten ließ – eine Reaktion, die ihn schließlich nach Florenz führte, wo ihn am 27. Juli 1101 der Tod ereilte.

Der neue Papst, Paschalis II., stellte der Markgräfin als Seelenführer und Berater den Vallombrosaner Bernhard (Bernardo) degli Uberti zur Seite, den Abt des Klosters San Salvi bei Florenz, Kardinal der Titelkirche San Crisogono, päpstlicher Legat in Norditalien wie vor ihm Anselm von Lucca. Wahrscheinlich wiederholte Mathilde auf seinen Rat hin 1102 die Schenkung ihrer Güter an den Heiligen Stuhl, die sie zwanzig Jahre vorher vorgenommen hatte. Die erste Schenkungsurkunde war in den Wirren verlorengegangen, die Rom auf dem Höhepunkt des Kampfes zwischen den Anhängern Gregors VII. und Heinrichs IV. erschüttert hatten, der Plünderung durch die Normannen 1084, den vielen Belagerungen, Bränden und Zerstörungen. Nun wurde eine neue Urkunde verfaßt und der Text diesmal auf einer Marmorplatte eingemeißelt, damit nichts von dem, was geschrieben war, verlorengehen konnte, wie man es schon bei anderen Schenkungen an römische Kirchen getan hatte. So wurden zum Beispiel die Namen der Städte, die Pippin und Karl der Große an den Heiligen Stuhl geschenkt hatten, auf die Bronzeportale von Alt-Sankt Peter eingraviert. Auch die 1,80 Meter lange und etwa 0,90 Meter breite Marmorplatte mit der Mathildischen Schenkung wurde am Eingang der wichtigsten römischen Basilika im Atrium angebracht.

Während sich von der ersten Schenkung keine Spuren erhalten haben, gibt es also von der folgenden zwei verschiedenartige Zeugnisse: die Pergamenturkunde und die Bruchstücke der

Marmorplatte, die in späterer Zeit in den Vatikanischen Grotten aufgefunden wurden:

»Im Namen des einen und dreifaltigen Gottes. Jahr der Inkarnation unseres Herrn Jesu Christi 1102, 17. November, 11. Indiktion. Zur Zeit Papst Gregors VII. habe ich Mathilde, durch Gottes Gnade Gräfin, im Lateranpalast in der Heiligkreuzkapelle im Beisein von Cencio Frangipane, Graziano, Cencio Francolino und von Alberico di Pietro di Leone Cece und seines Bruders Benincasa sowie des Uberto Tascio und vieler anderer für mein Seelenheil und das meiner Angehörigen an die Kirche des heiligen Petrus in der Person Papst Gregors alle Güter gegeben und geschenkt, über die ich Eigentumsrechte hatte, sowohl die zum damaligen Zeitpunkt besessenen als auch die noch zu erwerbenden. [...] Da aber das Original jener Urkunde nicht mehr zu finden ist und ich befürchte, daß man an meiner Schenkung und Gabe zweifeln könnte, schenke und gebe ich, die obengenannte Gräfin Mathilde, vom heutigen Tag an von neuem an die Kirche von Rom, vertreten durch den Kardinal ebenderselben Kirche von Rom, Bernhard, so wie ich es damals an Papst Gregor tat, alle meine gegenwärtigen und künftigen Güter. [...] Gegeben in Canossa. Mathilde, durch Gottes Gnade, wenn sie etwas ist, ich habe diese von mir ausgestellte Urkunde unterschrieben. Ich, der Richter Ardericus, war zugegen und habe unterschrieben.«[4]

Beraten und beschützt von Bernardo degli Uberti und ihrem Adoptivsohn Guido Guerra, gewann Mathilde die Sicherheit zurück, die sie zwanzig Jahre zuvor zur Zeit Gregors VII. und Anselms von Lucca besessen hatte, und begann wieder eine der Hauptrollen in der Politik ihrer Zeit zu spielen: Mit Hilfe Venedigs eroberte sie Ferrara zurück, das zur Zeit des Gegenpapstes Clemens III. von ihr abgefallen war. Bei Papst Paschalis II. intervenierte sie sogar gegen den König von England und verwandte sich für die Rückkehr Anselms von Aosta in seine Diözese Canterbury, aus der er zweimal exiliert worden war.

Anselm von Canterbury, heute in erster Linie als bedeutender Theologe der Frühscholastik bekannt, stand sowohl als

Mönch und Abt von Bec mit Mathilde in engem Kontakt als auch während seines Episkopats in Canterbury und in der Zeit, die er im Exil verbringen mußte. Der Grund für seine erste Exilierung (von 1097 bis 1100) war der Konflikt mit dem Nachfolger Wilhelms des Eroberers, Wilhelm II. Rufus, der Urban II. nicht anerkennen wollte, für seine zweite Verbannung der Streit mit Heinrich I., der im Jahr 1100 die Nachfolge des Wilhelm Rufus angetreten hatte. Heinrich, später Beauclerc genannt, rief Anselm aus dem Exil zurück, führte aber die antikirchliche Politik seines Bruders fort, so daß ein Zusammenstoß mit dem Erzbischof von Canterbury unvermeidlich war. 1103 ging Anselm von neuem ins Exil und suchte in Rom und bei Mathilde Zuflucht, die er auf ihren Reisen begleitete, wie sein Biograph Eadmer berichtet.[5] Es sind uns zwei Briefe in diesem Kontext erhalten, im ersten verwendet sich Mathilde bei Paschalis II. für Anselm, im zweiten dankt Anselm von Canterbury Mathilde für alles, was sie für ihn getan hat. 1106 konnte er schließlich in sein Bistum zurückkehren, wo er 1109 sein den Studien und der Seelsorge geweihtes Leben beschloß.

Auch eine schöne Miniatur in einer Handschrift aus der steirischen Abtei Admont, die sich jetzt in der Bibliothek von St. John's Abbey and University in Collegeville, Minnesota, befindet, bezeugt, wie nahe sich Mathilde und der große Theologe aus Aosta standen. Auf dieser Darstellung überreicht der Bischof sein *Buch der Gebete und Betrachtungen* (Orationes sive meditationes) der Markgräfin und zeigt ihr in dem Buch den monastischen Weg zur Vollkommenheit, zu dem Mathilde sich immer stärker hingezogen fühlte, wie er wußte:

»Ich bewahre in meinem Herzen immer die Erinnerung an Euren geheiligten Wunsch, der Euer Herz danach trachten läßt, die Welt zu verlassen; aber mit Recht hält es die heilige und geziemende Liebe davon zurück, die Ihr für die Mutter Kirche hegt. Euer Verhalten läßt erkennen, daß Eure Frömmigkeit hier wie dort [im weltlichen Leben wie im Kloster] Gott wohlgefällig ist und deshalb müßt Ihr mit heiterer Gemütsruhe die sichere Entscheidung Gottes abwarten und geduldig und hoffnungsvoll die Last tragen, die Euch als Pflicht auferlegt ist. Doch glaube ich, Euch folgenden Rat geben zu können: Wenn Ihr irgendwann spürt, daß Euch der Tod nahe ist – Gott möge ihn noch sehr fern sein lassen! –, so weiht Euch ganz dem Herrn, bevor Ihr aus diesem Leben scheidet und bewahrt heimlich einen Nonnenschleier bei Euch auf, um ihn für diesen Fall bereit zu halten.«[6]

Immer wieder ließ Mathilde erkennen, wie sehr sie sich nach dem Frieden des Klosters sehnte, der ihr im Vergleich zu ihrem Leben, in dem sie die Umstände zwangen, die traditionelle Rolle des Mannes zu übernehmen – auf die sie gerne verzichtet hätte – und sich in politischen und militärischen Auseinandersetzungen zu bewähren, so erstrebenswert schien.

Mit der Adoption des Guido Guerra verfolgte sie wahrscheinlich die Absicht, jemanden an ihrer Seite zu haben, der sie bei ihren zahlreichen öffentlichen Verpflichtungen unterstützen konnte; zur Linderung ihrer seelischen Einsamkeit trug Kardinal Bernhard bei, trotzdem stand Mathilde letztlich allein an vorderster Front, während weiterhin das Papsttum ihrer Hilfe bedurfte und die Prälaten, die wegen ihrer reformerischen Ideen und ihrer romtreuen Politik mit den weltlichen Autoritäten in Konflikt geraten waren, bei ihr Zuflucht suchten. Anselm von Canterbury ist einer der bekanntesten von ihnen, aber auch andere illustre Persönlichkeiten genossen ihre Gastfreundschaft, wie beispielsweise Erzbischof Konrad von Salzburg.[7]

Parma und Modena

Wie vieler, auch militärischer, Kämpfe es noch bedurfte, damit Mathilde den Reformkurs durchsetzen konnte, wurde am Mariä Himmelfahrtstag des Jahres 1104 deutlich, als Bernhard / Bernardo degli Uberti seinen ersten Einzug als Bischof in Parma hielt.

Die Niederlage Heinrichs IV., der Tod des Gegenpapstes Clemens III. und die vernünftige und moderate Politik Urbans II. und Paschalis' II. hatten zur Folge, daß viele Städte der Poebene wieder zu Reformbischöfen zurückkehrten. In Modena wurde nach einjähriger Vakanz des bischöflichen Stuhls – die jedoch die Kanoniker und die Bürger nicht daran hinderte, im Jahr 1099 das gewaltige Vorhaben in Angriff zu nehmen, eine neue Kathedrale zu bauen – der Reformer Dodo Bischof; in Mailand ließ sich der zu den Gemäßigten zählende Grossolanus nieder (1102); nach Vertreibung des Wibertiners Samuel setzte Mathilde in Ferrara einen ihrer Gefolgsleute durch, Landulf aus der Familie der Casotti, die zu den Vasallen der Canossa zählte;[1] auf Mathildes Betreiben hatte der Papst Bernardo degli Uberti zum Bischof von Parma ernannt, der sich jedoch dort nicht niederlassen konnte, da der kaiserfreundliche Wido dort residierte. Nachdem dieser am 3. August 1104 gestorben war, bot das Patroziniumsfest der Kathedrale, Mariä Himmelfahrt, die Gelegenheit für den feierlichen Einzug des neuen Bischofs in die Stadt. Donizo beschreibt dieses Ereignis:

»Parma befand sich im Festschmuck,
es war der fünfzehnte August, und man feierte Mariä Himmelfahrt.

Der Dom ist Maria geweiht,
und das ganze Stadtvolk von Parma war dort versammelt
und betete den Herrn an.
Der langmütige, gottgefällige Bernardus hielt seinen Einzug
in die Kathedrale, im vollen Meßornat,
um allen das Wort vom himmlischen Reich zu verkünden.
Er begann also das feierliche Hochamt jenes Festes.
Nach dem Evangelium wandte er seine Worte an das Volk,
manchem mißfiel aber, was er über den König sagte.
Während er den Kelch auf den heiligen Altar stellte
und den Herrn bat, er möge gnädig über das Volk walten,
erhob sich ein großer Lärm und Tumult in der Kirche:
Die Leute brachen in schreckliche Schmähungen aus
gleich den Juden über Christus am Kreuz.
In Sprechchören riefen viele: ›Tod dem falschen Propheten!‹ und andere schrien: ›Verflucht sei, der die Stadt verführte!‹ ›Fort mit ihm von hier!‹ brüllten sie, ›Fort mit dem Feind des Kaisers!‹«[2]

Schwerter werden gezogen, die Menschen flüchten in Panik in alle Richtungen, die Konzelebranten laufen vom Altar weg. Nur Abt Tebald von Brescello bleibt bei Bischof Bernhard. Die Menge schlägt die Fenster der Kathedrale ein, zerbricht die Gefäße und Lampen und zerreißt die kostbaren, von Mathilde gestifteten Paramente. Bernhard rührt sich nicht vom Altar fort und läßt sich ohne Gegenwehr gefangennehmen. Am nächsten Tag erfährt Mathilde von dem Aufstand der Anhänger Heinrichs IV. in Parma und von der Gefangennahme.

»Mathilde war damals im Gebiet von Modena.
Schnell wie ein Vogel eilte die fromme Frau
gen Parma, und nach zwei Tagen war sie schon in der Nähe.
Die Leute von Parma bekamen Angst und übergaben sogleich Bernardus,

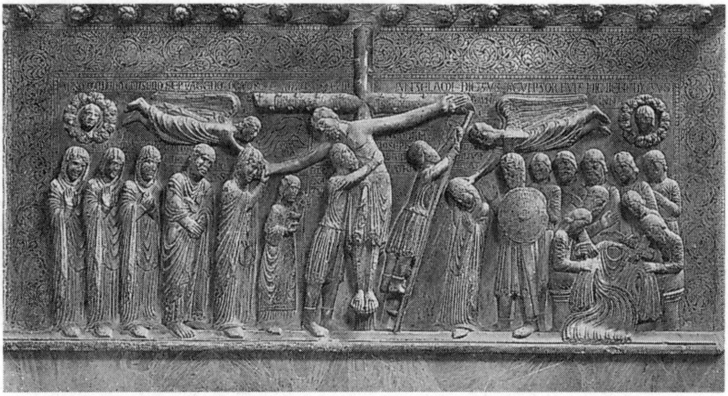

Parma: Kreuzabnahme, Relief von Benedetto Antelami im Dom
(Archivi Alinari, Florenz; Foto Anderson)

> den sie zu Unrecht festhielten, den Vasallen der Gräfin. [...] Mathilde übte Nachsicht und strafte die Stadt nicht, nach dem ausdrücklichen Wunsch des frommen Bernardus.«[3]

Die gleichen Ereignisse werden auch von den Hagiographen des heiligen Bernhard / Bernardo degli Uberti erzählt. Der Wechsel von einem kaiserfreundlichen zu einem papsttreuen Bischof wurde in den Städten immer noch als traumatisches Ereignis empfunden, und das Eingreifen Markgräfin Mathildes blieb weiterhin erforderlich. Für Parma galt dies in besonderem Maße. Für die anderen Städte, die im Einflußbereich der Canossaherrschaft lagen oder Mathilde direkt unterstanden, war dieser Übergang vielleicht weniger dramatisch und bedurfte keiner militärischen Intervention der Markgräfin, aber zumindest mußte sie öfter ihren Einfluß geltend machen. Während fast alle Städte wieder auf die Seite des Papstes zurückkehrten, blieb nur Mantua autonom und kaiserfreundlich. Die Ursache dafür liegt nicht nur in gesellschaftlichen und politischen Faktoren, sondern auch in der Abhängigkeit der mantuanischen Kirche von der Kirchenprovinz Aquileia. Sie war also mit der venetischen Kirche verbunden, und die Bischöfe Venetiens blieben fast bis zuletzt der kaiserlichen Partei treu. In Padua hatte Sinibaldus nach der Synode von Guastalla 1107 Petrus abgelöst; in Vicenza blieben die Bischöfe bis zum Konkordat von Worms 1122 kaiserfreundlich.[4]

In den Spannungen und Konflikten, die bei der Parteinahme für die jeweiligen Bischöfe auftraten, fanden nicht zuletzt die raschen Veränderungen innerhalb der städtischen Gesellschaft und das Bestreben sozialer Gruppierungen, aufsteigender Familien und Einzelner, mehr Einfluß zu gewinnen, ihren Ausdruck. In welchem Maße dies Mathilde bewußt war, läßt sich kaum sagen. Donizo berichtet darüber nichts; er war aber kaum der geeignete Mann, diese politischen Entwicklungen zu begreifen. Auch die anderen Quellen helfen uns dabei nur wenig. Andererseits scheint eine eingehende Analyse von Mathildes Urkunden und ihrem Verhalten in den letzten Jahren ihres Lebens zu zeigen, daß sie keineswegs das Interesse an den Städten verloren und sich auch nicht dem Neuen widersetzt hat, wie das historiographische Klischee einer »feudalen« Mathilde glauben lassen möchte. Diese konservative Optik beschränkt sich auf Donizos Bericht und auf die Geschehnisse in Mantua, läßt aber außer acht, daß die Markgräfin mit vielen anderen Städten zu tun hatte.

Gegen Parma ging sie nicht mit Gewalt vor, weil dies weder Bernhard / Bernardo degli Uberti von ihr verlangte, denn er wollte der Bischof seiner ganzen Gemeinde werden, noch sie selbst es wollte. Ihr genügte offensichtlich der erreichte Sieg. Danach beschränkte sie sich darauf, die Reformpartei in der Stadt zu stärken und nahm Anfang November 1106 an der Seite Papst Paschalis' II. an der Weihe der von Cadalus begonnenen neuen Kathedrale teil. Bei dieser Gelegenheit wurde Bernhard feierlich zum Bischof der Stadt und der Diözese geweiht, die er bis zu seinem Tod am 4. Dezember 1133 leitete, auf den bald danach seine Heiligsprechung erfolgte.[5]

Modena: Dom und Torre Ghirlandina
(Archivi Alinari, Florenz; Foto Anderson)

Noch bedeutender war Mathildes Beitrag zum Bau und zur Weihe der Kathedrale von Modena. Über dieses Ereignis sind eine *Relatio*, die wahrscheinlich von dem »magiscola« (dem Leiter der Kathedralschule) Aimo, Kanoniker an der Kathedrale, verfaßt wurde, und verschiedene Inschriften erhalten.
Der 1099 möglicherweise in Anwesenheit Mathildes begonnene Bau – die allerdings nur von der Miniatur des Codex, der den Text der *Relatio* überliefert, bezeugt ist – wurde im Frühjahr 1106 beendet. Man legte das Datum seiner Weihe auf den 1. Mai fest:

> »Über die Weihe des Altars des heiligen Stadtpatrons entstand eine heftige Auseinandersetzung zwischen den Bischöfen und den Vertretern der städtischen Oberschicht, da die Prälaten seine [d. h. des heiligen Geminianus] Reliquien zeigen wollten, die Bürger und das ganze Volk sich dem aber heftig widersetzten. Man holte daher das Urteil der Fürstin Mathilde ein. Diese verkündete, wie es richtig und, wie wir glauben, von Gott so vorherbestimmt war, man müsse die Ankunft des Papstes abwarten, der im gleichen Jahr in den Norden Italiens kommen werde. Ihr Rat wurde befolgt, und so fanden die Volkserhebung und der Streit zwischen den Bischöfen und den Städtern ein Ende. Inzwischen zog der Bischof des heiligen Römischen Stuhls durch Gottes Barmherzigkeit bereits langsam, aber zielgerichtet nach Norditalien. Als sich die Nachricht von seinem Kommen unter uns verbreitete, wie groß waren da die Freude und das Entzücken, die unser Herz erfüllten! Man bereitete einen prachtvollen Festschmuck vor und erwartete den ruhmreichen Oberhirten. Mit einem großen Gefolge von Bischöfen, Kardinälen, Äbten, Mönchen und anderen Klerikern und Laien hielt der ehrwürdige Bischof der heiligen Römischen Kirche, Paschalis II., seinen Einzug. Auch die Fürstin Mathilde traf ein, die mit größter Ehrerbietung an einem so großen und feierlichen Ereignis mitwirkte.«[6]

Mathilde war über die verschiedenen Reisen des Papstes gut informiert, mußte sie ihm doch das Geleit bis Verona geben, als er nach Deutschland zog. Besonders auffällig ist in dieser

Erzählung jedoch, wie groß das Ansehen und die Autorität waren, die sie auch im städtischen Bereich genoß. In Mathildes Gegenwart finden die Kirche, der mit dieser verbundene Adel und die Modenesen wieder zur Eintracht, und sie gilt als Garant für das erreichte Gleichgewicht der Mächte.

Die Öffnung des Grabes eines Heiligen bedeutete immer eine Attraktion und wurde mit aufmerksamer Spannung beobachtet. Man fürchtete, daß die Reliquien verschwunden sein könnten, daß der Leib zu Staub zerfallen sei, man hatte Angst, jemand könne sich die Situation zunutze machen und einzelne Teile rauben oder den ganzen Leib des Heiligen entführen. Deshalb widersetzten sich Gruppen der Bevölkerung – die kleinen Leute und die neuen städtischen Schichten – dieser Heiltumsweisung. Sie befürchteten, die Situation nicht unter Kontrolle halten zu können und das zu verlieren, was den wichtigsten identitätsstiftenden Faktor für die Stadt bildete, den heiligen Bischof und Schutzpatron. Anders der Adel und die Kirchenfürsten (gemeint waren die Bischöfe der Nachbarstädte), die ein weniger emotionales Verhältnis zu diesem Symbol hatten.

Der erreichte Ausgleich wird in der letzten der vier Miniaturen der *Relatio*-Handschrift (sie befindet sich heute in der Biblioteca Capitolare in Modena) eindrucksvoll dargestellt, auf der alle Protagonisten versammelt sind: In der oberen Bildzone nimmt Mathilde an der Öffnung des Sarkophags teil; Lanfrancus (der Baumeister des Doms von Modena) steht zur linken Seite des geöffneten marmornen Sarkophagdeckels, die Bischöfe von Reggio und Modena, Bonsenior und Dodo (mit dem Kelch in der Hand) stehen rechts davon. In der unteren Bildzone sind die Hüter des Sarkophags dargestellt, zwölf leichtbewaffnete »cives« und sechs Adlige (»milites«) in schwerer Rüstung.

In dieser Miniatur begegnen einem also neben dem Sarkophag des Heiligen alle Protagonisten des städtischen Lebens in der Übergangsphase zur mittelalterlichen Stadtkommune, einträchtig, in einem Gleichgewicht der Kräfte, das jedoch nicht lange dauern sollte.

Mathilde steht im Zentrum des Lebens dieser mittelalterlichen Städte. Vor allem pflegt sie die Beziehungen zu den in ihnen wirkenden kirchlichen Institutionen (in erster Linie zu den Benediktinerklöstern) und zu den Reformbischöfen. In den Jahren 1100 bis 1115 urkundet sie zugunsten des Kanonikerhauses von Santa Reparata in Florenz (2. März 1100), des Bischofs von Lucca (3. und 10. April 1100), stellt Schenkungen und Privilegien aus für das Kathedralkapitel und für den Bau des Doms von Pisa (7. Juni 1100, 1. Januar bis 24. September 1101), für die Kirche und das Kloster San Zeno in Pistoia (September 1104, Juni 1107), für das Kathedralkapitel in Bologna (19. Juli 1105), für die Kathedrale und den Bischof von Volterra (1102, 23. Oktober 1105, 5. Mai 1114), für das Kloster San Prospero in Reggio Emilia (September 1106), für den Bischof von Modena (Ende 1106 / Anfang 1107 und 1108), für das Kloster San Paolo in Parma (23. Januar 1107), für Bischof Landulf von Ferrara (9. Juni 1109), für die Visdomini in Mantua, ihre Anhänger in dieser Stadt (25. Juli 1110), und schließlich für die Kirche San Michele in Mantua (3. April 1115).[7]

Mathilde zeigte also ein echtes, andauerndes Interesse für die Vorgänge in den Städten und versuchte, sie nicht nur zur Loyalität gegenüber Rom, sondern auch ihr selbst gegenüber zurückzuführen.

Die kommunale Bewegung in Italien entstand zwar durch eine zunehmende Laisierung der öffentlichen Gewalten über die Stadt, aber die von den Konsuln und den neuen Institutionen errungenen Gewalten waren anfangs sehr begrenzt und wurden häufig vom Bischof selbst an stadtsässige Adlige und an nichtadlige Bürger der Oberschicht übertragen. Auch die Opposition des Contado-Adels war nicht der Regelfall. Mathilde scheint diesem Prozeß keine Hindernisse in den Weg gelegt zu haben und griff in den Städten nur ein, wenn Interessen ihrer Dynastie auf dem Spiel standen. Während sie – soweit bekannt – sich an dem fünfjährigen Krieg, der 1104 zwischen Pisa und Lucca ausgebrochen war, nicht beteiligte, stand sie bei der Belagerung von Prato im Jahre 1107 auf der Seite der Florenti-

Grabmal der Gräfin Mathilde in S. Peter in Rom.
Entwurf: Gian Lorenzo Bernini; Statue der Markgräfin: Andrea Bolgi;
Relief »Heinrich IV. in Canossa«: Stefano Speranza (Foto: AKG, Berlin)

ner (man muß aber dabei die Adoption des florentinischen Grafen Guido Guerra in Betracht ziehen) und ging vor allem gegen Mantua mit Härte vor, das sie 1114 zurückeroberte.

Die Liga von Mailand, Cremona, Lodi und Piacenza suchte ihre Unterstützung, um sich der Herrschaft Heinrichs IV. zu entziehen. Mathilde förderte vor allem die Stadt Cremona: 1098 trat sie ihr die Isola Fulcheria ab.

Rangerius und Donizo sprechen in ihren Dichtungen von städtischen Versammlungen als von durchaus üblichen Ereignissen. Die neuen städtischen Entwicklungen stoßen im Umkreis Mathildes auf keine echte Gegnerschaft. Zum Widerstand kommt es nur, wenn eine Stadt sich mit den Gegnern der Markgräfin und den Widersachern der Kirchenreform verbündet. Ist dies aber nicht der Fall, scheint Mathilde diese neuen städtischen Entwicklungen günstig aufzunehmen, im Geist der Toleranz und der ökumenischen Gesinnung, die bald nach der Weihe der Kathedrale von Modena auf der Synode herrschte, die Paschalis II. 1106 »im Monat, in dem die Ochsen die Felder pflügen«[8] in Guastalla abhielt.

Heinrich V.

Heinrich IV. war also nach sieben, im wesentlichen fruchtlosen Jahren in Oberitalien wieder nach Deutschland zurückgekehrt. Seine Gemahlin Praxedis war vor ihm geflohen, und sein ältester Sohn Konrad war von ihm abgefallen und hatte sich zum König krönen lassen. Ende Juli 1101 war Konrad in Florenz einem Fieber zum Opfer gefallen, nachdem er auch mit Mathilde in Konflikt geraten war, wahrscheinlich wegen ihres Entschlusses, Graf Guido Guerra zu adoptieren.

Kurze Zeit darauf traf den Kaiser ein weiterer schwerer Schlag in familiärer wie in politischer Hinsicht, die Rebellion seines zweiten Sohnes Heinrichs V., der für seinen Abfall den Zeitpunkt wählte, zu dem sein Vater wieder gegen die aufständischen Sachsen ziehen mußte.

> »Der Kaiser schickte Boten hinter ihm her, rief ihn mit Tränen und Befehlen zurück und beschwor ihn, seinem alten Vater keinen Kummer zu bereiten. [...] Doch jener wies ihn ab und erklärte, er wolle ihn nicht mehr als seinen Vater betrachten, da er exkommuniziert sei; so gab er vor, der Sache Gottes zu dienen, und betrieb doch nur seine eigene.«[1]

Der Sohn gewann in Deutschland zahlreiche Anhänger, und unter dem Vorwand, er wolle mit ihm verhandeln, setzte er den Vater sogar gefangen.

Auf dem Reichstag von Mainz, Weihnachten 1105, mußte der alte König die Reichsinsignien ausliefern und wurde auf der Fürstenversammlung in Ingelheim gezwungen, zugunsten seines von ihm abgefallenen Sohnes abzudanken. Die beiden kämpften jedoch nie in offener Feldschlacht gegeneinander, wie Donizo behauptet.

Heinrich IV. gelang die Flucht aus der Haft. Er rettete sich nach Lüttich zum Bischof der Stadt und suchte bei den ihm treu gebliebenen deutschen Fürsten und auch bei der Römischen Kirche Hilfe. Nach kurzer Zeit ereilte ihn jedoch am 7. August 1106, einsam und fern von Deutschland, der Tod. Wie einige berichten, starb er an gebrochenem Herzen. Donizo bricht darüber in Jubel aus:

> »Wie König Heinrich, von dem so viel die Rede war,
> sein Ende fand, ich will, daß es erfahre, wer diese Welt liebt,
> und wenn er es erfahren hat, möge er erkennen, was er zu tun hat.
> In seinem Leben war der genannte König verstrickt in schlimme Taten;
> einmal täuschte er sogar vor, er wolle sich bekehren,
> und tat es mit einem Herzen voll giftiger Bosheit.
> Die Spalter der Kirche förderte und schätzte er immer:
> Deshalb erhob sein jüngerer Sohn erzürnt
> die Waffen gegen den Vater [das entspricht nicht der historischen Wahrheit].
> [...]
> Die Zeit, die ihm noch blieb, mit großer Trauer beladen,
> von allen Seiten geschlagen und von allen gepeinigt,
> erhoffte er nicht einmal Frieden vom Tod,
> doch hat ihn schließlich der Tod in seine Ketten
> geschlagen und losgerissen von seinem kläglichen Körper.«[2]

Der Biograph Heinrichs IV. berichtete hingegen, nach dessen Tod habe man überall Stimmen der Trauer gehört.

Jeder der beiden Chronisten verkündet seine eigene Wahrheit. Zweifelsohne war Heinrich IV. eine große Persönlichkeit. In sehr jungen Jahren mußte er die Herrschaft über ein von Krisen und Konflikten geschütteltes Reich antreten. Er war ein Mensch voller Widersprüche und genialer Einfälle – wie dem Schachzug in Canossa –, aber auch mit vielen Schwächen behaftet; imstande, seine Anhänger für sich zu begeistern, aber nicht fähig, sie auf die Dauer bei der Stange zu halten; auf dem Schlachtfeld häufig siegreich, aber ohne Ausdauer für lange Belagerungen; eher eine Kämpfernatur als ein Politiker, und im Grunde ein sehr einsamer Mensch. Sein trauriger Tod im Exil (wie der Tod Gregors VII. in Salerno) war das Ende eines Lebens voll verbissener und erbitterter Kämpfe, die er letztlich nicht gewinnen konnte, da er nicht fähig war, den Frieden zu gewinnen.

Heinrich IV. war jedenfalls ein Mann mit großen Charakteranlagen, der sich dabei aufrieb, einem Herrschaftsideal zu folgen, das er von seinem fähigeren und mit mehr Glück gesegneten Vater übernommen hatte. Erschöpft von diesem Kampf, starb er im Alter von sechsundfünfzig Jahren.

Als Heinrich V. die Herrschaft übernahm, war er fünfundzwanzig Jahre alt (er war am 8. Januar 1081 geboren). Die Unterstützung des Papstes und der Markgräfin Mathilde waren ihm sicher, aber er mußte seine Macht in Deutschland erst festigen und verbrachte damit die ersten Jahre seiner Regierung.

Wie die Führung seiner Regierungsgeschäfte sehr bald zeigte, verhielt er sich nicht anders als sein Vater, nahm Investituren in Kirchenämtern vor, begünstigte auch Simonisten und agierte als Herrscher ohne große Skrupel, so daß man ihn in Rom mit einer gehörigen Portion Mißtrauen zu betrachten begann.

Ende 1110 brach Heinrich V. mit seinem Heer nach Italien auf, um sich vom Papst zum Kaiser krönen zu lassen. Die Nachricht von seinem Heranrücken versetzte ganz Italien sofort in Alarmstimmung, und die Plünderungen und Brandschatzungen, die sich seine Truppen zuschulden kommen ließen, waren auch nicht dazu angetan, ihm Freunde zu verschaffen. Als Novara versuchte, ihm Widerstand zu leisten, büßte die Stadt dies mit Zerstörung und Plünderung. In der Ebene von Roncaglia im Gebiet von Piacenza empfing Heinrich V. die Huldigung der lombardischen Städte und Herren, mit Ausnahme von Mailand, das ihm seine Tore verschloß. Wiederum zeigte es sich, daß die deutschen Kaiser von allen Städten Italiens am meisten die reiche und mächtige lombardische Hauptstadt zu fürchten hatten, die nicht nur ihre Selbständigkeit zu behaupten verstand, sondern auch die Stärke zu kriegerischen Aktionen gegen die Nachbarstädte besaß, wie die Eroberung von Lodi 1111 deutlich machte.

Mathilde hatte sich inzwischen in ihre Burgen im Apennin zurückgezogen, weil sie das Schlimmste befürchtete. Heinrich V. schickte jedoch eine Gesandtschaft zu ihr. Wie Donizo berichtet, sprachen sie in Bianello »vom Frieden, ihrer Ehre und der Ehre des Königs«.[3] Es wurde also eine Übereinkunft geschlossen, über deren Einzelheiten Donizo sich nicht weiter verbreitet, außer daß Mathilde sich geweigert habe, an einem Unternehmen gegen den Papst teilzunehmen. Man kann aber rekonstruieren, was damals vereinbart wurde, wenn man den Gang der späteren Ereignisse verfolgt.

Ein erstes Ergebnis dieser Übereinkunft zeigte sich sogleich: Heinrich V. konnte auf seinem Weg zur Krönung nach Rom ungehindert durch die Canossanischen Territorien ziehen. Zur Weihnachtszeit traf er in Florenz ein, im Januar erreichte er Arezzo, wo die *cives* der Stadt mit ihrem Bischof im Streit lagen (ein ähnlicher Konflikt spielte sich in Modena zwischen dem Bischof und dem hohen Klerus auf der einen Seite und der städtischen Oberschicht auf der anderen ab, wo es um die Verlegung des Bischofssitzes ging). Heinrich V. führte drastische Strafsanktionen gegen die Bürger der Stadt durch und ließ das Kastell schleifen. Am 19. Januar war er noch in Arezzo, Ende des Monats traf er in Sutri ein, wo eine rege Verhandlungstätigkeit zwischen seinen Boten und den Gesandten von Paschalis II. einsetzte. Man gelangte schließlich zu einer Übereinkunft, die im sogenannten Vertrag von Sutri am 4. Februar 1111 besiegelt wurde. Man war darin bestrebt, den Streit zwischen Papsttum und Kaisertum zu beenden, indem man einfach den Konfliktstoff beseitigte, d. h. das Problem der Investitur und der Kirchengüter. Heinrich V. verzichtete auf die Investitur von Bischöfen, im Gegenzug verpflichtete sich die Kirche, alle ihr von Karl dem Großen, Ludwig dem Frommen und den nachfolgenden Kaisern übertragenen Reichsgüter herauszugeben.

So schien sich das Ideal der Rückkehr der Kirche zu den Grundsätzen des Evangeliums verwirklichen zu wollen, für das die großen Theoretiker der Reform, von Humbert von Silva Candida bis zu Petrus Damiani, eingetreten waren und das in dem Wibertiner Wido von Ferrara einen eifrigen Verfechter der Trennung von *spiritualia* und *temporalia* gefunden hatte. Diesem Ideal wurde nun jedoch ein anderes geistiges Konzept entgegengehalten, das vornehmlich von Placidus, dem Prior von Nonantola, vertreten wurde: Die irdischen Güter der Kirche, unabhängig davon, wie sie in ihren Besitz gelangt seien, trügen einen sakralen Charakter, sie seien unveräußerlich und unantastbar, da sie, sobald sie von der Kirche entgegengenommen waren, ein Teil des Corpus Christi geworden seien. Diese Ideen fanden sich bereits bei Kanonisten und Theologen jener Zeit, etwa bei Ivo von Chartres, gewannen aber nun höchste Aktualität. Placidus von Nonantola stellte sie in seinem *Buch über die Ehre der Kirche*[4] *(Liber de honore ecclesiae)* in jenen Monaten zusammenfassend dar.

Der Vorschlag, das Investiturproblem durch die Scheidung zwischen geistlichem Amt und weltlichem Besitz zu lösen, stieß schließlich bei allen Beteiligten auf Ablehnung: Die Prälaten sahen ihre beträchtlichen wirtschaftlichen Interessen bedroht, die weltlichen Reichsfürsten befürchteten den Verlust ihrer Kirchenlehen. Wie Mathilde zu diesem Vertrag stand, läßt sich schwer abschätzen. Legt man rein vermögenspolitische Maßstäbe an, könnte man annehmen, daß auch sie zur Gruppe der Gegner gehörte. Meines Erachtens ist aber auszuschließen, daß sie diesen Standpunkt vertrat: Mathilde war nun in vorgerücktem Alter und erschöpft von vielen Jahren des Kampfes. Vielleicht betrachtete sie jenen Lösungsvorschlag, der den Frieden in der Christenheit wiederherstellen sollte, als positiv. Sie selbst trat in diesen Jahren viele ihrer Güter an die Kirchen und

Klöster ihres Herrschaftsgebiets ab. Simeonis Hypothese, die Beschlüsse von Sutri seien primär gegen Mathilde gerichtet gewesen, um ihr die Güter zu entziehen und ihr gleichzeitig die Möglichkeit zu nehmen, diese an die Kirche zu schenken, scheint etwas weit hergeholt. Die Wahrscheinlichkeit ist viel größer, daß es sich um eine taktische Übereinkunft gehandelt hat, die Paschalis II. vorschlug und Heinrich V. akzeptierte, obgleich man überzeugt war, daß sie folgenlos bleiben würde. Dies bewahrheitete sich dann auch, nicht zuletzt, weil der Kaiser es zur Bedingung machte, daß der Vorschlag von allen Prälaten und allen weltlichen Fürsten angenommen werde, was schlechthin unmöglich war. Für den Kaiser diente dieser Vertrag letztlich als »trojanisches Pferd«, das ihm den Einzug in Rom ermöglichte. Am 11. Februar traf er dort ein und wurde mit allen Ehren empfangen. Kaum war aber der Inhalt des Vertrags von Sutri bekanntgeworden, »brach unter den Fürsten wegen der künftigen Beraubung der Kirchen und des Entzugs ihrer Lehen ein heftiger Tumult los«.[5]

Die Übereinkunft, zu der man in Sutri gelangt war, hielt also der Opposition nicht lange stand. Heinrich V. machte sich dies zunutze und forderte während der Krönungszeremonie die Gewährung der Investituren nach dem alten Brauch, indem er erklärte, er wolle den Kirchen nicht nehmen, was ihnen seine Vorgänger geschenkt hätten. Da Paschalis II. dies ablehnte, setzte der Kaiser den Papst und dessen getreueste Anhänger, unter ihnen die Bischöfe von Parma und von Reggio, Bernhard/Bernardo degli Uberti und Bonsenior, gefangen. Das Stadtvolk erhob sich jedoch gegen Heinrich, so daß er aus Rom abziehen mußte. Seine Geiseln führte er mit sich.

Die Nachricht von diesen Vorfällen traf offenbar rasch in Canossa ein, denn Mathilde sandte sofort einen Boten, den Capitan Arduin von Palude, zu Heinrich V., um ihn an ihre gemeinsame Vereinbarung zu erinnern und die sofortige Freilassung der beiden, ihr in Hochachtung und Freundschaft verbundenen Bischöfe zu verlangen. Die Übereinkunft von Bianello sah demzufolge vor, daß der Kaiser keine Getreuen Mathildes gefangennehmen dürfe, und vielleicht auch, daß sie selbst sich der Einmischung in die römischen Angelegenheiten enthalten solle. Donizo sagt nur, daß Mathilde sich nie an einem gegen den Papst gerichteten Unternehmen beteiligt hätte. Heinrich V. genügte es bereits, daß sie ihn nicht bei seinen Plänen behinderte und zugunsten des Papstes intervenierte. In der Tat setzte Mathilde zwar die Freilassung von Bernhard und Bonsenior durch, tat aber nichts für den Papst, der erst nach sechzigtägiger Haft, am 13. April 1111, einige Tage nach Ostern, wieder freikam, nachdem er Heinrich V. das Privileg der Investituren gewährt und geschworen hatte, er werde den Kaiser niemals mit der Exkommunikation belegen. Dann vollzog man die feierliche Zeremonie der Salbung und Krönung Heinrichs V., der kurz danach mit seinem Heer in Richtung Deutschland abzog.

Auf dem Rückweg hielt er sich drei Tage als Gast der Markgräfin in der Burg Bianello auf:

»Schon war der sechste Tag des Mai beinahe zu Ende,
da trifft er ein und erfährt, daß sie in Bianello weilt.
Er kommt zu ihr und spricht mit ihr in deutscher Sprache,
eines Übersetzers bedarf es nicht. Der König erklärt,
nie sei er einer Frau begegnet, die sich mit ihr vergleichen ließe,
er überträgt ihr die Herrschaft über Ligurien als Vizekönigin
und nennt sie in klaren Worten seine Mutter.
Drei Tage verbrachte er bei ihr und unterzeichnete einen festen Pakt,
frohen Herzens, weil er stark war wie eine Zeder des Libanon,
und zog nun über die Berge mit seinen mächtigen Deutschen.«[6]

Donizo ist der einzige, der von diesem feierlichen Akt spricht, der Mathildes Anhänger zur Begeisterung hingerissen hat und den Anlaß zu folkloristischen Veranstaltungen und Touristenattraktionen bot. Es erscheint einsichtig, daß der Kaiser nach Mathildes Beweis ihrer Loyalität sich in irgendeiner Weise dafür erkenntlich zeigen wollte. Daß er aber aus Dankbarkeit ein neues Amt, das der »Vizekönigin«, eingeführt oder einfach nur Mathilde zur Reichsverweserin für Italien ernannt habe, muß bezweifelt werden. Was ist überhaupt mit der »Herrschaft über das ligurische Reich«, wie Donizo sagt, gemeint? Eine genaue Analyse, in welchem Kontext der Begriff »Ligur« bei Donizo erscheint, hat gezeigt, daß er kein Synonym für Langobardia oder Regnum Italiae ist, sondern einen Teil davon bezeichnet. Der Begriff »Liguria« wird in anderen Quellen in der Regel für die Kirchenprovinz Mailand verwendet, zu der Diözesen in der Lombardei (Lodi, Cremona, Brescia, Bergamo und Como), im Piemont (Acqui, Alba, Asti, Tortona, Vercelli, Novara, Turin etc.) und in Ligurien gehörten, bis Genua 1133 selbst Metropolitansitz wurde. Aber schon das Piemont und Ligurien umfassende Gebiet wurde schlechthin als »Liguria« bezeichnet, und der Otbertiner Adalbert Atto II., der als Spitzenahn der Familie Este gilt, der Großvater Welfs von Bayern, trug den Titel »Markgraf von Ligurien«.[7] Im Verhältnis zwischen dem Reich und Mathilde von Canossa bildete die in Lucca 1081 wegen Hochverrats gegen die Markgräfin verhängte Reichsacht, die immer noch nicht aufgehoben war, ein Hemmnis. Daher mußten in dem neuen Klima der Zusammenarbeit, das sich zwischen Heinrich V. und Mathilde gebildet hatte, zuerst diese Kluft zwischen ihr und dem Kaisertum überbrückt und deren rechtliche Auswirkungen beseitigt werden. So handelte es sich bei dem feierlichen Akt im Mai 1111 nicht um eine Krönung, sondern um eine Wiederholung der Investitur Mathildes in ihre Reichslehen. Donizo, der vielleicht zugegen war, schmückte den Vorgang in seiner Dichtung, die durch die Ideologie von Königswürde und Fürstentum geprägt war, weiter aus. Er folgte dabei aber nicht nur den Zwängen des epischen Stils, sondern wollte damit auch den politischen Frontwechsel Mathildes begründen, ihre Parteiergreifung für den

Kaiser und ihre für den eher mittelmäßigen Paschalis II., der daraufhin eilig verkündete, der unterschriebene Vertrag sei erzwungen worden, wohl überraschende Abkehr von den früheren Bündnissen. Mathilde war sich dieses Kurswechsels bewußt, aber sie war es leid, sich weiterhin für die päpstliche Sache einzusetzen. Ihre schönsten Jahre hatte sie dafür geopfert, sich selbst und ihre Herrschaft in Gefahr gebracht, sich enorme finanzielle Lasten und Kriege aufgebürdet; sie hatte mitansehen müssen, wie ihre Städte von ihr abfielen, ihre Burgen belagert und ihre Gefolgsleute erschlagen wurden. Ja, sie war sogar so weit gegangen, sich mit einem Jüngling zu verheiraten und dadurch bei allen Leuten ins Gerede zu kommen, nur weil ein Papst dies von ihr verlangt hatte. Jetzt war für sie der Zeitpunkt für etwas Frieden gekommen, und Heinrich V. bot ihr dazu die Gelegenheit.

»Er nannte sie in klaren Worten seine Mutter«, sagt Donizo und führt damit auf die ihm eigene symbolische Weise, als sei der Kaiser der von ihm nie genannte Adoptivsohn, ein für die Übereinkunft zwischen Heinrich V. und Mathilde wesentliches Element ein: die Erbschaft des Mathildischen Allodialbesitzes durch den Kaiser. Diese Frage hatte schon zum Konflikt zwischen Mathilde und Heinrichs V. älterem Bruder Konrad geführt, als die Markgräfin den Grafen Guido Guerra adoptiert hatte. Dann war dieser Streit wahrscheinlich durch die Annullierung der Adoption beigelegt worden. Guido Guerra agiert nur bis zum Jahr 1108 als Mathildes Adoptivsohn (oder Erbe). Danach tritt er ein einziges Mal als Zeuge auf in einer Urkunde vom 6. Mai 1115, die Mathilde auf ihrem Krankenlager in Bondeno di Roncore zugunsten des Klosters Polirone ausgestellt hatte – wohlgemerkt, als Zeuge, nicht als der Urkundende, also nicht mehr als Adoptivsohn. Man könnte einwenden, daß er sich auch in zwei vor der Übereinkunft zwischen Mathilde und Heinrich V. anzusetzenden Urkunden (aus dem Jahr 1104 bzw. 1105) nicht als Adoptivsohn bezeichnet. Es scheint aber von Bedeutung zu sein, daß er es nach 1108 nicht mehr wagt, diesen Titel zu führen, und nicht mehr an Mathildes Seite auftritt, mit

Ausnahme jener, wenige Wochen vor dem Tod der Markgräfin ausgefertigten Urkunde.

Es ist durchaus denkbar, daß Heinrich Mathilde dazu bewog, die Adoption rückgängig zu machen und ihn selbst als Erben des canossanischen Eigenguts einzusetzen. Dafür sicherte er ihr Frieden und seinen persönlichen Schutz zu. Als Ausdruck der hohen Wertschätzung ihrer Verwandtschaft – sie war bekanntlich eine Cousine seines gefürchteten Vaters – bezeichnete er sie als seine Mutter. Von ihrer Sehnsucht nach Frieden getrieben, versprach sie ihm offenbar, sich künftig jeglicher Intervention in die römischen Angelegenheiten zu enthalten. Im Gegenzug wurde sie aus der Reichsacht gelöst und wieder in ihre Reichslehen investiert.

Nach diesem Akt konnte Heinrich V. beruhigt nach Deutschland aufbrechen. In Verona bestätigte er in einem Diplom vom 21. Mai 1111 die Güter der Abtei Polirone und stellte dieses Hauskloster der Canossa unter seinen Schutz. Eine der Klauseln des Abkommens zwischen Heinrich V. und Mathilde hatte offenbar auch zum Inhalt, daß der Kaiser seine schützende Hand von Mantua und den Mantuanern zurückziehen sollte. Dies erkennt man daran, daß die Markgräfin die Stadt 1114 zurückerobern konnte. Kurz darauf erkrankte sie schwer und zog sich über die Sommermonate in ihre Apenninburgen zurück, wo ihr Aufenthalt in Montebaranzone bei Prignano im Secchiatal belegt ist. In Mantua verbreitete sich sofort das Gerücht, sie sei gestorben, und die Stadt versuchte von neuem, das Joch der Canossaherrschaft abzuschütteln. Mathilde kam jedoch wieder zu Kräften und zwang die Stadt, sich ihr zu ergeben. Man schreibt Ende Oktober 1114 – ein seltsames Jahr, das sich mit unheilvollen, todverkündenden Vorzeichen angekündigt hatte: Ein Blutregen, so berichten die Chronisten, fiel auf die ganze Lombardei, bis in den Raum von Cittanova westlich von Modena.[8]

Mathilde von Canossa erkrankte von neuem und starb in der Nacht vom 24. Juli 1115 in Bondeno di Roncore. Im folgenden Jahr zog Heinrich V. wieder nach Italien, um die Allodialgüter der Markgräfin und ihrer Familie in Besitz zu nehmen. Macht und Reichtum der Canossa, die durch die Gunst der Kaiser gewachsen waren, fielen nun zum großen Teil wieder an die Institution zurück, der sie ihr Entstehen und ihre Förderung verdankten, wenngleich Heinrich V. nicht als Kaiser auf sie Anspruch erhob, sondern als der nächste Verwandte einer ruhmreichen Dynastie, die nun erloschen war.

Der »Staat« der Canossa, dieses riesige und komplexe Gebilde, das von den Historikern als »Frühform einer Machtstruktur« (Tabacco), »Frühform eines Staates« (Capitani) oder »Fürstentum in statu nascendi« (Nobili) definiert wird,[9] dessen Teile von mehreren Generationen Stück für Stück durch eine geschickte Bündnispolitik und durch den Einsatz von Gewalt, dem auf der anderen Seite eine tiefe Frömmigkeit gegenüberstand, zusammengefügt und in den Wirren des Investiturstreits verteidigt worden waren, dieses Staatsgebilde war schließlich auseinandergebrochen, da die leiblichen Erben fehlten. Sein größter Teil wurde von eben den beiden Mächten, Papsttum und Kaisertum, für sich beansprucht, zwischen denen die Canossa laviert hatten, um ihre Herrschaft zu errichten. Es schien, als wolle die Geschichte hier die Rolle der rächenden Nemesis spielen. Gleichzeitig wurde durch den Zerfall der Canossaherrschaft aber auch der Weg für die Entstehung der Stadtkommunen und einiger der größten Signorien der Poebene frei. Dies konnte Donizo natürlich nicht vorhersehen, eine derartige Betrachtungsweise war ihm völlig fremd. Der Sänger der Canossa läßt seine Dichtung mit einem Preis des Kaisers enden in der Hoffnung, daß dieser, dessen Gemahlin ebenfalls den Namen Mathilde trug, den Ruhm der Burg auf den weißen Felsen fortführen werde:

> »Hör auf zu klagen, freue dich, du wirst im Ruhme leben:
> Der König ehrt und schmückt dich, sei immer sein.
> Weine nicht mehr, die größte Ehre wirst du bewahren,
> daß in dir lebt, in ihrem Glanz, die große Mathilde:
> Außer der Erinnerung an diese bleibt dir als neue Mutter

Sie, die ihren Namen trägt: sie wird des Reiches und deine
Freude sein.
Fernbleiben mögen die Feinde von meinem Herrscher,
möge er glücklich sein und lange leben mit seiner
Gemahlin.«[10]

Epilog: Das Buch des Lebens

Den Spuren der Canossa sind wir mehr als anderthalb Jahrhunderte der europäischen Geschichte nachgegangen. Die mit ihnen verbundenen Ereignisse haben zu wechselnden Schauplätzen geführt, vom Sehnsuchtsziel Jerusalem (oder Simeons Armenien) bis in das Herzstück Europas, das Reich, vom entstehenden anglo-normannischen England bis zu der pannonischen Tiefebene. Wir haben eindrucksvolle Himmelserscheinungen beobachtet und die Veränderung der Landschaft auf der Erde betrachtet; vor allem haben wir aber von großen und berühmten Mitgliedern der Ober- und Mittelschicht und kleinen Leuten, von Heiligen und Sündern, von mächtigen Herren und armen Landleuten und von den Ideen und Interessen, die sie bewegten, erzählt. Wollten wir jedoch behaupten, wir seien bis in das Innerste einer Epoche vorgedrungen, so begingen wir einen großen Irrtum. Wir sind auf unserer Reise in die Vergangenheit vielleicht in die Nähe des Ziels gekommen, aber es lag zu ferne, um es ganz zu erreichen. Allmählich wurden wir in den Strudel des politischen Geschehens hineingezogen, in Kriege, Bündnisse, Konzile, taktische Züge und Gegenzüge, und es schien beinahe, als würden wir den Faden verlieren, mit dem wir an der Darstellung von Menschenschicksalen weben wollten. Um die einsamen Protagonisten des Streites zwischen Kaisertum und Papsttum, die so handelten, als wäre ihnen ihre Rolle vorgeschrieben, schien sich eine Leere auszubreiten.

An der Art, wie jemand stirbt, erkennt man, wie er gelebt hat, heißt es. Bonifaz starb auf der Jagd durch die Hand eines Verräters, wie ein gehetztes Wild; Gregor VII. und Heinrich IV. starben beide nach verlorenem Kampf im Exil. Eine bessere Sterbestunde hatten sicherlich Gottfried der Bärtige und Beatrix, die der Tod im Kreis ihrer Angehörigen ereilte, so wie es sich wohl die meisten Menschen wünschen. Ein furchtbares Ende fand Gottfried der Bucklige. Mathilde konnte sich auf ihren Tod in Ruhe vorbereiten. Oft hatte sie die Sehnsucht verspürt, sich in den Schutz der Klostermauern zurückzuziehen und ebensooft war sie von jemandem, der ihre Hilfe brauchte, in den Kampf hinausgetrieben worden. Nachdem sie nun endlich ihren Zwist mit dem Kaiser beigelegt hatte, konnte sie an sich selbst denken und Vorbereitungen für die letzte Reise treffen.

War sie in den schwierigsten Momenten ihres Lebens allein gewesen – daran hatten weder ihre beiden Ehen noch die Adoption Guido Guerras etwas ändern können –, so waren nun ihre treuesten und engsten Freunde um sie: die Prälaten Bernhard/Bernardo degli Uberti und Bonsenior von Reggio, die ihr besonders nahestanden, sowie die Mönche von Cluny und von dem Kloster San Benedetto Polirone, das sie zu ihrer letzten Ruhestätte bestimmt hatte.

In ihren letzten Lebensjahren war Frömmigkeit die Triebfeder von Mathildes Handeln. Die Legende schreibt ihr die Stiftung von hundert Kirchen zu. Vor allem seit 1100 häufen sich ihre Schenkungen an Vallombrosaner- und Cluniazenserklöster. Die Abteien, die ihr besonders am Herzen lagen, Sant' Apollonio in Canossa, San Silvestro in Nonantola und San Benedetto Polirone, stattete sie mit kostbaren Meßgewändern und Handschriften aus. Besonders hervorzuheben ist ein mit herrlichen Miniaturen geschmücktes Evangeliar, das sie an Nonantola schenkte.

Auf eine symbolträchtige Schenkung an San Benedetto Polirone, eine kostbar illustrierte Evangelienhandschrift, die wahrscheinlich im Skriptorium von Polirone geschrieben wurde, für deren Herstellungskosten und den Buchmaler jedoch Mathilde Sorge trug, sei nun näher eingegangen. In der Handschrift – die sich heute in den Vereinigten Staaten befindet – wurden im Auftrag Mathildes zwei Dokumente von großem historischen Interesse an die Evangelientexte angefügt. Das erste Dokument ist ein Memorialbuch, ein sogenannter *Liber vitae* (Buch des Lebens) mit einer langen Liste von Wohltätern des Klosters:

»Als ersten von allen tragen wir den Namen Papst Urbans ein, des Hauptes aller Gläubigen, unter dessen Herrschaft wir stehen und in dessen Worten und Beispielen wir Belehrung finden; danach setzen wir den Namen des Abtes Hugo von Cluny und aller seiner Boten, dessen Verfassung, Ordnung und Regel wir unterstehen. Dann schreiben wir auch die Namen der Gräfin Mathilde und all ihrer Verwandten und aller unserer Familiaren und Wohltäter, durch deren Mildtätigkeit dieser Ort gegründet werden konnte. Abt Albericus, Vitalis Michiel, Doge von Venedig und sein Sohn Johannes. Marinus Michiel. Vitalis Polonus. Unsere Getreuen, die wir mit besonderer Vorliebe ehren und allen voranstellen: Albertus Pizoli von Gonzaga, Martinus von Nogara. Sein Sohn Crescentius. Maginardus theutonicus, Neffe des Gotebaldus.« Dann folgt eine Liste von ungefähr dreihundert Namen lebender Wohltäter des Klosters, die aus ganz Norditalien stammen, vor allem aus der Gegend von Treviso, Modena, Mailand und Ferrara. Unter ihnen sind die Namen von Handwerkern auffällig: ›Gualdemarus artifex. Benedictus Otto, Kleriker und Kanoniker von Mantua. Albertus, Kleriker, Sohn des Bernardus von Barbasso. Caffarus und sein Bruder Petrus Judaeus. Raimundus, Sohn des Sichelmus. Lanfrancus der Kürschner. Petrus, Sohn des Rudolfus, der Schildmacher und sein Bruder. Hugo, der Schuhmacher und sein Schwiegersohn Gifredus. Ottobonus, Sohn des Fidelis. Tetus, Sohn der Adelaida. Caffarus Torcibocon [Schiefmund]. Johannes, der Schmied aus Pavia. Vivianus, der Wandbehangmacher, und Albertus von Mailand.‹«[1]

Das zweite Dokument ist ein Präzept, geschrieben im April 1109, in dem die Markgräfin das Kloster Polirone dazu verpflichtet, den Jahrestag ihres Todes mit besonderer Feierlichkeit und frommem Gedenken zu begehen und täglich für den Unterhalt eines Armen zu sorgen:

»Von diesem Tage an bis zum Ende der Welt, solange dieses Kloster im

Dienste Gottes steht, soll man mit Sorgfalt jeden Tag in ihrem Namen Brot und Wein und die übrigen Speisen, wie sie für die einzelnen Mönche bestimmt sind, für den Unterhalt eines Armen auf den Tisch stellen. [...] Man soll den Jahrestag ihres Todes als Festtag begehen, wie man es für die großen Äbte dieses Klosters zu tun pflegt.«[2]

Im Gegenzug schenkte sie die von ihren Ahnen erworbene übrige Hälfte der Isola di San Benedetto an das Kloster. Dies war von allen Schenkungen, mit denen Mathilde die Abtei am Po bis dahin ausgestattet hatte, die umfangreichste und mit der größten Feierlichkeit vollzogene. Bezeichnenderweise wollte sie, daß sie in das Evangeliar eingetragen würde, um selbst, durch ihren Namen, auf dem Altar bei der Eucharistie zugegen zu sein. Die Mönche konnten keine bedeutsamere Form wählen, um ihre Dankbarkeit gegenüber den Personen auszudrükken, die sie unterstützten; sie erfüllten ihr diesen Wunsch, ebenso wie sie der anderen Wohltäter des Klosters gedachten.

Es ist auffällig, daß die Geschichte der Canossa-Dynastie in Kreisbahnen zu verlaufen scheint. Die Rückkehr Mathildes nach Polirone, zu den Orten, auf die ihre Vorfahren zuerst ihr Augenmerk gerichtet hatten, als sie in die Poebene kamen, wirkt so, als kehrte die Geschichte zu ihren Anfängen zurück. Die Linie der Parabel, so nutzbringend sie auch gewesen sein mag, ist nun zu Ende gezogen. Ihren Scheitelpunkt bildet zweifellos das Treffen des Papstes und des Kaisers vom 28. Januar 1077 in Canossa. Bis zu diesem Augenblick hatte die Dynastie eine kontinuierliche – bisweilen von Krisen und Rückschlägen unterbrochene – Aufwärtsentwicklung genommen. Danach läßt sich in fortschreitendem Maße die Tendenz erkennen, zurückzuweichen, Terrain aufzugeben: Mathildes verzweifeltes Bemühen, eine Stütze zu finden, eine Lösung für die vor allem dynastische Krise, da ein Nachfolger und Erbe fehlte.

War Mathilde als Politikerin erfolgreich und konnte sie sich in den vierzigjährigen Wirren und Krisen behaupten, ebenso wie sie sich als Kämpferin erwies, so hatte sie weniger Glück in ihrem Privatleben, besonders in der vor allem im Mittelalter für die Rolle der Frau als konstitutiv erachteten Funktion, Mutter zu werden, für die Kontinuität des Lebens, der Familie, des Namens zu sorgen. Donizo schreibt ihr die dreifache Frucht des christlichen Lebens (nach Matthäus XIII, 8) zu, als Ehefrau, Witwe und Jungfrau,[3] aber sie war keine liebende und fruchtbare Ehefrau, keine treue Witwe und keine Jungfrau. Der männliche Geist, den die Schriftsteller aus dem Klerikerstand an ihr priesen, hatte ein fast notwendiges Gegenstück in ihrer Sterilität. Die mythische Artemis gebar bekanntlich keine Kinder.

Da es Mathilde also versagt war, für eine Nachfolge zu sorgen, blieb ihr nichts anderes übrig, als die Güter, über die sie verfügen konnte, an die Klöster und an jene kirchlichen Einrichtungen zu geben, die ihr dafür Gebet und Gedenken »bis an das Ende der Welt« zusicherten.

Bemüht man sich, dieses Gefühl der Ewigkeit nachzuempfinden, das Mathilde in ihren von Niederlagen heimgesuchten letzten Lebensjahren Kraft gab, kann man die tiefere Bedeutung der Geschichte erkennen und vielleicht in das Herz des Mittelalters eindringen.

ANHANG

Anmerkungen

Prolog

1 DONIZO, *Vita Mathildis*, II. V.v. 1401–1413. Siehe die Edition von V. FUMAGALLI – P. GOLINELLI, Kommentarband zur Faksimileedition des Codex Vaticanus Latinus 4922, Jaca Book-Belser, Milano–Zürich 1984 (mit italienischer Übertragung). Die hier gebotene deutsche Prosaübertragung nimmt den lateinischen Urtext zur Vorlage.

2 Zu Donizo vergleiche: L. SIMEONI, *La »Vita Mathildis« di Donizone e il suo valore storico*, in »Atti e memorie della Deputazione di Storia Patria per le antiche Provincie Modenesi«, s. VII, 4 (1927), S. 18–64; G. FASOLI, *Rileggendo la »Vita Mathildis« di Donizone*, in *Studi Matildici*, II, Aedes Muratoriana, Modena 1971, S. 15–39; G. BARONE, *Donizo v. Canossa*, in *Lexikon des Mittelalters*, III, Artemis Verlag, München 1986, Sp. 1247–1248; L. L. GHIRARDINI, *La voce immortale di Canossa. Studio critico sul celebre monaco poeta Donizone*, Aedes Muratoriana, Modena 1987; P. GOLINELLI, *Donizone*, in *Dizionario Biografico degli Italiani*, Istituto per l'Enciclopedia Italiana, Rom 1992, S. 200–203.

3 Zu Mathildes Krankheit und Tod siehe P. DI PIETRO, *Leggendo Donizone: malattia e morte di Matilde di Canossa*, in *Studi Matildici*, II, a. a. O., S. 137–142.

4 A. ZAGNI, *Matilde di Canossa a Bondeno di Ròncore (Bondonazzo di Reggiolo)*, Ed. Corno d'oro, Reggiolo 1977; zu dem heutigen Zustand der Curtis siehe G. CERVI, *Aspetti architettonici del Bondonazzo vecchio di Reggiolo*, in AA. VV., *Reggiolo medievale*, Bizzocchi, Reggio Emilia 1979, S. 147–151.

5 Zu den Transformationen der Landschaft der Poebene siehe V. FUMAGALLI, Terra e società nell'Italia padana, Einaudi, Torino 1976: zum Suffix *-acium*: A. A. SETTIA, *La toponomastica come fonte per la storia del popolamento rurale*, in V. FUMAGALLI – G. ROSSETTI (Herausgeber), *Medioevo rurale*, Il Mulino, Bologna 1980, S. 35–56.

Adelheid

[1] Quellen: ODILO, *Epitaphium Adalheidae imperatricis*, ed. G. H. Pertz, in *Monumenta Germaniae Historica* (M.G.H.), *Scriptores*, IV, Hannoverae 1841, S. 638; ebenfalls ediert von H. PAULHART, *Die Lebensbeschreibung der Kaiserin Adelheid von Abt Odilo von Cluny,* in: »Mitteilungen des Instituts für österreichische Geschichtsforschung«, XX (1962), S. 27–45; HROTSVITHA, *Gesta Oddonis*, ed. G. H. Pertz in *M.G.H., Scriptores*, IV, cit. S. 329; *Vita sancti Maioli*, in D. IOGNA-PRAT, *Agni immaculati. Recherches sur les sources hagiographiques relatives à saint Maieul de Cluny* (954–994), Cerf, Paris 1988. Zu Königin/Kaiserin Adelheid siehe G. ARNALDI, *Adelaide imperatrice*, in *Dizionario Biografico degli Italiani*, I, Istituto dell'Enciclopedia Italiana, Roma 1960, S. 246–49; H. ZIMMERMANN, *Canossa e il matrimonio di Adelaide*, in *Canossa prima di Matilde*, Camunia, Milano 1990, S. 141–55.

[2] G. ALTHOFF – J. WOLLASCH, *Die Totenbücher von Merseburg, Magdeburg und Lüneburg*, in *M.G.H., Libri memoriales et Necrologia*, II, Hannoverae 1983. Zu den Nekrologien im Mittelalter siehe H. HOUBEN, *La realtà sociale nello specchio delle fonti commemorative*, in »Quaderni Medievali«, 13 (giugno 1982), S. 82–97.

[3] DONIZO, *Vita Mathildis*, I, Vv. 146–154., a. a. O.

[4] *Cronaca della Novalesa*, hg. G. C. ALESSIO, Einaudi, Torino 1982, S. 268. Zu Bischof Varinus von Modena siehe G. TIRABOSCHI, *Memorie storiche modenesi*, IV, Modena 1794, S. 52–53.

[5] DONIZO, *Vita Mathildis*, I, Vv. 155–173, cit.

[6] Zur Stadt Reggio Emilia im behandelten Zeitraum: P. GOLINELLI, *Culto dei santi e vita cittadina a Reggio Emilia (secoli IX–XII)*, Aedes Muratoriana, Modena 1980; zu den Machtkämpfen zwischen den verschiedenen Thronprätendenten siehe G. FASOLI, *I re d'Italia*, Sansoni, Firenze 1949.

[7] DONIZO, *Vita Mathildis*, I, Vv. 184–194, a. a. O.

Adelhard

[1] Quellen: P. TORELLI, *Le carte degli archivi reggiani fino al 1050*, Reggio Emilia 1921, S. 139 (Jan. 945); *Catalogo dei vescovi di Reggio*, in L. A. MURATORI, *Rerum Italicarum Scriptores*, VIII, Milano 1726, Sp. 1179; zu Adelhard siehe *Adelardo* in *Dizionario Biografico degli Italiani*, I, a. a. O.

S. 255; G. SACCANI, *Cronotassi dei vescovi di Reggio Emilia*, Reggio Emilia 1902, S. 50: R. PAULER, *Das Regnum Italiae in ottonischer Zeit*, Max Niemeyer, Tübingen 1982, S. 60–61.

2 Zur bischöflichen Gewalt in jener Zeit siehe V. FUMAGALLI, *Vescovi e conti nell'Emilia occidentale da Berengario I a Ottone I,* in: »Studi Medievali«, 3. R. 14 (1973), S. 137–204.

3 Zu den Ungarneinfällen siehe G. FASOLI, *Le incursioni ungare in Europa nel secolo X*, Sansoni, Firenze 1945; C. FRISON, *Fonti, aspetti e problemi delle incursioni ungare nel Modenese nel X secolo*, in »Atti e memorie della Deputazione di Storia Patria per le antiche Provincie Modenesi«, R. XI, 4 (1982), S. 23–76; G. FASOLI, *Unni, Avari e Ungari nelle fonti occidentali e nella storia dei paesi d'Occidente,* in *Popoli delle steppe: Unni, Avari, Ungari*, C. I.S.A.M., Spoleto 1988, S. 15–43. Zu »Ungar/Orco« (und vielen anderen interessanten Aspekten der Gesellschaft im behandelten Zeitraum): V. FUMAGALLI, *Il Regno Italico*, UTET, Torino 1978. Zu Modena siehe P. GOLINELLI – G. MUZZIOLI (Herausgeber), *Storia illustrata di Modena*, Nea, Milano 1990, I, S. 181–200.

4 Zum Incastellamento-Phänomen siehe G. ROSSETTI, *Formazione e caratteri delle signorie di castello e dei poteri territoriali dei vescovi sulle città della Langobardia del secolo X,* in *Forme di potere e struttura sociale in Italia nel Medioevo*, hg. G. Rossetti, Il Mulino, Bologna 1977, S. 113–48; A. A. SETTIA, *Castelli e villaggi nell'Italia padana. Popolamento, potere e sicurezza fra IX e XIII secolo*, Liguori, Napoli 1984.

5 *Relatio translationis ss. Crisantii et Dariae*, ed. B. BOSSUE, in *Acta Sanctorum Octobris*, XI, Bruxelles 1870, S. 451–53; zu Berengar II: P. DELOGU, *Berengario II marchese di Ivrea,* in *Dizionario Biografico degli Italiani*, IX, Istituto per l'Enciclopedia Italiana, Roma 1967, S. 26–35.

Adalbert

1 DONIZO, *Vita Mathildis,* I, Vv. 96–103, ed.cit.

2 Zu den wenigen bekannten Nachrichten über Sigefredus/Siegfried siehe V. FUMAGALLI, *I Canossani. Ipotesi di lavoro sui loro antecedenti in Toscana*, in *I ceti dirigenti in Toscana nell'età precomunale*, Pacini, Pisa 1981, S. 107–10.

3 V. FUMAGALLI, *Le origini di una grande dinastia feudale: Adalberto Atto di Canossa*, Niemeyer, Tübingen 1971, S. 80–83.

4 M. G. BERTOLINI, *Adalberto Azzo di Canossa*, in *Dizionario Biografico degli Italiani*, I, cit. S. 221–23.

Apollonius

1 *De obitu s. Apollonii*, Teiledition in F. ODORICI, *Storie bresciane dai primi tempi sino all'età nostra*, IV, Brescia 1855, *Codice Diplomatico*, n. XL, S. 98–99. Wir haben jedoch hier den ältesten Textzeugen zugrundegelegt: Biblioteca Queriniana, Brescia, ms. A. I. 8 (saeculo XII in.), ff. 148v—151v.

2 DONIZO, *Vita Mathildis*, I, Vv. 407–416, ed. cit. Zum Reliquienraub siehe P. GEARY, »*Furta sacra*«. *Thefts of Relics in the Central Middle Ages*, University Press, Princeton 1978.

3 Zur Kirche, dem Kanonikerhaus und dem Kloster Sant' Apollonio in Canossa siehe P. GOLINELLI, *Origine e prima diffusione del monachesimo benedettino nella diocesi di Reggio Emilia*, in »Ravennatensia«, IX (1981), S. 268–69.

4 A. FERRETTI, *Canossa. Studi e ricerche*, 2. Auflage, Loescher, Torino 1884, S. 221–29.

Genesius

1 AMBR., *Ep. XXXIX*; vgl. M. BOLLINI, Semirutarum urbium cadavera (AMBROS. *Ep.* XXXIX,3), in »Rivista di storia dell' antichità«, I (1971), S. 163–76.

2 *Cronica Sancti Genesii episcopi et antistitis Brixelli*, in I. AFFÒ, *Illustrazione di un antico piombo del Museo Borgiano di Velletri appartenente alla memoria e al culto di san Genesio vescovo di Brescello*, Parma 1790, S. 45–64.

3 Zu diesen Aspekten der Frömmigkeit der Canossa siehe P. GOLINELLI, *Culto dei santi e monasteri nella politica dei Canossa nella Pianura Padana*, in *Studi Matildici*, III, cit., S. 427–44; zum Kult von Heiligen namens Genesius im Gebiet von Reggio siehe jetzt C. CORRADINI, *Il culto di san Genesio, patrono di Fabbrico*, in »Strenna del Pio Istituto Artigianelli«, 1990, S. 53–70.

Tedald

1 DONIZO, *Vita Mathildis*, I, Vv. 439–443 a. a. O.

2 M. G. BERTOLINI, *Note di genealogia e di storia canossana*, in: I ceti dirigenti in Toscana nell'età precomunale, Pacini, Pisa 1981, S. 111–43; die Urkunde aus Bergamo ist im *Codex Diplomaticus Langobardiae*, n. DCCXLIV, Sp. 1295 ediert.

[3] DONIZO, *Vita Mathildis*, I, Vv. 452–453, a. a. O.
[4] A. CASTAGNETTI, *Società e politica a Ferrara dall'età postcarolingia alla signoria estense (sec. X–XII)*, Pàtron, Bologna 1986; A. VASINA, *Tedaldo di Canossa e Ferrara*, in *Canossa prima di Matilde*, Camunia, Milano 1990, S. 157–76.
[5] ADALBOLD, *Vita Heinrici II imperatroris*, ed. G. Waitz, in *M.G.H.*, *Scriptores*, IV, Hannoverae 1841, S. 692.

Polirone

[1] V. FUMAGALLI, *Terra e società nell'Italia padana.* I secoli IX e X, cit. S. 8.
[2] Vgl. M. MONTANARI, *L'alimentazione contadina nell'Alto Medioevo*, Liguori, Napoli 1979.
[3] Vollständiger Text der Urkunde in R. RINALDI – C. VILLANI – P. GOLINELLI (Hg.), *Codice Diplomatico Polironiano (951–1125)*, Pàtron, Bologna 1993, S. 96–101.
[4] *Ibidem.* Forschungsbericht über Polirone im Mittelalter in P. GOLINELLI – B. ANDREOLLI (Herausgeber), *Bibliografia Storica Polironiana. I. Opere generali. Il Medioevo,* Pàtron, Bologna 1983.
[5] B. ANDREOLLI, *Uomini nel Medioevo. Studi sulla società lucchese dei secoli VIII–XI*, Pàtron, Bologna 1983, S. 53–65.

Bonifaz

[1] L. TORELLI, *Le carte degli archivi reggiani*, cit. S. 238–41.
[2] DONIZO, *Vita Mathildis*, I, Vv. 503-506, a. a. O.
[3] *Nomina abbatum Nonantulensium*, ed. G. Waitz, in *M.G.H.*, *Scriptores Rerum Langobardicarum et Italicarum*, Hannoverae 1878, S. 573.
[4] L. L. GHIRARDINI, *La battaglia di Coviolo*, in AA. VV., *Canossa prima di Matilde*, Camunia, Milano 1990.
[5] DONIZO, *Vita Mathildis*, I, Vv. 560–564, a. a. O.
[6] M. G. BERTOLINI, *Bonifacio di Canossa*, in *Dizionario Biografico degli Italiani*, XII, Istituto per l'Enciclopedia Italiana, Roma 1970, S. 93–113.

Simeon

[1] *Vita s. Symeonis monachi*, cap. XX, in P. GOLINELLI, *La »Vita« di san Simeone monaco*, in »Studi medievali« 3. R. XX (1979), S. 709–88, hier S. 774 f.

[2] Vgl. J. SUMPTON, *Monaci, santuari, pellegrini: La religione nel Medioevo*, Editori Riuniti, Roma 1981.
[3] *Vita s. Symeonis monachi*, cap. XVIII, a. a. O. S. 771 f.
[4] *Ibidem*, S. 787 f.

Konrad II.

[1] O. CAPITANI, *Storia dell'Italia medievale (410–1216)*, Laterza, Bari 1986, S. 252.
[2] Einen Überblick über die Ausdehnung der Canossanischen Güter und Jurisdiktionen gab vor hundert Jahren A. OVERMANN, *Gräfin Mathilde von Tuscien. Ihre Besitzungen. Geschichte ihres Gutes von 1115–1230 und ihre Regesten*, Innsbruck 1895.
[3] DONIZO, *Vita Mathildis*, I, Vv. 873–886, a. a. O.
[4] *Ibidem.*
[5] M. G. BERTOLINI, *Bonifacio*, a. a. O.

Beatrix

[1] DONIZO, *Vita Mathildis*, I, Vv. 801–808, a. a. O.
[2] *Ibidem*, Vv. 821–831; vgl. auch M. MONTANARI, *Convivio*, Laterza, Bari 1989, S. 268–69.
[3] A. OVERMANN, *Gräfin Mathilde von Tuscien*, a. a. O. 1895.
[4] Vgl. V. FUMAGALLI, *Le origini di una grande dinastia feudale*, a. a. O., S. 30–52.
[5] Vgl. M. G. BERTOLINI, *Note di genealogia e di storia canossana*, a. a. O.
[6] P. GOLINELLI, *La Pataria: Lotte religiose e sociali nella Milano dell'XI secolo*, Europìa-Jaca Book, Novara–Milano 1984, S. 51–52.
[7] A. FALCE, *Bonifacio di Canossa padre di Matilde*, Bizzocchi, Reggio Emilia 1927, I, S. 286.
[8] P. TORELLI – F. S. GATTA, *Le carte degli Archivi Reggiani (1051–1060)*, Deputazione di Storia Patria dell'Emilia e della Romagna, Reggio Emilia 1938, n. IX, S. 15–17.
[9] P. TORELLI, *Regesto Mantovano*, Istituto Storico Italiano per il Medioevo, Roma 1914, n. 117, S. 83–84; vgl. V. FUMAGALLI, *Mantova al tempo di Matilde di Canossa*, in P. GOLINELLI (Herausgeber), *Sant'Anselmo, Mantova e la lotta per le investiture*, Pàtron, Bologna 1987, S. 159–167.

Wido von Pomposa

1 DONIZO, *Vita Mathildis*, I, 1110–1115, a. a. O.
2 *Ibidem*, V. 1001.
3 P. GOLINELLI, *La leggenda di sant'Alessio*, Cantagalli, Siena 1987.
4 Zu Wido von Pomposa sind noch immer grundlegend die *Atti del primo Convegno Internazionale di Studi Storici Pomposiani*, hg. A. Samaritani, Deputazione Provinciale di Storia Patria, Ferrara 1964, vor allem die Beiträge von R. Grégoire, A. Samaritani, J. Leclercq, B. De Gaiffier.
5 RODULFUS GLABER, *Cronache dell'anno Mille*, hg. G. Cavallo und G. Orlandi, Fondazione Lorenzo Valla-Mondadori, Milano 1989, II, 23, S. 106–9.
6 PETRUS DAMIANI, *Epistolae*, 2, ed. K. Reindel, *Die Briefe des Petrus Damiani*, I, in *M.G.H., Die Briefe der deutschen Kaiserzeit*, IV, München 1983, S. 102–5. Zu der auch in DANTE, *Purgatorio*, XIV, 97–98 präsenten »Ubi sunt«-Formel siehe F. SIMONI, *Sull'uso della formula retorica »Ubi sunt«*, in: »La cultura«, XXIII (1983), S. 276–303.

Heinrich III.

1 BENZO VON ALBA, *Ad Heinricum imperatorem libri VII*, ed. G. H. Pertz, in *M.G.H., Scriptores*, XI, Hannoverae 1854, S. 670.
2 DONIZO, *Vita Mathildis*, I, Vv. 1023–1030, a. a. O.
3 *Ibidem*, Vv. 1051–1064.
4 O. CAPITANI, *Benedetto IX*, in *Dizionario Biografico degli Italiani*, 8, Istituto per l'Enciclopedia Italiana, Roma 1966, S. 354–66.
5 P. GOLINELLI, *Una prerogativa dei Canossa: il »Paparum ducatus«*, in *Canossa prima di Matilde*, Camunia, Milano 1990, S. 199–214.

Mantua

1 HEINRICH II., *Diplomata*, n. 278, in *M.G.H., Diplomata regum et imperatorum Germaniae*, III, Hannoverae 1900–3, S. 328–29.
2 A. CASTAGNETTI, *I cittadini-arimanni di Mantova (1014–1159)*, in: Sant'Anselmo, Mantova e la lotta per le investiture, a. a. O., S. 169–93.
3 *De inventione sanguinis Domini*, ed. G. Waitz, in *M.G.H., Scriptores*, Hannoverae 1888, S. 921–22; vgl. P. GOLINELLI, *Culto dei santi e monasteri nella politica dei Canossa*, a. a. O., S. 438–40.

Die verhängnisvolle Jagd

[1] B. ANDREOLLI, *Le cacce dei Pico. Pratiche venatorie, paesaggio e società a Mirandola tra Medioevo ed Età Moderna*, Gruppo Studi bassa Modenese, San Felice sul Panaro 1988.

[2] P. GOLINELLI, *Tra realtà e metafora: il bosco nell'immaginario letterario medievale,* in: *Il bosco nel Medioevo*, hg. B. Andreolli und M. Montanari, CLUEB, Bologna 1988, S. 97–123.

[3] *Das Nibelungenlied*, Übersetzung von K. Simrock 1868, XVI. Aventiure, Vv. 926–931.

[4] *Annales Augustani*, ed. G. H. Pertz, in *M.G.H.*, *Scriptores*, III, Hannoverae 1846, S. 126.

[5] E. DUPREEL, *Histoire critique de Godefroid le barbu duc de Lotaringie, marquis de Toscane,* Uccle 1904.

[6] DONIZO, *Vita Mathildis*, I, Vv. 993–1022, a. a. O.

[7] P. TORELLI, *Un comune cittadino in territorio ad economia agricola*, I, Accademia Virgiliana, Mantova 1930, S. 55–57.

MATHILDE

Mathildes Kindheit

[1] L. L. GHIRARDINI, *La patria della Grande Contessa Matilde di Canossa*, Bizzocchi, Reggio Emilia 1976.

[2] L. PATERSON, *L'enfant dans la littérature occitane avant 1230*, in »Cahiers de Civilisation Médiévale«, XXXII (1989), S. 233–45, in Polemik gegen PH. ARIÈS, *L'enfant et la vie familiale sous l'Ancien Régime, 1960, ²1973 (dt. 1975)*. Ein objektiveres Bild gibt jetzt S. SHAHAR, *Childhood in the Middle Ages*, Routledge, London and New York 1990. Vgl. ferner K. ARNOLD, Artikel »*Kind*« in »Lexikon des Mittelalters«, V, Sp. 1142 bis 1145 (mit Bibliographie).

[3] DONIZO, *Vita Mathildis*, I, Vv. 833–834, a. a. O.

[4] *Ibidem*, II, Vv. 42–43.

[5] *Ibidem*, I, Vv. 1143–1144.

[6] P. TORELLI, *Regesto Mantovano*, a. a. O., doc. n. 74, S. 52–53.

[7] *Ibidem*, n. 76, S. 54.

Der Bärtige

[1] LAMPERT VON HERSFELD, *Annales*, ed. O. Holder Egger, in *M.G.H., Scriptores in usum scholarum*, 38, Hannoverae 1894, S. 59–60. Übersetzung nach L. v. H. *Annalen*, übersetzt von A. Schmidt in *Ausgewählte Quellen zur deutschen Geschichte des Mittelalters.* Freiherr vom Stein-Gedächtnisausgabe. Bd. XIII, WB Darmstadt, 1962, S. 45–47.

[2] PETRUS DAMIANI, *Epistolae*, n. 51, ed. Reindel, cit., Bd. II, München 1988, S. 132–37.

[3] M. G. BERTOLINI, *Beatrice di Lorena*, in *Dizionario Biografico degli Italiani*, VII, Istituto per l'Enciclopedia Italiana, Roma, 1965, S. 355–56.

[4] BONIZO VON SUTRI, *Liber ad amicum*, ed. E. Dümmler, in *M.G.H., Libelli de lite*, I, Hannoverae 1891, S. 590.

Das Papsttum

[1] J. GAY, *Les Papes du XIe siècle et la Chrétienté,* Paris 1926; vgl. auch O. CAPITANI, *Storia dell'Italia medievale*, a. a. O., S. 277–84.

[2] *Chronica Monasterii Casinensis*, III, 12, ed. H. Hoffmann, in *M.G.H., Scriptores*, XXXIV, Hannoverae 1980, S. 373.

[3] *Annales Romani*, in I. M. WATTERICH, *Pontificum Romanorum Vitae...*, I, Lipsiae 1862, S. 216–17.

[4] NIKOLAUS II., *Decretum de electione pontificum Romanorum* in H. KRAUSE, *Das Papstwahldecret von 1059 und seine Rolle im Investiturstreit*, Abbazia di San Paolo, Roma 1960 (»Studi Gregoriani«, VII), S. 271–75.

[5] BENZO VON ALBA, *Ad Heinricum imperatorem libri VII*, II, 13, ed. G. H. Pertz in *M.G.H., Scriptores*, XI, Hannoverae 1854, S. 617; im besonderen: P. GOLINELLI, *Una prerogativa dei Canossa: il »paparum ducatus«*, a. a. O.

Der Komet und die Reform

[1] A. ADDEO, *La cometa d'Halley dell'anno 1066 in un documento dell'Archivio della cattedrale di Viterbo*, Viterbo 1910. Über das Auftreten des Halleyschen Kometen im Jahre 1066 siehe P. MAFFEI, *La cometa di Halley,* Mondadori, Milano 1984, S. 202–211 und Bibliographie, S. 411–13.

[2] ANDREAS VON STRUMI, *Vita s. Arialdi*, in P. GOLINELLI, *La Pataria,* a. a. O. S. 151.

[3] *Ibidem*, S. 74.

[4] LANDULF DER ÄLTERE (LANDULFUS SENIOR), *Historia Mediolanensis*, in P. GOLINELLI, *La Pataria*, a. a. O., S. 104.
[5] O. CAPITANI, *Immunità vescovili ed ecclesiologia in età »pregregoriana« e »gregoriana«. L'avvio della »restaurazione«*, C.I.S.A.M., Spoleto 1966.

Florenz

[1] R. DAVIDSOHN, *Geschichte von Florenz*, 1896 ff.
[2] DONIZO, *Vita Mathildis*, I, Vv. 494–497, a. a. O.
[3] *Ibidem*, I, Vv. 1370–1373, a. a. O.
[4] G. FASOLI, *La realtà cittadina nei territori canossani*, in *Studi Matildici*, III, a. a. O., S. 55–78.
[5] ANDREAS VON STRUMI, *Vita s. Johannis Gualberti*, in G. SPINELLI – G. ROSSI (Herausgeber), *Alle origini di Vallombrosa. Giovanni Gualberto nella società dell'XI secolo*, Europia-JacaBook, Novara–Milano, 1984, S. 70.
[6] Zur ganzen Frage siehe P. GOLINELLI, *»Indiscreta sanctitas«. Sull'uso polemico della santità nel contesto del movimento riformatore*, in ID., *Indiscreta sanctitas*, a. a. O., S. 157–91.
[7] ANDREAS VON STRUMI, *Vita s. Johannis Gualberti*, a. a. O., S. 112–13.
[8] *Ibidem*, S. 85–86.

Der Bucklige

[1] *Chronicon Sancti Huberti Andaginensis*, ed. L. C. Bethmann und W. Wattenbach, in *M.G.H., Scriptores*, VIII, Hannoverae 1848, S. 580–83.
[2] Die Urkunde Heinrichs IV. ist ediert von L. Weiland, in *M.G.H., Constitutiones*, Hannoverae 1893, S. 649–50, n. 441.
[3] Die Gründungsurkunde von Frassinoro ist vollständig ediert von C. MARGARINI, *Bullarium Casinense*, II, Todi 1670, S. 100–1; G. TIRABOSCHI, *Memorie storiche modenesi*, II, Modena 1793, S. 52; ital. bei G. BUCCIARDI, *Montefiorino e le terre della badia di Frassinoro*, I, Modena 1928 (anastat. Nachdr: Dini, Modena 1985), S. 16–21; jetzt Codice Diplomatico Polironiano, a. a. O., S. 136–139.
[4] P. GOLINELLI, *Frassinoro: un crocevia del monachesimo europeo nel periodo della lotta per le investiture*, in »*Benedictina*«, 34 (1987), S. 417–32.
[5] RANGERIUS, *Vita metrica sancti Anselmi Lucensis*, ed. E. Sackur – G. Schwartz – B. Schmeidler, in *M.G.H., Scriptores*, XXX, 2, Hannoverae 1934, Vv. 3572–3577, S. 1232.
[6] P. TORELLI, *Regesto mantovano*, a. a. O., n. 92, S. 64–65. Zu Mathildes

erster Ehe siehe A. OVERMANN, *Gräfin Mathilde*, a. a. O.; L. L. GHIRARDINI, *Storia critica di Matilde di Canossa*, Aedes Muratoriana, Modena 1989, S. 114–70 (mit einigen Ungenauigkeiten). Zur Ehe im Mittelalter: G. DUBY, *Le chevalier, la femme et le prêtre: le mariage dans la France féodale*, Paris 1981 (deutsch: *Ritter, Frau und Priester*, 1985); weitere Literatur in *Lexikon des Mittelalters*, III, Sp. 1616–48.

Ein entsetzlicher Tod

1 LAMPERT VON HERSFELD, *Annales*, ed. O. Holder-Egger in *M.G.H. Scriptores Rerum Germanicarum ad usum scholarum*, XXXVIII, Hannoverae et Lipsiae 1894, S. 255–56.

2 LANDULFUS SENIOR, *Historia Mediolanensis*, III, 31, ed. L. G. Bethmann – W. Wattenbach, in *M.G.H. Scriptores*, VIII, Hannoverae 1848, S. 97 f.

3 *Chronicon sancti Huberti Andaginensis*, a. a. O., S. 580–83: siehe auch P. GOLINELLI, *Frassinoro*, a. a. O., S. 423–26.

4 GREGOR VII., *Registrum* I, 47, ed. E. Caspar, in *M.G.H. Epistolae selectae*, II, 1, Berolini 1920, S. 71–73; vgl. G. FORNASARI, *La riforma gregoriana nel »Regnum Italiae«*, in »Studi Gregoriani«, XIII (1989), S. 305 ff.

5 GREGOR VII., *Registrum*, III, 5, a. a. O., S. 251. Zum Briefwechsel der Herrinnen von Canossa und Gregors VII. siehe P. GOLINELLI, *I rapporti tra Gregorio VII, Beatrice e Matilde dall'epistolario gregoriano*, in »Bollettino Storico Reggiano«, 66 (luglio 1987), S. 17–27.

6 *Briefsammlungen der Zeit Heinrichs IV.*, ed. C. Erdmann, in *M.G.H., Die deutschen Geschichtsquellen des Mittelalters*, V, München 1977, S. 49.

Gregor VII.

1 BONIZO, *Liber ad amicum*, a. a. O., S. 601.

2 G. FORNACIARI – F. MALLEGNI, *La ricognizione dei resti scheletrici di san Gregorio VII*, in »Studi Gregoriani«, XIII (1989), S. 402–3.

3 Zu Gregor VII. siehe G. MICCOLI, *Gregorio VII*, in *Bibliotheca Sanctorum*, VII, Roma 1962, Sp. 294–379; R. MORGHEN, *Gregorio VII*, Palumbo, Palermo 1974 (2).

4 GREGOR VII., *Registrum* I, 11, a. a. O., S. 17–19.

5 *Ibidem*, I, 25, S. 42.

6 Dieser Brief ist ediert von E. J. COWDREY, *The Epistolae Vagantes*, n. 5, Oxford 1972, S. 10–13; auch in *Briefsammlungen der Zeit Heinrichs IV.*,

ed. C. Erdmann – N. Fickermann, in *M.G.H., Die deutschen Geschichtsquellen des Mittelalters*, V, München 1977, S. 87.

[7] GREGOR VII., *Registrum*, I, 42, a. a. O., S. 65.

[8] Die wirtschaftlichen Aspekte der Reform wurden von E. WERNER, *Häresie und Gesellschaft im 11. Jahrhundert*, Berlin 1975 betont. Auch C. VIOLANTE hat im *Discorso di chiusura* des Convegno internazionale di Salerno per il IX Centenario della morte di Gregorio VII die finanz- und wirtschaftspolitischen Aktivitäten des Papstes hervorgehoben, vgl. »Studi Gregoriani« XII (1989), S. 420–21.

[9] Zu dieser Thematik siehe P. GOLINELLI, *I rapporti tra Gregorio VII, Beatrice e Matilde dall'epistolario gregoriano*, a. a. O., S. 17–27.

Heinrich IV.

[1] G. MEYER VON KNONAU, *Jahrbücher des deutschen Reiches unter Heinrich IV. und Heinrich V.*, 7 Bde, Leipzig 1890–1910.

[2] LAMPERT VON HERSFELD, *Annales*, a. a. O., S. 217–21; vgl. K. JORDAN, *Heinrich IV. im Kampf mit Sachsen*, Stuttgart 1954; G. BILLANOVICH, *Lamperto di Hersfeld e Tito Livio*, in »Opusculi accademici della Facoltà di Lettere dell'Università di Padova«, 8 (1945).

[3] DONIZO, *Vita Mathildis*, I, Vv. 1259–1263, a. a. O., S. 67.

[4] ARNULF, *Gesta archiepiscoporum Mediolansensium*, ed. L. C. Bethmann – W. Wattenbach, in *M.G.H. Scriptores*, VIII, Hannoverae 1848, S. 27.

[5] R. MORGHEN, *Gregorio VII*, a. a. O., S. 191–203.

[6] G. B. BORINO, *Cencio del prefetto Stefano, l'attentatore di Gregorio VII*, in »Studi Gregoriani«, IV (1952), S. 373–440; O. CAPITANI, *Storia dell'Italia medievale*, a. a. O., S. 317–31.

Der Investiturstreit

[1] *Briefsammlungen der Zeit Heinrichs IV.*, a. a. O., S. 46–50. Übersetzung nach G. MEYER VON KNONAU, Jahrbücher der Deutschen Geschichte, cit.

[2] M.G.H., *Constitutiones*, I, ed. L. Weiland, Hannoverae 1893, S. 110–11.

[3] DONIZO, *Vita Mathildis*, I, Vv. 1299–1310; 1317–1321; 1329–1335.

[4] GREGOR VII., *Registrum*; III, 10 a, a. a. O., S. 270–71; Übersetzung nach G. Meyer von Knonau, a. a. O. Vgl. H. FUHRMANN, *»Il vero imperatore è il papa«: il potere temporale nel Medioevo*, in »Bullettino dell'Istituto Storico Italiano per il Medio Evo«, 92 (1985–86), S. 367–79. Auch in ders., *Einladung ins Mittelalter*, München 1987.

[5] R. MORGHEN, *Gregorio VII*, a. a. O., S. 122–36.
[6] A. OVERMANN, *Gräfin Mathilde von Tuscien*, a. a. O.

Der Gang nach Canossa

[1] BERTHOLD VON REICHENAU, *Annales*, ed. G. H. Pertz, in *M.G.H., Scriptores*, V, Hannoverae 1844, S. 287; zum Annalista Saxo vgl. ed. G. Waitz, in *M.G.H., Scriptores*, VI, Hannoverae 1844, S. 711.
[2] Zum Klima siehe P. ALEXANDRE, *Le climat en Europe au Moyen âge. Contribution à l'histoire des variations climatiques de 1000 à 1425, d'après les sources narratives de l'Europe occidentale,* École des Hautes Études, Paris 1987.
[3] BERNOLD VON ST. BLASIEN, *Chronicon*, ed. G. H. Pertz, in *M.G.H. Scriptores*, V, Hannoverae 1844, S. 433.
[4] BERTHOLD, *Annales*, a. a. O., S. 288.
[5] H. ZIMMERMANN, *Canossa 1077*, Forni, Bologna 1977 (bietet nicht nur eine sorgfältige Auswertung der Quellen, sondern auch einen ausgezeichneten Überblick über die Resonanz, die dieses Ereignis in der Historiographie, Kunst und Literatur vorwiegend der deutschsprachigen Länder über einen langen Zeitraum hinweg gefunden hat. Zu den genannten Dramentexten möchten wir noch ergänzen: F. TIRINNANZI, *Canossa, Tragedia*, introd. G. Papini, Sansoni, Firenze 1942).
[6] O. CAPITANI, *Canossa: una lezione da meditare,* in *Studi matildici*, III, a. a. O., S. 3–23.
[7] GREGOR VII., Registrum, IV, 12, a. a. O., S. 312–13.
[8] O. CAPITANI, *Gregoriana. Impressioni di lettura e note in margine a Studi Gregoriani VII*, in »Rivista di Storia della Chiesa in Italia«, XVIII (1964), S. 494; die Forschung hat sich mit dem Ereignis von Canossa in hohem Maße beschäftigt und dabei die unterschiedlichsten Standpunkte vertreten. Unter den neueren wichtigen Veröffentlichungen seien genannt: G. MICCOLI, *Il valore dell'assoluzione di Canossa*, in ID., *Chiesa gregoriana. Ricerche sulla riforma del secolo XI,* La Nuova Italia, Firenze 1966, S. 203–23; J. VOGEL, *Gregor VII. und Heinrich IV. nach Canossa. Zeugnisse ihres Selbstverständnisses*, Arbeiten zur Frühmittelalterforschung, Berlin 1983.

Nach der Aussöhnung

[1] BERTHOLD VON REICHENAU, *Annales*, ed. G. H. Pertz, in *M.G.H., Scriptores*, V, Hannoverae 1844, S. 290.

[2] RANGERIUS, *Vita Metrica s. Anselmi*, Vv. 134–147, a. a. O., S. 1224.
[3] DONIZO, *Vita Mathildis*, II, Vv. 134–147, a. a. O.
[4] U. BELLOCCHI – L. L. GHIRARDINI, *Gregorio VII nel Reggiano*, Aedes Muratoriana, Modena 1985.
[5] E. H. KANTOROWICZ, *The King's Two Bodies. A Study in Mediaeval Political Theology*, Princeton University Press, Princeton, N.J. 1957 (deutsch: *Die zwei Körper des Königs*, übersetzt von W. Theimer, Anmerkungen übers. von B. Hellmann, München 1990); G. TABACCO, *Sacerdozio e impero fra intuizioni sacrali e procedimenti razionali*, in *L'Europa dei secoli XI e XII fra novità e tradizione: sviluppi di una cultura*, Vita e Pensiero, Milano 1989, S. 3–20; M. BLOCH, *Les rois thaumaturges*, 1924.

Anselm

[1] *Vita Anselmi episcopi Lucensis*, ed. R. Wilmans, in *M.G.H. Scriptores*, XII, Hannoverae 1856, S. 17.
[2] GREGOR VII., *Registrum*, I, 11, a. a. O., S. 18–19.
[3] Zu den Beziehungen Anselms mit Lucca siehe A. SPACCIANI, *L'episcopato lucchese di Anselmo II da Baggio*, Vortrag anläßlich des Convegno Internazionale di Studio »Sant'Anselmo vescovo di Lucca (1073–1086) nel quadro delle trasformazioni sociali e della riforma ecclesiastica«, Lucca 25–28 settembre 1986, im Druck.
[4] *Vita Anselmi episcopi Lucensis*, a. a. O., S. 16.
[5] Zur Person, der Zeit und der Gedankenwelt des heiligen Anselm siehe P. GOLINELLI (Herausgeber), *Sant'Anselmo, Mantova e la lotta per le investiture*, Pàtron, Bologna 1987, insbesondere die Beiträge von C. D. Fonseca, E. Pásztor und O. Capitani; R. BELLINI, *Anselmo da Lucca nella storiografia degli ultimi quarant'anni*, in »Benedictina«, 37 (1990), S. 317 bis 362.

Wibert

[1] GREGOR VII., *Registrum*, VII, 14a, a. a. O., Bd. II, S. 483–486.
[2] Zu seiner Person siehe die erhellende und ausführliche Zusammenfassung von C. DOLCINI, *Clemente III antipapa*, in *Dizionario Biografico degli Italiani*, 26, Istituto per l'Enciclopedia Italiana, Roma 1982, S. 181–88.
[3] DONIZO, *Vita Mathildis*, II, Vv. 148–157, a. a. O.
[4] WIDO VON FERRARA, *De scismate Hildebrandi*, 20, ed. E. Dümmler, in *M.G.H. Libelli de lite*, I, Hannoverae 1891, S. 548; vgl. G. M. CANTARELLA

– D. TUNIZ (Herausgeber), *Il papa ed il sovrano. Gregorio VII e Enrico IV nella lotta per le investiture*, Europìa, Novara 1985, S. 137.

[5] M. G. BERTOLINI, *Istituzioni, miracoli e promozione del culto dei santi: il caso di Clemente III antipapa* (1080–1100), in S. BOESCH GAJANO – L. SEBASTIANI (Herausgeber), *Culto dei santi, istituzioni e classi sociali in età preindustriale,* Japadre, L'Aquila–Roma 1984, S. 69–104.

[6] J. ZIESE, *Wibert von Ravenna, der Gegenpapst Clemens III. (1084–1100)*, Hiersemann, Stuttgart 1982, S. 121–33.

[7] ANSELM, *Liber contra Wibertum*, ed. E. Barnheim, in *M.G.H., Libelli de lite*, I, a. a. O., S. 527; vgl. R. BRUNELLI (Herausgeber), *Sant'Anselmo a Mantova*, Publi-Paolini, Mantova 1986, S. 130.

Der Krieg

[1] BERTRAN DE BORN, Ed. G. Gouiran, *L'amour et la guerre, l'œuvre de Bertran de Born*, Aix-en-Provence, 1985; A. RONCAGLIA (Herausgeber), *Poesia dell'età cortese*, Nuova Accademia Editrice, Milano 1961,S. 350.

[2] PH. CONTAMINE, *La guerre au Moyen âge*, Paris ^{2}1986; F. CARDINI, *Quella antica festa crudele. Guerra e cultura della guerra dall'età feudale alla grande rivoluzione,* Sansoni, Firenze 1982.

[3] GREGOR VII., *Registrum*, IX, 3, a. a. O., S. 573–77.

[4] BENZO VON ALBA, *Ad Heinricum imperatorem libri VII*, ed. K. Pertz, in *M.G.H. Scriptores*, XI, Hannoverae 1854, S. 656–57.

[5] *Ibidem*, S. 658.

Die Schenkung

[1] BENZO VON ALBA, *Ad Heinricum imperatorem libri VII*, a. a. O., S. 663.

[2] G. FASOLI, *La realtà cittadina nei territori canossani*, in *Studi Matildici*, III, a. a. O., S. 55–78.

[3] Diese Frage wurde mehrmals erörtert, ohne jedoch zu einer endgültigen Lösung zu gelangen; vgl. L. TOSTI, *La contessa Matilde e i romani pontefici*, Barbero e Bianchi, Firenze 1859; L. SIMEONI, *Il contributo della contessa Matilde al papato nella lotta per le investiture*, in »Studi Gregoriani«, I (1947), S. 353–72; L. L. GHIRARDINI, *Storia critica di Matilde di Canossa*, a. a. O., S. 335–67.

[4] DONIZO, *Vita Mathildis*, a. a. O., S. 25.

[5] V. D'ALESSANDRO, *Storiografia e politica nell'Italia normanna*, Liguori, Napoli 1978; S. TRAMONTANA, *La monarchia normanna e sveva*, Utet Libreria, Torino 1986.

Salerno

1 BONIZO, *Liber ad amicum*, a. a. O., S. 614 f.
2 P. BREZZI, *Roma e l'impero medievale (774–1252)*, Capelli, Bologna 1947.
3 HUGO VON FLAVIGNY, *Chronicon*, in *M.G.H., Scriptores*, VIII, Hannoverae 1844, S. 462–63.
4 *Versus de Roma ab Heinrico rege anno 1084 expugnata*, a. a. O., S. 434.
5 W. GOEZ, *Zur Persönlichkeit Gregors VII.*, in »Römische Quartalschrift für christliche Altertumskunde und Kirchengeschichte«, LXXIII (1978), S. 193–216; vgl. G. FORNASARI, *Del nuovo su Gregorio VII? Riflessioni su un problema storiografico »non esaurito«*, in »Studi Medievali« 3a s. XXIV (1983), S. 315–53.
6 H. FUHRMANN, *»Il vero imperatore è il papa«: il potere temporale nel Medioevo*, in »Bullettino dell'Istituto Storico Italiano per il Medio Evo«, 92 (1985–86), S. 367–79.
7 *Liber de unitate ecclesiae conservanda*, in *M.G.H., Libelli de lite*, II, Hannoverae 1892, S. 263; zu diesen Benennungen siehe G. ROPA, *Intorno a un tema apologetico della letteratura »matildica«: Matilde di Canossa »Dei sponsa«*, in *Reggiolo Medievale*, Bizzocchi, Reggio Emilia 1979, S. 25 bis 51.
8 DONIZO, *Vita Mathildis*, II, Vv. 182–184, 188–191. a. a. O.

Desiderius

1 HUGO VON FLAVIGNY, *Chronicon*, a. a. O., S. 466.
2 *Chronica Monasterii Casinensis*, III, 65, ed. H. Hoffmann, in *M.G.H., Scriptores*, XXXIV, Hannoverae 1980, S. 447.
3 *Briefsammlungen der Zeit Heinrichs IV.*, a. a. O., S. 75–76.
4 Vgl. G. ROPA, *Studio e utilizzazione ideologica della Bibbia nell'ambiente matildico (sec. XI–XII)*, in *Studi Matildici*, III, a. a. O., S. 395–425.
5 Die Frage wurde wiederaufgenommen von P. GOLINELLI, *Sulla successione a Gregorio VII. Matilde di Canossa e la sconfitta dell'ala intransigente*, in M. DE MATTEIS (Herausgeberin), *A Ovidio Capitani. Scritti degli allievi bolognesi*, Pàtron, Bologna 1990, S. 67–86.
6 *Versus de Gregorii VII et Heinrici IV inimicitiis*, ed. Ph. Jaffé, in *Monumenta Bambergensia*, Berolini 1869, S. 110.
7 Zu Desiderius siehe H. E. J. COSDREY, *The Age of Abbot Desiderius*, Oxford 1983; R. SCHIEFFER, *Viktor III.* in *Lexikon des Mittelalters* VIII, München–Zürich 1997, Sp. 1665ff.

Welf

1 Die vollständigste Biographie Urbans II. stammt von A. BECKER, *Papst Urban II. (1088–1099)*, I, A. Hiersemann, Stuttgart 1964, II, ebd. 1988 (»Schriften der Monumenta Germaniae Historica«, 19/I–II); vgl. auch O. CAPITANI, *Storia dell'Italia medievale*, a. a. O., S. 333–50.

2 P. GOLINELLI, *»Negotiosus in causa Ecclesiae.« Santi e santità nello scontro tra impero e papato da Gregorio VII ad Urbano II*, in *Les fonctions des saints dans le monde occidental (IIIe – XIIIe siècle)*, École Française, Rom 1991, S. 259–284.

3 BERNOLD, *Chronicon*, a. a. O., S. 449.

4 BENZO VON ALBA, *Ad Heinricum imperatorem libri VII*, I,22, a. a. O., S. 608.

5 COSMAS VON PRAG, *Chronicon Boemorum*, II, 32, ed. R. Koepke, in *M.G.H., Scriptores*, IX, Hannoverae 1851, S. 88–89.

6 L. L. GHIRARDINI, *Storia critica di Matilde di Canossa*, a. a. O., S. 155.

7 *Genealogia Welforum*, ed. G. Waitz, in *M.G.H. Scriptores*, XIII, Hannoverae 1881, S. 734.

Madonna della Battaglia

1 Vollständige Edition der Urkunde in V. COLORNI, *Il territorio mantovano nel Sacro Romano Impero*, Giuffrè, Milano 1959, S. 135–36.

2 DONIZO, *Vita Mathildis*, II, Vv. 478–479; 504–511, a. a. O.

3 Vgl. L. L. GHIRARDINI, *Il Convegno di Carpineti (1092) e la sua decisiva importanza nella lotta per le investiture*, in *Studi Matildici*, II, a. a. O., S. 97 bis 136; ich stimme jedoch nicht mit der Gleichsetzung des Eremiten Johannes mit dem gleichnamigen Abt von Sant' Apollonio von Canossa überein, vgl. P. GOLINELLI, *Origine e prima diffusione del monarchesimo benedettino nella diocesi di Reggio Emilia*, a. a. O., S. 269–70.

4 DONIZO, *Vita Mathildis*, II, Vv. 680–683, 686–704, 723–726, a. a. O., S. 90 f.

5 Vgl. AA. VV., *La Madonna della Battaglia*, Lions Club Canossa Val d'Enza, Quattro Castella 1978.

6 UDALSCHALK, *De Eginone et Herimanno*, ed. G. H. Pertz, in *M.G.H. Scriptores*, XII, Hannoverae 1856, S. 437.

7 *Vita Heinrici IV imperatoris*, ed. W. Wattenbach, in *M.G.H. Scriptores*, XII, Hannoverae, 1856, S. 276; zu diesem Werk und zu dem Umkreis, in dem es verfaßt wurde, siehe: H. BEUMANN, *Zur Verfasserfrage der Vita Heinrici IV.*, in *Institutionen, Kultur und Gesellschaft im Mittelalter* (Festschrift J. Fleckenstein), J. Thorbecke Verlag, Sigmaringen 1984, S. 305–19.

8 BERNOLD, *Chronicon*, a. a. O., S. 462.

Jerusalem

[1] Übertragung nach der Übersetzung eines Chronisten aus dem 17. Jahrhundert in E. GRECO, *Un viaggio di Matilde di Canossa nel 1089 al santuario di San Michele nel Gargano*, in *Studi Matildici*, I, Aedes Muratoriana, Modena 1964, S. 82–84.

[2] Vgl. S. RUNCIMAN, *A History of the Crusades*, Cambridge University Press, 1952 (dt. *Geschichte der Kreuzzüge*, übersetzt von Peter de Mendelssohn, München 1958).

[3] H. HAGENMAYER, *Die Kreuzzugsbriefe aus den Jahren 1088–1100*, Innsbruck 1902, S. 137.

[4] URBAN II., *Epistolae et privilegia*, in *Patrologia Latina*, 161, Sp. 488–499.

[5] P. A. MACCARINI, *Lettera inedita della contessa dagli archivi di un'antica abbazia lorenese*, in »Reggio Storia«, 21 (luglio–settembre 1983), S. 30 bis 33. Der Brief wurde von Michel Parisse unter den Urkunden der Abtei Sandalmont, später Saint-Pierremont genannt, entdeckt.

Guido Guerra

[1] DONIZO, *Vita Mathildis*, II, Vv. 919–928, a. a. O.

[2] P. TORELLI, *Regesto mantovano*, a. a. O., n. 123, S. 87–91.

[3] Vgl. L. L. GHIRARDINI, *Storia critica di Matilde di Canossa*, a. a. O., S. 53–83.

[4] A. FERRUA, *La donazione della contessa Matilde*, in »Civiltà Cattolica«, XCIV (1943), S. 212–23 und in »Storia e civiltà«, IV (1988), S. 5–19.

[5] EADMER, *Historia Novorum in Anglia*, ed. G. Waitz, in *M.G.H., Scriptores*, XIII, Hannoverae 1881, S. 145.

[6] A. PETRUCCI – E. BAMBINO, *Anselmo d'Aosta e Matilde di Canossa*, in »Reggio Storia«, 21 (luglio–settembre 1983), S. 18–22.

[7] *Vita Chunradi archiepiscopi Salisburgensis*, ed. W. Wattenbach, in *M.G.H., Scriptores*, XI, Hannoverae 1854, S. 69–70.

Parma und Modena

[1] A. CASTAGNETTI, *Società e politica a Ferrara dall'età postcarolingia alla signoria estense (sec. X–XIII)*, Pàtron, Bologna 1985.

[2] DONIZO, *Vita Mathildis*, II, Vv. 965–983, a. a. O.

[3] *Ibidem*, II, Vv. 1012–1015, 1020–1021. Vgl. R. SCHUMANN, *Authority and the Commune. Parma 833–1133*, Deputazione di Storia Patria per le Provincie Parmensi, Parma 1973, S. 322–33.

[4] G. CRACCO, *Religione, Chiesa, Pietà*, in *Storia di Vicenza. II, L'età medievale*, Neri Pozza editore, Vicenza 1989, S. 359–425.
[5] R. VOLPINI, *Bernardo degli Uberti, santo*, in *Dizionario Biografico degli Italiani*, IX, Istituto per l'Enciclopedia Italiana, Roma 1967, S. 292 bis 300.
[6] *Relatio sive descriptio de innovatione ecclesie sancti Geminiani*, in P. GALAVOTTI, *Le più antiche fonti storiche del duomo di Modena*, Aedes Muratoriana, Modena 1974, S. 56–57.
[7] G. BADINI, *Il »corpus« matildico. Risultati e proposte*, in »Annali canossani«, I (1981), S. 128–42.
[8] DONIZO, *Vita Mathildis*, II, V. 1108, a. a. O.

Heinrich V.

[1] *Vita Heinrici IV imperatoris*, a. a. O., S. 278.
[2] DONIZO, *Vita Mathildis*, II, Vv. 1023–1037, a. a. O.
[3] *Ibidem*, II, V. 1162.
[4] Vgl. G. MICCOLI, *»Ecclesiae primitivae forma«*, in: ID., *Chiesa gregoriana. Ricerche sulla riforma del secolo XI*, La Nuova Italia, Firenze 1966, S. 125–199.
[5] PLACIDUS VON NONANTOLA, *Liber de honore Ecclesiae*, ed. L. de Heinemann und E. Sackur, in *M.G.H., Libelli de lite*, II, Hannoverae 1892, S. 566–639; siehe dazu J. W. BUSCH, *Der Liber de Honore Ecclesiae des Placidus von Nonantola*, J. Thorbecke Verlag, Sigmaringen 1990.
[6] EKKEHARD VON AURA, *Chronicon Universale*, in *M.G.H. Scriptores*, VI, Hannoverae 1844, S. 244.
[7] DONIZO, *Vita Mathildis*, II, Vv. 1250–1259, a. a. O.
[8] M. NOBILI, *L'ideologia politica in Donizone*, in *Studi Matildici*, III, a. a. O., S. 275–79.
[9] *Notae de Mathilda Comitissa*, ed. P. E. Schramm, in *M.G.H. Scriptores*, XXX, 2, Lipsiae 1934, S. 973–75.
[10] Ich beziehe mich auf: G. TABACCO, *Discorso di chiusura*, in *Studi Matildici*, II, a. a. O, S. 429–36; O. CAPITANI, *Canossa: una lezione da meditare*, a. a. O., und M. NOBILI, *L'ideologia politica in Donizone, a. a.* O.
[11] DONIZO, *Vita Mathildis*, II, Vv. 1542–1549, a. a. O.

Epilog

[1] A. MERCATI, *L'evangelario donato dalla Contessa Matilde al Polirone*, in »Atti e memorie della R. Deputazione di Storia Patria per le Provincie Modenesi«, s. 7, IV (1927), S. 9–14.

[2] *Ibidem*, S. 14–15.

[3] Vgl. A. QUACQUARELLI, *Il triplice frutto della vita cristiana: 100, 60, 30 (Matteo XIII, 8), nelle diverse interpretazioni*, Roma 1953, S. 79–82.

Bibliographie

Eine vollständige Bibliographie über die Canossa und ihre Zeit würde ein ganzes Buch füllen. (Einen ersten derartigen Versuch unternahm vor mehr als zwanzig Jahren L. L. GHIRARDINI, *Saggio di una bibliografia dell'età matildico-gregoriana, 1046–1122,* Aedes Muratoriana, Modena 1970.) Wir beschränken uns hier darauf, die Hauptquellen zu nennen und Hinweise auf einige der interessantesten Richtungen der Forschung zu geben.

Die wichtigste Quelle für die Geschichte der Dynastie ist die epische Dichtung des DONIZO VON CANOSSA, *Vita Mathildis*, in zwei Büchern. Das erste Buch behandelt ihre Vorfahren, das zweite die Markgräfin Mathilde selbst. Der Text ist größtenteils in der Originalhandschrift überliefert, die der Autor anfertigte, um sie Mathilde zu schenken; sie befindet sich heute im Vatikan (Vaticanus Latinus 4922). Von den zahlreichen Editionen, die im Lauf der Jahrhunderte entstanden sind, empfehlen wir die Ausgabe von L. SIMEONI, in *Rerum Italicarum Scriptores*, II ed., V, 2 Bologna 1930–40, und die Ausgabe von V. FUMAGALLI und P. GOLINELLI, im Kommentarband zur Faksimile-Ausgabe des Codex Vaticanus Latinus 4922, Belser Verlag-Jaca Book, Zürich–Milano 1984, mit italienischer Übersetzung und Anmerkungen (deutsche Ausgabe mit hexametrischer Übersetzung, Zürich, Belser Verlag, 1984).

Unter den älteren italienischen Übersetzungen siehe U. BELLOCCHI – G. MARZI, *Matilde e Canossa, il poema di Donizone*, Aedes Muratoriana, Modena 1970, mit Nachdruck der Simeoni-Edition.

Ausführlich von den Canossa sprechen: BONIZO VON SUTRI, *Liber ad amicum*, ed. E. Dümmler, in M.G.H., *Libelli de lite*, I, Hannoverae 1891, S. 568–620; LAMPERT VON HERSFELD, *Annales*, ed. O. Holder Egger, in M.G.H., *Scriptores Rerum Germanicarum in Usum Scholarum*, 38, Hannoverae 1894; BERNOLD VON KONSTANZ, *Chronicon,* ed. G. Waitz, in M.G.H., *Scriptores [SS.]*, V, Hannoverae 1844, S. 385–407; BERTHOLD VON REICHENAU, *Annales*, ed. G. H. Pertz, *ibidem*, S. 273–326; ARNULF, *Gesta archiepiscoporum Mediolanensium*, ed. L. C. Bethmann – W. Wattenbach, in M.G.H., *SS.*, VIII, Hannoverae 1848, S. 1–31; die *Vita Heinrici IV impera-*

toris, ed. W. Wattenbach, in M.G.H. XII, Hannoverae 1856, S. 268 bis 283.

Kurze Hinweise finden sich bei EKKEHARD VON AURA, *Chronicon Universale*, ed. G. Waitz, in M.G.H., *SS.*, VI, Hannoverae 1844, S. 1–267; in den *Annales Saxonum*, ed. G. Waitz, *ibidem*, S. 542–777, und bei vielen anderen zeitgenössischen Chronisten und Annalisten: *Annales Augustani*, ed. G. H. Pertz, in M.G.H., *SS.*, III, Hannoverae 1839, S. 123–36; HERMANNUS CONTRACTUS (HERMANN VON REICHENAU), *Chronicon*, in M.G.H., *SS.*, V, a. a. O., S. 131–33; *Chronica Monasterii Casinensis*, ed. H. Hoffmann, in M.G.H., *SS.*, XXXIV, Hannoverae 1980; *Chronicon S. Huberti Andaginensis*, ed. L. C. Bethmann – W. Wattenbach, in M.G.H., *SS.*, VIII, a. a. O., S. 568–630; LANDULF DER ÄLTERE, *Historia Mediolanensis*, III, 31, ed. L. C. Bethmann – W. Wattenbach, in M.G.H., *SS.*, VIII, a. a. O., S. 97 f.; HUGO VON FLAVIGNY, *Chronicon*, ed. G. H. Pertz, in M.G.H., *SS.*, VIII, a. a. O., S. 288–502; LAURENTIUS DE LEODIO, *Gesta episcoporum Virdunensium et abbatum s. Vitoni*, ed. G. Waitz, in M.G.H., *SS.*, X, Hannoverae 1852, S. 486–530; EADMER, *Historia novorum in Anglia*, ed. M. Rule, in *Rerum Britannicarum Scriptores*, 81, 1884, S. 1–304; COSMAS VON PRAG, *Chronica Boemorum*, ed. R. Koepke, in M.G.H., *SS.*, IX, Hannoverae 1851, S. 1–132.

Zur Dynastie siehe auch ANSELM VON BESATE (PERIPATETICUS), *Rhetorimachia*, ed. K. Manitius, Weimar 1958 (M.G.H., *Quellen zur Geistesgeschichte des Mittelalters*).

Mitglieder der Familie Canossa erscheinen auch in der Hagiographie: *De obitu s. Apollonii*, Teiledition in F. ODORICI, *Storie bresciane dai primi tempi sino all'età nostra*, IV, Brescia 1855, Codex diplomaticus, n. XL, S. 98 f.; [vgl. dazu Brescia, Biblioteca Queriniana, ms. A. I. 8 (saec. XII ineunte), ff. 148v–151v]; *Cronica sancti Genesii episcopi et antistitis Brixelli*, in I. AFFÓ, *Illustrazione di un antico piombo del Museo Borgiano di Velletri appartenente alla memoria e al culto di san Genesio vescovo di Brescello*, Parma 1790, S. 45–64; *Vita s. Symeonis monachi*, in P. GOLINELLI, *La »Vita« di s. Simeone monaco*, in »Studi medievali«, 3. Ser. XX (1979), S. 709–88; *De inventione sanguinis Domini*, ed. G. Waitz, in M.G.H., *SS.*, XV, Hannoverae 1888, S. 921–22; PSEUDO-BARDO, *Vita Anselmi episcopi Lucensis*, ed. R. Wilmans, in M.G.H. *SS.*, XII, a. a. O., S. 13–35; RANGERIUS, *Vita Metrica s. Anselmi Lucensis episcopi*, ed. E. Sackur – G. Schwartz – B. Schmeidler, in M.G.H. *SS.*, XXX, 2, Lipsiae 1934, S. 1152–1307; *Relatio translationis corporis s. Geminiani*, in P. GALAVOTTI, *Le più antiche fonti storiche del duomo di Modena*, Aedes Muratoriana, Modena 1972, S. 48–49; PAULUS VON BERNRIED, *Gregorii papae VII vita*, in I. M. WATTERICH, *Pontificum Romanorum qui fuerunt inde ab exeunte saeculo IX usque ad finem saeculi XIII*, Lipsiae 1862, S. 474–546. Hinweise auf Mathilde finden sich in der *Vita*

Chunradi archiepiscopi Salisburgensis, ed. W. Wattenbach in M.G.H., *SS.*, XI, Hannoverae 1854, S. 62–77.

Zu den Quellen für den Investiturstreit siehe neben GREGOR VII., *Registrum*, ed. E. Caspar, in M.G.H., *Epistolae Selectae*, II, Berlin 1920, und E. J. COWDREY, *The Epistolae Vagantes*, O.U.P., Oxford 1972, die drei Bände der *Libelli de lite* in den M.G.H., mit einer umfassenden Dokumentation der zeitgenössischen Streitschriftenliteratur, sowie BENZO VON ALBA, *Ad Heinricum imperatorem libri VII,* ed. K. Pertz, in M.G.H., *SS.*, Hannoverae 1854, S. 591–681.

Die Canossa erscheinen in zahlreichen öffentlichen und Privaturkunden, die sich auf ihre Herrschaftsgebiete beziehen: E. FALCONI, *Le carte cremonesi dei secoli VIII–XII*, Cremona 1979; G. DREI, *Le carte degli archivi parmensi*, I, Parma 1926; P. TORELLI, *Le carte degli archivi reggiani*, Reggio Emilia 1921; E. P. VICINI, *Regesto della canonica cattedrale di Modena*, Roma 1931; P. TORELLI, *Regesto Mantovano*, Roma 1914. Sammlungen der Urkunden einzelner Mitglieder der Familie sind nur für Bonifaz fertiggestellt (A. FALCE, *Bonifacio di Canossa padre di Matilde. II. Regesto*, Bizzocchini, Reggio Emilia 1927) und für Mathilde angezeigt worden (B. BADINI, *Il »corpus« matildico. Risultati e proposte*, in »Annali Canossani«, I, 1981, S. 128–42).

Vielfältige Interessen veranlaßten die Historiographie, sich mit den Canossa zu beschäftigen: In den Anfängen der Geschichtswissenschaft wurde Donizos *Vita Mathildis* als eine wichtige Quelle für die antiprotestantische Kontroverstheologie angesehen und deshalb von S. TENGNAGEL in seinen *Vetera monumenta contra schismaticos* (Bd. V, Ingolstadt 1612) veröffentlicht; auf der Grundlage der mathildischen Urkunden schrieb man die Geschichte wichtiger Klöster (B. BACCHINI, *Istoria del monastero di San Benedetto in Polirone*, Modena 1696) oder Adelsgeschlechter (G. G. LEIBNIZ, *Lettera sulla connessione delle Seren.me Case di Brunsvic e d'Este*, Hannover 1695; L. A. MURATORI, *Delle antichità estensi ed italiane*, Modena 1717 und 1740). Leibniz und Muratori edierten auch beide die *Vita Mathildis*, vgl. dazu L. L. GHIRARDINI, *L'edizione muratoriana della »Vita Mathildis« di Donizone, in L. A. Muratori storiografo. Atti del Convegno Internazionale di Studi Muratoriani*, Olschki, Firenze 1975, S. 107–116. Muratoris Interesse für die Canossa und das über sie erhaltene reiche Quellenmaterial ging aber über den genealogischen Ansatz weit hinaus und erstreckte sich auf die Geschichte Italiens, für die jene Familie und die mit ihr verbundenen Dokumente fundamentale Bedeutung haben (L. A. MURATORI, *Antiquitates Italicae Medii Aevi,* 6 Bände. Mediolani 1738–42); darin entwickelte er Ideen, die sich bereits bei C. SIGONIO, *Historiarum de Regno Italiae libri viginti,* Modena 1574, fanden.

Mehr Interesse als die Canossa selbst erweckten ihre Urkunden, an denen sich die neue gelehrte Historiographie übte, um die Geschichte zahlreicher italienischer Städte im Früh- und Hochmittelalter zu schreiben (dies unternahmen für Reggio E. Affarosi, für Parma und Guastalla Affò, für Piacenza Poggiali, für Mantua Amadei, Visi, Tonelli, Volta, Graf D'Arco und andere; für Verona Biancolini, für die Mark Treviso Verci, für Modena Tiraboschi, für Ferrara Frizzi, für Brescia Odorici, für Lucca schließlich Almerico Guerra und für Florenz Davidsohn), siehe dazu P. GOLINELLI, B. ANDREOLLI (Herausgeber), *Bibliografia storica polironiana. Opere generali – Il Medioevo*, Pàtron, Bologna 1983, S. 67–81. Der in den früheren Jahrhunderten die gelehrten Studien hauptsächlich interessierende Mathilde-Mythos trat in den Hintergrund.

Der von Donizo und seinen Zeitgenossen geschaffene Mathilde-Mythos, der weitere Nahrung durch das Interesse der Päpste an dem Erbe der »Großgräfin« erhielt, taucht von Zeit zu Zeit bei den Dichtern und Chronisten des Spätmittelalters wieder auf, von Dante (die »Matelda« in Purgatorio XXVIII wird nach den ältesten Kommentatoren mit Mathilde gleichgesetzt, vgl. F. FORTI, *Matelda* in *Enciclopedia Dantesca*, III, Roma 1971, S. 854–60) bis Machiavelli (*Historiae Fiorentine*, I, 14). Schließlich wird er ein Trumpf in der katholischen Kontroverstheologie (Baronius, F. M. Fiorentini) gegen die Protestanten, die ihrerseits einen Gegenmythos einer Mathilde entwickeln, die zusammen mit Gregor VII. an der Erniedrigung des Kaisers mitwirkt, der gezwungen ist, »jenen vom Volk verehrten Pantoffel« zu küssen, »der oft nichts anderes ist als die prunkvolle Verhüllung einer gichtigen großen Zehe«, wie sich ein anonymer Engländer in der zweiten Hälfte des 17. Jahrhunderts ausdrückt, wobei er einen Topos wieder aufnimmt, der sich bereits in der *Defence of the Apology of the Church of England* (1576) des John Jewel findet (vgl. R. SEVERI, *»Modena la pazza« nell'»A Discourse of the Dukedom of Modena« del 1674*, in »Atti e memorie della Deputazione di Storia Patria per le antiche Provincie Modenesi«, s. XI, XII, 1990, S. 123).

Dieser protestantische Mathilde-Mythos, der den Canossagang als Schmach auffaßt, erhielt durch Bismarcks berühmten Ausspruch im Reichstag am 14. Mai 1872 »Nach Canossa gehen wir nicht!« kräftigen Auftrieb. Harald Zimmermann führt den Ursprung dieses Mottos auf das Echo zurück, das die dritte Auflage von Gisebrechts *Geschichte der deutschen Kaiserzeit*, die 1869 erschien, in der Reichskanzlei gefunden hatte, und betont, daß von diesem Werk, vor allem in Deutschland, die Anregung für eine erneute Beschäftigung der Historiographie mit dem Geschehen in Canossa ausging – im Jahr des Bismarck-Ausspruchs veröffentlichte A. PANNENBORG, *Studien zur Geschichte der Herzogin Mathilde von Canossa* (Göttingen 1872) –, wobei sich zwei gegensätzliche Deutungen als eines gerechten Siegs des Papsttums über das Kaisertum oder als einer schweren Demütigung des Kaisers gegenüberstanden (vgl. H. ZIMMERMANN, *Der Canossagang 1077. Wirkungen und Wirklichkeit*, Akademie der Wissenschaften und der Literatur, Mainz 1975). Als Höhepunkt dieser Studien kann zweifellos die Arbeit von A. OVERMANN, *Gräfin Mathilde von Tuscien. Ihre Besitzungen, Geschichte ihres Gutes von 1115–1230 und ihre Regesten*, Innsbruck 1895, angesehen werden, die in synthetischer Form einen Überblick über die canossanischen Besitzungen gibt, die Biographie der Markgräfin mittels der Urkunden und der Quellen, in denen von ihr die Rede ist, rekonstruiert und das Problem ihres Erbes sowie eine Reihe nicht weniger wichtiger Fragen in den sieben Appendices, die den Band beschließen, behandelt. Das Werk ist für alle, die sich in späterer Zeit wieder mit der Geschichte Mathildes befaßt haben, grundlegend.

Auch in Italien wandte man sich in den letzten Jahrzehnten des 19. Jahrhunderts mit verstärktem Interesse den Canossa zu, so unter einem neoguelfischen Blickwinkel L. TOSTI, *La contessa Matilde e i romani pontefici*, Firenze 1859 und Roma 1886 (Nachdr. Messaggerie Pontremolesi, Milano 1989). In Reggio regten die archäologischen Grabungen in der Kirche Sant'Apollonio und in der Burg Canossa eine Reihe von Studien an: A. FERRETTI, *Canossa. Studi e ricerche*, Loescher, Firenze–Torino–Roma 1876 und 1884; eine Neuedition der *Vita Mathildis* durch FRANCESCO DAVOLI (Reggio Emilia 1888) mit Übersetzung, ferner eine Übersetzung von C. CANTARELLI (Parma 1885), den Führer von N. CAMPANINI (*Canossa, guida storica illustrata*, Bizzocchi, Reggio Emilia 1894, weitere Auflagen 1915, 1950); Studien zum 800. Todestag von Mathilde (AA. VV., *Nell'VIII Centenario di Matilde di Canossa*, 24 luglio 1915, Grassi, Reggio Emilia 1915) mit Aufsätzen einiger der bedeutendsten Reggianer Historiker der Zeit wie Angelo Mercati, der unter anderem einen wichtigen Beitrag zum *Liber Vitae* von Polirone geliefert hat (ID., *Saggi di storia e letteratura*, I. Ed. di Storia e Letteratura, Roma 1951, S. 213–27), Giovanni Saccani, der neben der Studie über Mathilde »nei fasti cristiani« in jenen Jahren wertvolle Forschungsarbeit über die mittelalterlichen Kirchen Reggios geleistet hat (jetzt gesammelt in ID., *Delle antiche chiese reggiane*, hg. von N. Artioli, Bizzocchi, Reggio Emilia 1975) sowie Fernando Fabbi.

In der gleichen Zeit fand Mathilde als historische Persönlichkeit und als Frau die Aufmerksamkeit der internationalen Historiographie. Neben dem Preußen Bismarcks, das sich in erster Linie aus den genannten Gründen mit ihr beschäftigte, erregte sie auch das Interesse anderer Nationen: In Frankreich publizierte A. RENEE 1859 sein Buch *La grande italienne (Mathilde de Toscane)*, das sofort ins Italienische übersetzt wurde (1860); in England erschienen zwei Biographien Mathildes: M. HUDDY, *Matilde countess of Tuscany*, London 1905 und N. DUFF, *Matilda of Tuscany, la gran donna d'Italia*, London 1909, flüssig geschrieben und mit einem leicht feministischen Anstrich; in Amerika wurde 1917 eine mathildische Zimelie präsentiert, das illustrierte Evangeliar, das die Markgräfin an das Kloster San Benedetto Polirone geschenkt hatte und das in die Sammlung des Millionärs Pierpont Morgan gelangt war: G. WARNER, *Gospels of Mathilda Countess of Tuscany* (Privately printed for presentation to the Roxburghe Club, New York 1917).

In den zwanziger Jahren unseres Jahrhunderts erschienen einige sehr sorgfältig gearbeitete Untersuchungen über Mathildes Familie: F. FABBI, *La famiglia degli Attoni di Canossa*, Ist. Ed. Librario Emiliano, Reggio Emilia 1926; A. FALCE, *Bonifacio di Canossa padre di Matilde*, 2 Bände, Bizzocchi, Reggio Emilia 1927 (mit einem Quellenband); N. GRIMALDI, *La contessa Matilde e la sua stirpe feudale*, Vallecchi, Firenze 1928 (auf dieses Werk sei als die systematischste Untersuchung über die Canossa im 20. Jahrhundert besonders hingewiesen).

Aus den ersten Jahrzehnten unseres Jahrhunderts stammen – neben einer sehr lesbaren Mathilde-Biographie aus der Feder des Priesters L. TONDELLI, *Matilda di Canossa*, Bizzocchi, Reggio Emilia 1915 – die umfassendsten quellenkritischen Beiträge über das canossanische Urkundenmaterial, Editionen der oben genannten Quellen (Torelli, Vicini, Simeoni, Carreri [in »Atti e memorie della Deputazione di Storia Patria per le antiche provincie Modenesi«, s. V, VI, 1910, S. XIX, 123–128], Falce und andere), profunde Analysen des Materials nach paläographisch-diplomatischer Methode und unter rechtshistorischen Aspekten (Torelli, Simeoni, später Mor), auch im Zusammenhang mit Untersuchungen über den Adel Italiens im Hochmittelalter (S. PIVANO, *Le famiglie comitali di Parma dal secolo IX all'XI*, in »Archivio Storico per le Province Parmensi«, n. s., XII bis, 1922, S. 501–25) und im römischen Bereich (D. B. ZEMA, *The Houses of Tuscany and the Pierleone in the Crisis of Rome in the Eleventh Century*, in »Traditio«, 2 [1944], S. 155–75).

In der Zeit nach dem Zweiten Weltkrieg gaben die von G. B. Borino initiierten »Studi gregoriani« den Anstoß, sich von neuem mit den Aktionen des Papstes und allen komplexen Problemen der Reform des 11. Jahrhunderts zu beschäftigen. Eine der ersten aufs Tapet gebrachten Fragen behandelte die Bedeutung der Absolution in Canossa: A. FLICHE, *Grégoire à Canossa a-t-il réintegré Henry IV dans sa fonction royale?*, in: »Studi gregoriani«, I, 1947, S. 373–86, beantwortete die Frage mit ja: religiöse Absolution und politische Wiedereinsetzung in die Herrschaftsfunktionen; H. X. ARQUILLIERE in einem Artikel mit dem gleichen Titel in »Studi gregoriani« IV, *(1952), S. 1–26,* war hingegen der Ansicht, daß die Absolution keine politische Wiedereinsetzung eingeschlossen habe. Die Diskussion über dieses nicht ohne weiteres zu lösende Problem wurde fortgesetzt von G. MICCOLI, *Il valore dell'assoluzione di Canossa*, jetzt in ID., *Chiesa gregoriana*, La Nuova Italia, Firenze 1966, S. 203–23, H. L. MIKOLETZKY, *Der »fromme« Kaiser Heinrich IV.*, in: »Mitteilungen des Instituts für österreichische Geschichtsforschung«, LXVIII (1960); K. F. MORRISON, *Canossa: a Revision*, in »Traditio«, XVII (1962), S. 121–48; L. L. GHIRARDINI, *Chi ha vinto a Canossa?*, Pàtron, Bologna 1970, bis zu der neueren Arbeit von J. VOGEL, *Gregor VII. und Heinrich IV. nach Canossa*, »Arbeiten zur Frühmittelalterforschung«, 9, Berlin 1983. Gegen die in den genannten älteren Werken auftretende stark emphatische Interpretation des Geschehens von »Canossa« wandte sich O. CAPITANI, *Canossa una lezione da meditare*, in *Studi Matildici. Atti e memorie del III Convegno di Studi Matildici* (Reggio Emilia, 7–8–9 ottobre 1977), Aedes Muratoriana, Modena 1978, S. 3–23, und bezeichnete jenes Geschehen als einen Moment des Innehaltens, der »objektiven Pause«, sozusagen als eine von der Idee des Zusammenwirkens von regnum und sacerdotium, an der die Menschen jener mittelalterlichen Epoche festhielten, geprägte, unfreiwillige Mise en scène.

Capitani führt auf diese Weise seine Revision der Mythen fort, die er zwölf Jahre vorher angekündigt hatte in *Esiste un'»età gregoriana«? Considerazioni sulle tendenze di una storiografia medievistica*, in »Rivista di storia e letteratura religiosa«, I (1965), S. 454–81 [jetzt in O. CAPITANI, *Tradizione ed interpretazioni: dialettiche ecclesiologiche del secolo XI*, Jouvence, Roma 1990, S. 11–48], ein Werk und ein Ansatz, die bei den Historikern auf breite Zustimmung stießen, vgl. stellvertretend für alle I S. ROBINSON, *Pope Gregory VII (1073–1085)* [Bibliographical Surveys II], in »Journal of Ecclesiastical History«, 36 (1985), S. 439–83, ein bibliographischer Überblick, auf den wir für den gregorianischen Aspekt der Reform verweisen möchten, ergänzend dazu noch: G. FORNASARI, *Del nuovo su Gregorio VII. Riflessioni su un problema storiografico »non esaurito«*, in »Studi Medievali«, s. III, 24 (1983), S. 315–53, sowie die Akten des Kongresses anläßlich der 900. Wiederkehr des Todestages von Gregor VII. in Salerno, 1985, *La riforma gregoriana e l'Europa*, erschienen in »Studi gregoriani«, XIII (1989). Mit Mathilde befaßt sich G. FORNASARI, *La riforma gregoriana nel »Regnum Italiae«*, ibidem, S. 281–320, hier vor allem S. 305–10, der eher in den religiösen und karitativen Aspekten, die in der Kultur von Mathildes Entourage zum Ausdruck kommen, als im Geschehen von Canossa, das Volpe als »eine handliche Waffe für so viele phantasievolle

Schriftsteller, die sich mit der mittelalterlichen Geschichte befassen«, bezeichnet, den größten Beitrag der Markgräfin zur Reform sieht. Es handelt sich dabei um eine Tour d'horizon anhand weniger, ausgewählter Beispiele, die unserer Meinung nach der historischen Bedeutung – in wirtschaftlicher, militärischer, strategischer und ideologischer Hinsicht – nicht gerecht wird, die Mathilde und ihr Kreis für die gregorianische Reform im Regnum Italiae besaßen, eine Bedeutung, die aus dem Briefwechsel Gregors und aus der Funktion der Canossa, den Päpsten das Geleit zu geben, hervorgeht. Mit diesen Themen konnte ich mich selbst befassen in: P. GOLINELLI, *I rapporti tra Gregorio VII, Beatrice e Matilde dall'epistolario gregoriano*, in »Bollettino Storico Reggiano«, 66 (Juli 1987), S. 17–27; *Una prerogativa dei Canossa: il »paparum ducatus«*, in *Canossa prima di Matilde*, Camunia, Milano 1990, S. 199–214.

Auch im engeren Bereich der Familiengeschichte der Canossa und Mathildes selbst sind in den letzten Jahrzehnten ein verstärktes Interesse und ein beachtlicher Fortschritt der Forschung zu verzeichnen, die vor allem drei Kongressen »Studi Matildici« zu verdanken sind, die von der Deputazione di Storia Patria di Modena in den Jahren 1963, 1970 und 1977 veranstaltet und pünktlich im Folgejahr von der Aedes Muratoriana publiziert wurden (spätere Tagungen und verlegerische Aktivitäten wie die Veröffentlichung von »Annali Canossani«, die nach dem Erscheinen des 1. Heftes, 1981, eingestellt wurden, boten weniger Anstöße für die Forschung). Beim Vergleich der drei verschiedenen Kongreßaktenbände ist zu bemerken, daß die Mathilde- und Canossaforschung zunehmend von einer rein lokalen, wenn auch qualitätvollen Dimension zu einer nationalen und europäischen Dimension übergeht. Dies betrifft sowohl die Autoren selbst als vor allem auch die Themen und die dabei eröffneten historischen Perspektiven. Dieser Fortschritt wurde allerdings als Involution interpretiert (vgl. P. A. MACCARINI, *Matilde di Canossa: una vita per il potere o al servizio di un'idea?*, in »Bollettino Storico Reggiano«, IX, 1978, S. 7–20; L. L. GHIRARDINI, *Il secondo dramma di Canossa: dalla storicità dell'umiliazione alla problematica della storiografia*, ibidem, XIV, 1983, S. 1–55) von denjenigen, die dabei stehengeblieben sind, die ruhmvolle Vergangenheit ihrer engeren Heimat zu betonen – die auch niemand leugnen will, deren Ruhm aber gerade durch die universale Dimension begründet ist – und ihre Augen vor den neuen Horizonten verschließen, die uns die Forschungen der letzten Jahrzehnte eröffnet haben. Denken wir an die Arbeit von V. FUMAGALLI, *Le origini di una grande dinastia feudale: Adalberto Atto di Canossa*, Max Niemeyer Verlag, Tübingen 1971, der in der Verbindung einer konsistenten Basis an Grundherrschaften mit einem Netzwerk von befestigten Siedlungen und

Burgen und in der Allianz mit dem Kaisertum die wesentlichen Elemente erkannt hat, die den Ursprung der großen Macht der Canossa bildeten; während MARGHERITA GIULIANA BERTOLINI mit minutiöser Genauigkeit in verschiedenen Stichwörtern des *Dizionario Biografico degli Italiani,* in *Note di genealogia e storia canossana*, in AA. VV., *I ceti dirigenti in Toscana nell'età precomunale*, Pacini, Pisa 1981, S. 149–190, und in anderen Studien die Familie Canossa erforscht hat; Untersuchungen, die nicht nur höchstem wissenschaftlichen Anspruch genügen, sondern auch ein konkretes Bild jenes dichten Netzes von Familienbeziehungen und dynastischen Allianzen vermitteln, die zum Aufstieg des Hauses führten, einer echten Consorteria [Adelsverband], über die auch C. VIOLANTE, *Alcune caratteristiche delle strutture familiari in Lombardia, Emilia e Toscana durante i secoli IX–XII,* in G. DUBY – J. LE GOFF (Herausgeber), *Famiglia e parentela nell'Italia medievale*, Il Mulino, Bologna 1981, S. 19–83, gehandelt hat.

Die Canossa werden zu einer Konstante der Geschichtswissenschaft der letzten Jahre und begegnen immer wieder, wenn man über Landesorganisation (A. CASTAGNETTI, *L'organizzazione del territorio rurale nel Medioevo,* Pàtron, Bologna 1982 [2]), das Incastellamento-Phänomen (A. A. SETTIA, *Castelli e villaggi nell'Italia Padana*, Liguori, Napoli 1984), Mönchtum und Heiligkeit (P. GOLINELLI, *»Indiscreta sanctitas.« Studi sui rapporti tra culti, poteri e società nel pieno Medioevo*, Istituto Storico Italiano per il Medio Evo, Roma 1988), Städte (F. BOCCHI, *Attraverso le città italiane nel Medioevo*, Grafis, Bologna 1987), sogar über Universitäten (A. ARNALDI, *All'origine dello studio di Bologna,* in *Le sedi della cultura in Emilia Romagna. L'età comunale*, hg. A. VASINA, Silvana, Milano 1983, S. 99–115) Untersuchungen anstellt. Mathilde findet Interesse bei der neuen Strömung der Frauenforschung, vor allem als Frau, die Machtfunktionen ausübte: R. PERNOUD, *La femme aux temps des cathédrales*, Stock, Paris 1980; J. A. MCNAMARA – S. WEMPLE, *The Power of Women Through the Family in Medieval Europe 500–1100,* in *Women & Power in the Middle Ages*, ed. by M. Erler – M. Kowaleski, The University of Georgia Press, Athens and London 1988, S. 83–101; unter diesem Blickwinkel sind auch die romanhafte Biographie von P. D. ORI – G. PERICH, *Matilde di Canossa*, Rusconi, Milano 1980, S. 204, angelegt sowie das populärwissenschaftliche Dossier, hg. von F. BOCCHI, *Matilde di Canossa. Una donna del Mille*, Giunti, Firenze 1990, mit einem Essay von G. FASOLI, *Donne al potere*, S. 28–31 (»Storia e dossier«, 28).

Im Vergleich dazu verlieren lokale Probleme an Gewicht wie die Frage »war Canossa oder Carpineti das ›neue Rom‹, von dem Donizo spricht?« oder etwa Geringfügigkeiten wie z. B., ob es geschneit hat, als Heinrich seine Buße vollzog, und unlösbare Fragen vom Typus »Mathilde, die ›große Sünderin?‹« oder »Welche Art von Liebe bestand zwischen der

Großgräfin und Papst Gregor VII.?« (beides in L. L. GHIRARDINI, *Storia critica di Matilde di Canossa*, Aedes Muratoriana, Modena 1989). Die Zukunft der Mathilde- und Canossaforschung liegt auf anderem Gebiet: Zum einen sind die Voraussetzungen für die Entstehung eines Mythos und seine Verankerung in der Geschichte zu untersuchen, zum anderen die vielen Wissenslücken zu füllen, die es noch in bezug auf die Canossa und ihre Herrschaft gibt. Wir wissen noch zu wenig über den niederen Lehnsadel, über die interne Organisation der canossanischen Macht, über die Beziehungen zwischen den von ihnen beherrschten verschiedenen Gebieten, insbesondere über die lothringischen Besitzungen. Beträchtliche Perioden ihrer Familiengeschichte sind noch zu wenig erforscht: die Zeit Tedalds und Gottfrieds des Bärtigen, das Verhältnis Mathildes zu den Päpsten nach Gregor VII., die internationale Dimension der Markgräfin während des Kreuzzugs und in den Jahren danach, die Wende 1111 und die Beziehungen Mathildes zu Heinrich V., die Jahre unmittelbar nach ihrem Tod, die Nachfolge des Albert von San Bonifacio und später der Streit um Mathildes Erbe (siehe darüber jetzt: T. GROSS, *Lothar III. und die Mathildischen Güter*, Lang, Frankfurt am Main 1990). Ein Desiderat ist ferner eine kritische Gesamtausgabe und Neubewertung der Urkunden, die mit den Canossa in Zusammenhang stehen und in verschiedenen, bisweilen weit verstreuten Archiven und Bibliotheken liegen, und eine Trennung der echten von den Fälschungen, die im Lauf der Jahrhunderte unter Verwendung des Namens der Markgräfin Mathilde – der gleichsam als Gütesiegel fungierte – angefertigt worden waren, um auf Besitzungen, Jurisdiktionsrechte und alten Adel Anspruch zu erheben.

Dieses Buch ist das Ergebnis von zwanzigjährigen Forschungen und Überlegungen. Vielen bin ich für ihre Unterstützung zu Dank verpflichtet: Lehrern, Freunden und Briefpartnern, die mir Anregungen gegeben, Verbesserungen vorgeschlagen, Beispiele geliefert und mich auf neue Gesichtspunkte aufmerksam gemacht haben. Da ich nicht allen einzeln danken kann, möchte ich mich darauf beschränken, zumindest auf den wesentlichen Beitrag der Bologneser mediävistischen Schule hinzuweisen, in Gestalt ihrer beiden größten Vertreter, Ovidio Capitani und Vito Fumagalli, deren verschiedene, für mich komplementäre Forschungsgebiete – Ideen- und Kirchengeschichte der Zeit Gregors VII. bzw. Geschichte der Dynastie und der Territorien der Canossa – diesem Buch Anregung und Grundlage gegeben haben. Beiden sage ich tiefsten Dank für ihre Lehre und ihre Freundschaft, ohne die dieses Buch nie geschrieben worden wäre.

Addendum zu der deutschen Übersetzung:

Die Untersuchungen, die in den letzten Jahren erschienen sind, haben das hier skizzierte Bild nicht wesentlich verändert, wenn auch in einigen wichtigen Punkten präzisiert. Eine Edition der Mathildischen Urkunden durch WERNER und ELKE GOEZ ist in den »Monumenta Germaniae Historica« in Vorbereitung. Verschiedene Urkunden der Canossa wurden im *Codice Diplomatico Polironiano*, hg. R. RINALDI, C. VILLANI, P. GOLINELLI, Pàtron, Bologna 1994, ediert. Zum Komplex der Canossaherrschaft siehe T. GROSS, *Lothar III. und die Mathildischen Güter*, Peter Lang, Frankfurt am Main 1990; *I poteri dei Canossa. Da Reggio Emilia all'Europa.* Atti del convegno internazionale di studi (Reggio E., Carpineti, 29–31 ottobre 1992), hg. P. Golinelli, Pàtron, Bologna 1994. Über Mathildes Mutter: E. GOEZ, *Beatrix von Canossa und Tuszien. Eine Untersuchung zur Geschichte des 11. Jahrhunderts,* Thorbecke, Sigmaringen 1995; eine persönliche Interpretation der Markgräfin gibt V. FUMAGALLI, *Matilde di Canossa. Potenza e solitudine di una donna del Medioevo*, Il Mulino, Bologna 1996. Ein Lebensbild Mathildes zeichnet B. Pferschy-Maleczek in: *Frauen des Mittelalters,* hg. K. R. Schnith, Styria, Graz–Wien–Köln 1997.

Kongreß über den Mathilde-Mythos: *Matilde di Canossa nelle culture europee del IX Millennio. Dalla storia al mito*, Reggio Emilia-Canossa-Quattro Castella, 25.–27. September 1997 (Kongreßakten im Druck); siehe auch P. GOLINELLI, *Matilde di Canossa nella letteratura italiana – Da Dante a Pederiali*, Diabasis, Reggio Emilia 1997.

Personenregister